ライブラリ 法学基本講義 5

基本講義

# 債権総論
## 第2版

角 紀代恵 著

新世社

## 編者のことば

　21世紀を迎え，わが国は，近代国家としての歩みを開始して足かけ3世紀目に入った。近代国家と法律学は密接な関係を有している。当初は藩閥官僚国家と輸入法学であったものが，とりわけ第2次大戦後，国家と社会の大きな変動を経て，法律がしだいに国民生活に根ざすようになるとともに，法律学各分野はめざましく発展し，わが国独自の蓄積を持つようになってきている。むしろ，昨今は，発展途上国に対して，法整備支援として，法律の起草や運用について，わが国の経験に照らした知的国際協力が行われるまでに至っている。他方で，グローバリゼーションの急速な進展は，海外の法制度とのハーモナイゼーションをわが国に求めており，外国法の影響も明治の法制度輸入期とは違った意味で大きくなっている。

　そのような中で，2001年6月に出された司法制度改革審議会意見書は，2割司法と言われた従来の行政主導・政治主導型の国家から，近代国家にふさわしい「より大きな司法」，「開かれた司法」を備えた国家への転換を目指そうとしている。このためには，司法制度整備，法曹養成，国民の司法参加のいずれの面においても，法律学の役割が一層大きくなることが明らかである。

　このような時期に「ライブラリ法学基本講義」を送り出す。本ライブラリの各巻は，教育・研究の第一線で活躍する単独の中堅学者が，法律学の各基本分野について，最新の動向を踏まえた上で，学習内容の全体が見通しやすいように，膨大な全体像を執筆者の責任と工夫においてコンパクトにまとめている。読者は，本ライブラリで学習することによって，法律学の各基本分野のエッセンスを習得し，さらに進んだ専門分野を学ぶための素地を養成することができるであろう。

　司法改革の一環として，大学法学部とは別に，法曹養成のための法科大学院（ロースクール）が新たにスタートすることとなり，法学教育は第2次大戦後最大の変動期を迎えている。より多くの読者が，本ライブラリで学んで，法曹として，また社会人として，国民として，開かれた司法の一翼を担うにふさわしい知識を身に付けられることを期待する。

　　　2001年7月

松 本　恒 雄

# 第 2 版へのはしがき

　2017 年（平成 29 年）6 月，債権関係の規定を大幅に見直した「民法の一部を改正する法律」が公布され，2020 年（令和 2 年）4 月から施行されました。そこで，第 2 版を出版することにしました。今回の改正は，当初企図されたような債権法のプラットフォームを全とっかえするような超大改正にはなりませんでしたが，それでも，民法が制定されてから 100 有余年，財産法の部分については，制定以来，初めての大改正です。

　改正作業は，白紙に立法するのとは違って，改正作業時における現行法を意識して行われます。そこで，第 2 版の執筆に際しては，なぜ，そして，どのような改正が行われたのかを理解してもらえるようにとの思いを込めました。しかし，改正箇所については，未だ，学説・判例の蓄積がないために，どうしても通り一遍の説明になってしまう傾向があるのは否定できません。また，初学者を対象とした教科書という本書の性質を逸脱して，改正法に対する筆者の疑問を述べている箇所があります。そのために，わかりにくくなっているところもなきにしもあらずだとは思いますが，この改正に対する筆者の見解を読み取ってもらえればと思います。

2021 年 5 月

　　　　　　一日も早く COVID-19 の感染が収まるのを願って

　　　　　　　　　　　　　　　　角　紀代恵

# 初版へのはしがき

　本書は，初学者を対象に，債権総論を勉強する上で基本となる知識と考え方を提供することを目指して書いた教科書です。したがって，本書においては，民法第三編「債権」第一章「総則」が定める諸制度について，その制度趣旨にまで立ち返るとともに，できるだけ平易でわかりやすく説明するように心がけたつもりです。しかしながら，民法の条文が抽象的でわかりにくいことは，まぎれもない事実です。私は，民法が面白くなる第一歩は，それが，決して無味乾燥で抽象的な規範の世界ではなく，泣いたり笑ったりする生身の人間を対象とする世界であることが実感できることだと思います。そこで，本書では，読者の皆さんに，規範という抽象的な世界と具体という現実の世界を，自由に行き来してもらうべく，具体例に即して説明するようにつとめるとともに，民法の条文配列とは多少異なる章立てにしました。それでも，一度では頭に入りにくいと思います。立ち止まって考えることも大事ですが，よくわからないときは，そのまま読み飛ばして進んでみるという姿勢も時には必要だと思います。本書は，初学者を対象としているため，学説を網羅的には取り上げてはいませんが，今後，勉強を進める上で欠かせない最新の判例・学説や，一歩進んだ問題も扱っています。これらは，主に，❖で始まる活字が小さくなっている部分で扱っています。特に，この部分については，最初は飛ばして，全体を頭に入れてから，もう一度戻って読むことをお勧めします。

　なお，法科大学院の法学既修者の皆さんの中には，判例や学説には，やたら詳しいけれども，それらが全体の中でどのような位置を占めているのかまったくわかっていないという，まさに，「木を見て森を見ず」のたとえを絵に描いたような人が時々見受けられます。そのような人にも，一度，基本に立ち返る意味で，本書が役に立つのではないかと思います。

ところで，債権の発生原因のうちで，もっとも重要なものは契約です。契約は守られなければ意味がありません。安心して取引ができるのは，契約にはいざとなれば国家が強制してくれるという制度的担保がついているからこそといえます。そのような契約をベースとして近代市民社会の経済活動は発展してきました。このように法は，自由で平等な私人の活動が安心して行われるための社会のインフラです。当事者同士がどうしても納得できないときは，裁判に訴える。裁判は，万人に共通な物差しを基準にして行われる。そして，場合によっては，その結果（判決）を実現するために強制執行が行われる。世界の国々を見渡したとき，このように法が法として機能している国は，決して，マジョリティではないようです。解釈論にしろ，立法論にしろ，それを語ることが決して机上の空論に終わらない。我々が生きている日本はそのような国であるということを意識して，本書を読んでもらいたいと思います。

　本書の執筆依頼を受けたのは，10 年くらい前のことではなかったかと，今に至っては，記憶もおぼろです。その後，文字通り学内行政の嵐に巻き込まれ，執筆のためにまとまった時間がとれない状況が続きました。さらに，優れた債権総論の教科書が次々に出版される中にあって，本書の出版は，単に，屋上屋を重ねるに過ぎないのではないかと，何度も，執筆を断念しかかったことがありました。そんな中にあって，新世社の御園生晴彦氏の暖かい励ましと勤務校である立教大学法学部からの研究休暇がなかったら，本書は日の目を見ることはなかったと思います。この場を借りて，御園生氏と立教大学法学部のスタッフの皆さんに感謝を申し上げます。

　　2008 年 1 月

アザーンの流れる街にて

角　紀代恵

# 目　次

❖コラム部分一覧

# 凡　例

［法　　令］

　民法については原則として略称を省略しました。本文中「改正前民法」とは，平成 29 年（2017 年）の民法（債権関係）改正前の民法を指し，本改正後の民法については「改正第〇〇条」と表記しています。その他の法令名の略称については『ポケット六法』等，一般的な六法の用法に拠っています。

［判　　例］

(1)　判例集・法律雑誌については，以下の略称を用いています。

| | |
|---|---|
| 民録 | 大審院民事判決録 |
| 刑録 | 大審院刑事判決録 |
| 民集 | （大審院または最高裁）民事判例集 |
| 刑集 | （大審院または最高裁）刑事判例集 |
| 下民集 | 下級裁判所民事判例集 |
| 判時 | 判例時報 |
| 判タ | 判例タイムズ |
| 金法 | 金融法務事情 |
| 金商判 | 金融商事判例 |

(2)　判決は，以下のように表記しています。

　　　［例］　大判昭和 8 年 12 月 5 日民集 12 巻 2818 頁
　　　　　　　→大審院昭和 8 年 12 月 5 日判決民集 12 巻 2818 頁
　　　　　最大判昭和 32 年 6 月 5 日民集 11 巻 6 号 915 頁
　　　　　　　→最高裁大法廷昭和 32 年 6 月 5 日判決民集 11 巻 6 号 915 頁

［参考文献］

(1)　**教科書・体系書（主として単独執筆のもの）**

　より詳しい教科書・体系書としては，以下のようなものがあります（＊印は改正法に対応）。

　淡路剛久『債権総論』（有斐閣，2002 年）
　内田勝一『債権総論』（弘文堂，2000 年）

内田貴『民法Ⅲ 債権総論・担保物権［第4版］』（東京大学出版会，2020年）＊

近江幸治『民法講義Ⅳ 債権総論［第4版］』（成文堂，2020年）＊

大村敦志『新基本民法4 債権編［第2版］』（有斐閣，2019年）＊

奥田昌道『債権総論［増補版］』（悠々社，1992年）

奥田昌道=佐々木茂美『新版債権総論上巻』（2020年，判例タイムズ社）＊

加藤雅信『新民法体系Ⅲ 債権総論』（有斐閣，2005年）

川井健『民法概論3 債権総論［第2版補訂版］』（有斐閣，2009年）

北川善太郎『民法講要Ⅲ 債権総論［第3版］』（有斐閣，2004年）

潮見佳男『新債権総論Ⅰ』（信山社，2017年）＊

潮見佳男『新債権総論Ⅱ』（信山社，2017年）＊

鈴木禄弥『債権法講義［4訂版］』（創文社，2001年）

中田裕康『債権総論（第4版）』（岩波書店，2020年）＊

林良平（安永正昭補訂）=石田喜久夫=高木多喜男『債権総論［第3版］』（青林書院，1996年）

平井宜雄『債権総論［第2版］』（弘文堂，1994年）

平野裕之『債権総論』（日本評論社，2017年）＊

星野英一『民法概論Ⅲ』（良書普及会，1978年）

我妻栄『新訂債権総論』（岩波書店，1964年）

## (2) 判例評釈

手ごろなものとして，『民法判例百選Ⅰ・Ⅱ』（有斐閣）——定期的に改訂しており，最も新しい版は第8版——，『債権総論 判例30！』（有斐閣）があります。その他，最新の判例を一定期間ごとにまとめたものとしては，『ジュリスト 重要判例解説』（有斐閣），『私法判例リマークス』（日本評論社）があります。

公式判例集登載の最高裁判決・決定の調査官解説が，各年度ごとに『最高裁判所判例解説民事篇』（法曹会）に集められ，出版されています。新しい判決・決定については，定期的に刊行される『法曹時報』に，さらに，その簡略版としては『ジュリスト』中の「時の判例」に掲載されます。

## (3) 注釈書

改正法に対応した民法に関する本格的な注釈書としては，『新注釈民法』がありますが，債権総論の箇所の刊行は未定です。

## (4) 講座

特定のテーマについて，より深く学びたい皆さんは，まず，以下の書物を手

がかりにするとよいでしょう。

　　広中俊雄＝星野英一編『民法典の百年Ⅲ』（有斐閣，1998 年）
　　星野英一編集代表『民法講座 4　債権総論』（有斐閣，1985 年）

# 序　章

# はじめに

　本書は，学問上，「債権総論」とよばれる民法第三編「債権」第一章「総則」を扱う。まず，本書の構成について，民法第三編を概観しながら，述べることにする。

　民法第三編「債権」は5つの章からなっている。第一章は「総則」（第399条～第520条の20)，第二章は「契約」（第521条～第696条)，第三章は「事務管理」（第697条～第702条)，第四章は「不当利得」（第703条～第708条)，そして，最後の第五章は「不法行為」（第709条～第724条の2)である。このうち，第一章は，すべての債権に通ずる一般的な性質や効力を規定したものであるのに対して，第二章以下は，債権の発生原因について規定したものであり，これらの部分は，学問上，「債権各論」とよばれている。

　ところで，日本民法は，条文の並べ方について，ドイツ民法にならって，パンデクテン方式とよばれる方式を採用している。パンデクテン方式の「パンデクテン」とは，ローマ法大全（ユスティニアヌス法典）の中の学説集のドイツ語名である。19世紀のドイツ法学は，このパンデクテンに依拠しながら現代的な法体系を作り上げた。このため，この体系的理論をパンデクテン法学といい，この理論体系に基づいて作られたドイツ民法の構成をパンデクテン方式とよぶ。

　パンデクテン方式においては，個別的な法律関係を規定するに際して，そのすべてに共通する規定があると，同じ規定を繰り返しおくことはやめて，共通の規定を括りだして，個別的な規定の前におく。たとえば，民法第三編「債権」を例に取ると，前述したように，すべての債権に共通する

規定は，第一章「総則」として，第二章以下の債権の発生原因にかかわる規定の前におかれるわけである。また，第二章「契約」を見ると，契約に共通する規定は，第一節「総則」として，契約類型ごとに定めた規定の前におかれることになる。この作業を，それぞれについて繰り返し，最後に，それらのすべてに共通する一般的規定を冒頭にもってきて，第一編「総則」としている。

　このように，パンデクテン方式にあっては，一般的規定が先に来て，特殊な規定が後ろにくるという具合に，民法が非常に体系的に整理される。しかし，パンデクテン方式では，現実の法律関係と規定の配列がうまく対応していない。たとえば，契約である売買に関する規定を知りたいときには，第三編「債権」第二章「契約」第三節「売買」（第555条〜第585条）だけ見ていれば足りるというわけにはいかない。その前の第一節「総則」（第521条〜第548条の4），第一章「総則」（第399条〜第520条の20），さらには，第一編「総則」（第1条〜第169条）の規定も見なければならないということになる。

　さらに，一般的規定だけが並んでいると，抽象的すぎて，条文を読んでも，ただただ砂をかむような思いだけが先に立ち，さっぱりわからないということになりかねない。民法に限らず，法律を勉強する上で大切なことは，規範という抽象の世界と現実という具体の世界をぴょんぴょんと自由に行ったり来たりできる能力を身につけることである。したがって，本書においても，なるべく具体例に沿って説明するように心掛けるが，皆さんも，学習するに際しては，常に，具体的な状況を頭に思い描くクセをつけてほしい。記憶力に頼って，抽象的なことばを抽象的なまま，丸のみ——丸覚え——しても，残念ながら，身につくことはない。試験で，たまたまヤマがあたればいいが，外れれば沈没ということになってしまう。といつまでも，お説教じみた話はこれくらいにして，そろそろ，本題に入ることにしよう。

　民法第三編「債権」第一章「総則」を見てほしい。この「総則」の部分は，7つの節からなっている。すなわち，第一節が「債権の目的」（第399条〜第411条），第二節が「債権の効力」（第412条〜第426条），第三節が

「多数当事者の債権及び債務」（第 427 条〜第 465 条の 10），第四節が「債権の譲渡」（第 466 条〜第 469 条），第五節が「債務の引受け」（第 470 条〜第 472 条の 4），第六節が「債権の消滅」（第 473 条〜第 520 条），第七節が「有価証券」（第 520 条の 2 〜第 520 条の 20）である。しかし，私の経験からすると，この順序で説明されると，話が抽象的になりすぎてしまい，いったい，自分が何を学んでいるのかわからなくなってしまうおそれがある。そこで，以下の順序で説明することにする。

　まず，イントロダクションとして，「債権」とは何かについて説明した後，民法第三編「債権」第一章「総則」第一節「債権の目的」において規定されている債権も含めて，いろいろな種類の債権について説明する。次に，債権が何のトラブルもなく順調に履行される場合について，債権の任意的実現という観点から「債権の消滅」を，債権の履行期到来前の実現という観点から「債権の譲渡」を，それぞれ扱う。続いて，債権が任意に履行されない場合について，債権者としては債務者に対して何ができるかという観点から「債権の効力」中，現実的履行の強制および損害賠償を扱う。さらに，債権の第三者に対する効力として債権者代位権・詐害行為取消権および第三者による債権侵害について，そして，最後に，「多数当事者の債権及び債務」について説明することにする。

　以上を図示すると次のようになる。

〈本書の章立て〉
　　第 1 章　「債権」とは何か？
　　第 2 章　さまざまな種類の債権
　　第 3 章　債権が任意的に実現される場合
　　　　　　　　債権の消滅
　　　　　　　　債権の譲渡（債務の引受けおよび有価証券を含む）
　　第 4 章　債権が任意的に実現されない場合
　　　　　　　　現実的履行の強制
　　　　　　　　損害賠償
　　第 5 章　債権の第三者に対する効力
　　　　　　　　債権者代位権
　　　　　　　　詐害行為取消権
　　　　　　　　第三者による債権侵害
　　第 6 章　多数当事者の債権債務関係

民法の編別に沿うと本書の構成は以下のようになる。

　なお，2017 年（平成 29 年）に，民法のうち債権関係の規定の大幅な改正が行われ，2020 年（令和 2 年）4 月 1 日から施行された。第 1 章以下では，この改正が行われなかった条文は第○○条，改正が行われた条文については，改正後の条文は改正第○○条，改正前の条文は改正前第○○条と表記する。

# 第1章

# 「債権」とは何か？

## 1.1 債権の定義

　民法第三編は「債権」と題されているが，民法のどこを探しても，債権の定義規定は見つからない。では，「債権」とは何か？　というと，「特定の人（債権者）が他の特定の人（債務者）に対して，一定の行為を請求できる権利」と定義される。ここで，一定の行為とは，積極的な行為（「作為」）——たとえば，「働け」とか「100万円支払え」——であることが多いであろうが，一定の行為をしないという消極的な行為（「不作為」）——たとえば，「夜10時以降はピアノをひかない」——でもよい。そして，この一定の行為のことを，債権法上の用語では「給付」という。

　これに対して，「物権」は，「物に対する直接の権利」であると説かれる。もちろん，物権にあっても，その物に対する円満な支配が害される場合には，その支配を回復すべく，侵害者に対し，物権的請求権をもって侵害の排除を請求できることは言うまでもない。しかし，債権にあっては，その実現にあたっては，債務者という特定の相手方が必ず必要であるのに対し，物権にあっては，本来的には，特定の物からその支配を通じて利益を得られるものなので，その実現にあたっては，特定の義務者は必要としない。

## 1.2 債権と物権の比較

それでは，債権と物権を比較してみよう。

まず，物権は，民法その他の法律で定められた種類の，定められた内容のものに限られる。これが第175条の物権法定主義が意味するところである。すなわち，物権は，当事者の契約によって自由に作ることができないのに対して，債権は，当事者の契約によって自由に作ることができる。もちろん，自由にとはいっても，公序良俗に反してはいけないとか（第90条），強行規定に違反してはいけないとか（第91条），などという制限はあるが，当事者は，契約によって，自由にいろいろな内容のものを作ることができる。これが原則である。

次に，債権と物権の根本的差異として「排他性」の有無が挙げられる。すなわち，物権にあっては，同一物につき同一内容の物権は一つしか成立しない。これに対して，債権にあっては，当該行為をするかどうか，債権法上の用語を用いると「給付」をするかどうかは，債務者の意思に係っているので，同一債務者に対して同一内容の給付を請求する債権は二つ以上成立する。よく出される例としては，ある俳優が同日同時刻にA・B両劇場に出演する契約を締結した場合が挙げられる。この場合，A・B両劇場とも，この俳優に対して有効に債権を取得するが，A・B両劇場のうちどちらに出演するかは，この俳優の意思に係っており，もし，A劇場に出演したとすると，B劇場に対する債務を履行しなかったことになり，B劇場はこの俳優に対して損害賠償債権を取得するだけである。

と，一応は，このように言える。しかし，債権と物権という概念は，自然科学的な真理の問題ではなく，あくまで，概念枠組にすぎない。すなわち，法規範は雑多な現実を律するためのものである。しかし，雑多な現実毎に法規範を作っていたら，いくら法規範を作っても追いつくものではない。そこで，法規範を作るためには，雑多な現実を整理しなければならない。その整理のための道具が，このような概念枠組である。したがって，当然，このような概念枠組では説明できない限界事例は存在する。

たとえば，今，債権と一口にいっても，物との距離には差がある。物との距離が直接的なものの代表が賃借権であり，もっとも遠いというか物に全く関係ない債権としては，今挙げた「出演しろ！」という債権や雇用契約上，使用者が労働者に対して有する「働け！」という債権が挙げられる。さて，物権に排他性が認められるのは，前述したように，物権は物に対する直接の支配権能として，その物の利用を確保する権利であるから，排他性がないと実効性を収めることができず，社会生活の安定を期しえないからである。すると，不動産賃借権は債権ではあるが，物との距離の直接性，つまり，その用益権能が正面に現れると，排他性が認められるようになる。これが，「賃借権の物権化」とよばれる現象である。

　さらに，時として，物権は，「絶対権」——すべての人に対する権利であって不可侵性を有する——であるのに対して，債権は，特定の人に対する権利であることから，「相対権」と言われることがある。しかし，この対比は間違っている。というのは，債権が特定の人に対する権利であるというのは，債権の内容について述べたものである。したがって，内容の観点から，債権と物権を対比する場合には，物権は，物に対する直接の支配であるということを挙げなければならない。そして，物権の内容である物に対する直接の支配は，すべての人に対する関係において保護され，すべての人がこれを侵害してはならないという義務を負うという意味で，物権は「すべての人に対する権利」ということができる。

　このレベルで，物権と債権を対比しようとすれば，問題とすべきは，ある債権が存在する場合に，社会のすべての人が，その債権を尊重しなければならないか？　債権の当事者以外の者が債権の実現を不法に侵害した場合，その侵害者に責任が生ずるか？　である。そして，今日，その要件に関して争いはあるものの，第三者による債権侵害が，不法行為を構成することについては異論はない。その意味では，債権も，物権と同様，すべての人に対する権利であると言える。

　ただし，物権を権利として認めようとすれば，すべての人に対してこれを侵害してはならない義務を負わせることが必要不可欠である。これに対して，債権の場合には，債権者の債務者に対する権利さえ認めておけば，

すべての人に対してこれを侵害してはならない義務を負わせなくても，権利としての性質を失うことはない。

ところで，「債権」と「債務」は表裏の関係にある。すなわち，さきほど，「債権」とは，「特定の人（債権者）が他の特定の人（債務者）に対して，一定の行為を請求できる権利」と定義した。つまり，「債権」は債権者と債務者の間に存在する関係を債権者から見た場合の呼び名であり，これに対して，「債務」は債務者から見た場合の呼び名である。

# 第2章

# さまざまな種類の債権

## 2.1 債権の目的の意味

民法第三編「債権」は，第一章「総則」第一節「債権の目的」から始まる。では，「債権の目的」とは何を意味するのだろうか。第1章において，「債権」は，「特定の人（債権者）が他の特定の人（債務者）に対して，一定の行為を請求できる権利」と定義されると述べた。通常，「債権の目的」と言った場合には，手段に対する目的の意味ではなく，債権の内容である債務者の行為，すなわち，給付のことを意味する。すると，「債権の目的」は，第1章で述べたように，原則として無制限のはずである。ところが，民法が「債権の目的」と題して第399条以下で規定しているのは，一定の物の引渡しを目的とする債権についてである。

すなわち，その物が特定の物である場合（改正第400条），種類と数量で定められている場合（第401条），金銭である場合（第402条・第403条），選択して定まるものである場合（第406条〜411条），利息の給付である場合（改正第404条・第405条）という具合である。このように，民法は，「債権の目的」と題する節において，債務者の行為自体ではなく，債権者に引き渡すべき物の種類にしたがった規定をおいている。民法は，条文上，この債権者に引き渡すべき物については「目的物」という表現を用いてはいるが（たとえば，第402条第1項，第2項），第402条第3項では，「外国の通貨の給付を債権の目的とした場合」と定めており，混乱も見られる。

9

## 2.2 債権の目的の要件

### 2.2.1 「適法性・社会的妥当性」「確定可能性」

（1） 債権の目的の要件

　債権が，債権としての効力を生ずるには，その内容はどのようなもので
なければならないか。これが債権の目的の要件といわれる問題である。こ
の点，法律の規定によって生ずる債権——事務管理による費用償還請求権，
不当利得に基づく返還請求権，不法行為による損害賠償請求権——は，通
常は金銭債権であるので，あまり問題は生じない。問題は契約から生じる
債権についてである。契約から生じる「債権の目的」の要件は，結局のと
ころ，契約の有効要件と等しく，改正前においては，給付の「適法性・社
会的妥当性」，「実現可能性」，「確定可能性」の３点が挙げられていた。しか
し，今回の改正において，契約の有効要件から「実現可能性」が落とされ
た。

　契約の有効要件である「実現可能性」は，契約締結時を基準として決せ
られていた。ここで，契約締結時に給付が不可能であることを「原始的不
能」，契約締結時には給付は可能であったが，締結後に給付が不可能とな
ることを「後発的不能」という。日本民法においては不能について定めた
一般的な規定は存在しないが，ドイツ民法は，2002年に債務法が大改正
されるまで，原始的不能の契約は無効であると定めていた（ド民旧第306
条）。契約締結時を基準として「実現可能性」を判断するということは，
日本の民法学者が，ドイツにおける解釈論をそのまま日本に持ち込んだも
のである。

（2） 原始的不能と後発的不能

　改正前は，「原始的不能」の場合には，契約は無効とされたのに対し，
「後発的不能」の場合には，契約は有効とされた。「原始的不能」と「後
発的不能」の場合における契約および債権の運命は，以下の通りであった。

① 原始的不能 ⇨ 契約無効 ⇨ 債権不成立
② 後発的不能 ⇨ 契約有効 ⇨ 契約成立
　（ア）　不能につき債務者が有責の場合――損害賠償請求権（改正前第 415
　　　　　条）
　（イ）　不能につき債務者が無責の場合――債務者の債務消滅
　　　　なお，双務契約の場合，反対債務が存続するか否かは危険負担の
　　　問題となる（改正前第 534 条から第 536 条）

　以上を具体例に即して説明すると，以下のようになる。

　軽井沢にある別荘の売買契約を東京で締結したところ，別荘は，契約締結日の前日に，落雷によって，全焼してしまっていたというのが原始的不能であり，逆に，契約締結日の翌日に，落雷によって全焼してしまったというのが後発的不能である。すると，別荘が全焼したのが契約締結日の前であったか後であったかによって，売買契約は，一方は無効とされ，他方は有効とされるという具合に，運命はガラリと異なる。そこで，原始的不能の場合，ドイツにおいては，債務者――この場合は別荘の引渡債務の債務者であるから売主――が契約締結前の別荘の消失について悪意または善意であっても過失があった場合には，債務者に賠償責任を発生させるべく「契約締結上の過失」の法理を編み出した（ド民旧第 307 条）。それによると，債務者には，債権者が契約は有効であると信じたために支出した費用（信頼利益）の賠償責任が生ずるとされ，日本においても，ドイツにおける契約締結上の過失と同様の責任が認められていた。

　しかし，改正前から，履行不能となったのが契約成立の前か後かは，単なる偶然やごくわずかな時間差によって左右される事柄であるとして，「原始的不能」の場合には契約無効，「後発的不能」の場合には契約有効という図式に対しては，批判が強かった。そこで，改正第 412 条の 2 第 2項は「契約に基づく債務の履行がその契約の成立の時に不能であったことは，第 415 条の規定によりその履行の不能によって生じた損害の賠償を請求することを妨げない」と規定した（4.3.2（2）参照）。これによって，「実現可能性」は，契約の有効要件の座から滑り落ちた。改正法においては，原始的不能，後発的不能を問わず，履行不能の場合には，債権者に解除権が発生し（改正第 542 条 1 項 1 号），以下のようになる。

① 契約解除 ⇨ 債権者，債務者の債務消滅
　（ア）　不能につき債務者が有責の場合——債権者に損害賠償請求権
　　　　　　　　　　　　　　　　　（改正第 415 条 1 項，2 項 3 号，
　　　　　　　　　　　　　　　　　第 545 条 4 項）
　（イ）　不能につき債務者が無責の場合………×
② 契約解除せず ⇨ 債権者の債務は存続，債務者の債務は？？？
　（ア）　不能につき債務者が有責の場合——債権者に損害賠償請求権
　　　　　　　　　　　　　　　　　（改正第 415 条 1 項，2 項 1 号）
　（イ）　不能につき債務者が無責の場合——債権者は反対給付の履行
　　　　　　　　　　　　　　　　　拒絶権（改正第 536 条 1 項）

　ただし，「原始的不能」の場合，契約は有効とはいっても，「後発的不能」の場合と同様に，心裡留保（改正第 93 条），虚偽表示（第 94 条），錯誤（改正第 95 条），詐欺（改正第 96 条）として，あるいは，公序良俗違反（改正第 90 条）として，無効または取消しは可能である。

## 2.2.2　給付の金銭的価値（第 399 条）

　第 399 条は，「債権は，金銭に見積もることができないものであっても，その目的とすることができる」と定めている。この意味するところは，債権は，その目的である給付が金銭に見積もることができない場合であっても，成立するということである。しかし，この世の中に，そもそも金銭に見積もることのできないものなどあるのだろうか。現代の目から見れば，第 399 条は不要な条文に見えると思う。その疑問はもっともであり，同条は沿革的な理由から設けられたものである。

　すなわち，ローマ法においては，たとえば，教師が教える債務や医師が治療する債務は，本来，金銭に評価できない精神的なものとされ，それらの債務が履行されない場合，強制的にその内容を実現することはできないと考えられていた。そのため，債権の内容は金銭的価値を有することが要件であると考えられていたようである。そして，この考えは，旧民法にも引き継がれた（財産編第 323 条第 1 項）。しかし，現在，金銭に見積もることができない給付であっても，強制執行することができ（改正第 414 条），また，その給付がなされないことにより債権者が被る損害は，すべて金銭に見積もって賠償されるので，旧民法のような立場に立つ必要はない。む

しろ，債権の内容を広くして，契約自由の原則の適用範囲を拡大する方が近代資本主義社会の発展に役立つ。そこで，旧民法の立場を否定するために第399条がおかれた。

第399条によれば，給付が金銭に見積もることができない債権であっても，債権として成立するので，一般の債権と同様に効力を有する。したがって，その不履行に対しては，損害賠償が与えられ，損害賠償債務は金銭に評価されなければならないので（第417条），究極的には金銭債権となる。しかし，これは損害賠償の問題であって，第399条とは別の問題である。

## 2.3　債権の種類

### 2.3.1　法律の規定によって生じる債権と契約によって生じる債権

すでに述べたように，法律の規定によって生ずる債権——事務管理による費用償還請求権，不当利得に基づく返還請求権，不法行為による損害賠償請求権——は，通常は，金銭の引渡しを内容とする金銭債権である。

これに対して，契約によって生ずる債権の内容は，金銭の引渡しである場合も，もちろんあるが，それだけにはとどまらず，物の引渡しであったり，役務の提供であったりとさまざまである。たとえば，売買契約からは，買主には目的物を引き渡せという債権が，売主には代金を支払えという債権が生じ（第555条），雇用契約からは，使用者には働けという債権が，労働者には報酬を支払えという債権が（第623条），賃貸借契約からは，賃借人には目的物を使わせろという債権が，賃貸人には賃料を支払えという債権が生じる（改正第601条）という具合に。

❖ 付随義務

契約によって生ずる債権の場合，今，挙げたような，それぞれの契約の重要な部分，すなわち，主たる給付に関する部分（給付義務）の内容は，通常，当事者の意思によって定められる。しかし，契約において両当事者が負う義務は，給付義務に尽きるものではない。たとえば，ピアノの売買契約を考えてみよう。ピアノの売主が，配達・設置の義務を負う場合には，特に，明示の特約がなくても，その設置に際して，買主の住居や他の家具を傷つけないように配慮する

義務を負う。また，家電製品の売買契約にあっては，売主は，買主に対して安全な使用方法を説明する義務を負う。これらの義務は，契約から発生する中心的な債務である給付義務の履行に付随して生じることから付随義務とよばれる。付随義務は，ある特定の契約を締結したことから発生する義務であることは間違いないが，給付義務とは異なり，その直接の根拠を意思に求めることはできないようである。そこで，付随義務の根拠をどこに求めるか。あるいは，債務不履行において付随義務をどのように扱うかをめぐって争いがある。

## 2.3.2 引渡債務と行為債務

フランス民法における契約から生じる債務に関するもっとも基本的な分類である「与える債務」と「為す債務」に由来する分類である。引渡債務とは，目的物の引渡しを内容とする債務を意味し，行為債務とは作為（引き渡すのも作為の一つであるから引渡しを除く作為）または不作為を内容とする債務を意味する。なお，フランス民法においては，「与える債務」の典型は，物権を移転する債務であり，目的物の占有を移転する債務，すなわち，目的物を引き渡す債務は「為す債務」とされる。このように，フランス民法においては「与える債務」はきわめて狭い概念であり，ここでの引渡債務と対応するものではないことは注意してほしい。

引渡債務と行為債務の分類は，債務の履行を強制する方法（改正第414条）の違いを説明するために有用である。ところで，2.3.4で見るように，民法の債権総則の規定は引渡債務を念頭において規定されたものが多く，行為債務については不備が目立つ。しかし，今日，「サービス」の重要性が増すにともない，行為債務の重要性も増している。そこで，行為債務の特質を明らかにするべく，引渡債務を念頭においた規定が行為債務にどの程度まで妥当するかを検討することが必要である。

## 2.3.3 結果債務と手段債務

結果債務・手段債務は，与える債務・為す債務と同じく，フランス民法上の分類である。しかし，与える債務・為す債務とは異なり，フランス民法自体には規定はなく，判例・学説により承認された分類である。

**結果債務**とは，たとえば，一定期日に特定物を引き渡す債務のように，もっぱら特定の結果の実現に向けられた債務をいう。これに対して，**手段債務**とは，医師の診療報酬債務のように，結果の実現（病気の回復）そのものではなく，それにいたるまでに注意深く最善を尽くして行為する債務である。

　この分類は，フランスにおいては，債務不履行の要件であるフォート（faute）の立証にとって意味を有する。すなわち，結果債務においては，債権者は結果が実現されなかったこと——たとえば，一定期日に特定物が引き渡されなかったこと——を立証すれば，それ以上，フォートの立証を要せず，債務者は不履行が不可抗力に基づくことを立証しない限り，債務不履行責任を免れることはできない。これに対して，手段債務においては，債権者が債務不履行責任を追及するためには，たとえば，医師が診療に際して適切な処置を施さなかった，なすべきことをなさなかったという具合に，債権者は債務者のフォートを立証しなくてはならない。

　日本民法においても，結果債務・手段債務の分類の実益は，一般に，債務不履行における責めに帰すべき事由（改正第415条）の立証責任にあると解されている。詳しくは，第4章4.3.2（2）で説明する。

### 2.3.4　民法が規定する債権

**（1）　特定物債権・種類債権・金銭債権**

　特定物債権・種類債権・金銭債権は，同じく引渡債務であっても，引き渡される物の違いに着目した分類である。

　**特定物債権**とは特定物の引渡しを，**種類債権**とは一定の種類に属する物の一定量の引渡しを，**金銭債権**とは一定額の金銭の引渡し（支払い）を，それぞれ内容とする債権をいう。

　ここで，**特定物**とは，具体的な取引にあたって，当事者がその物の個性に注目して，当初から「これ」と定めて合意した物である。たとえば，不動産や美術品，あるいは，中古自動車などは，特定物とされる。なお，特定物に似て非なるものに不代替物がある。**不代替物**とは，客観的に見て，同じ種類・品質・数量の他の物で変えられないものをいう。多くの場合，

特定物は不代替物である。しかし，たとえば，ペット・ショップで，「リス一匹をください」と言って，リスを買う場合のように，厳密に言えば，不代替物ではあるが特定物でない場合もある。また，金銭債権は種類債権の一種ともいえるが，その目的物である金銭が，物とは異なり価値という高度に抽象化された内容をもつ点で種類債権とは異なる。これらの債権を分類するのは，不能に関する考え方が異なっているからである。

## (2)　特定物債権

　(1) で述べたように，**特定物債権**とは，特定物の引渡しを内容とする債権をいう。たとえば，Aが，Bから，Bが所有する甲家屋を買う契約を締結したとすると，買主Aは，売主Bに対して，甲家屋を引き渡せという債権を取得する。この債権は，特定物債権である。民法は，第三編「債権」第一章「総則」第一節「債権の目的」において，特定物債権について一箇条だけ——改正前後を通じて第400条にある善管注意義務——規定をおいている。すなわち，改正前第400条は，「債権の目的が特定物の引渡しであるときは，債務者は，その引渡しをするまで，善良な管理者の注意をもって，その物を保存しなければならない」と規定していた。ここで「**善管注意義務**」とは，取引上要求される注意義務を個人の資質によるのではなく，客観的基準によって定めることを示す概念である。これと対置されるのは，たとえば，無償受寄者の負う「**自己の財産に対するのと同一の注意義務**」（第659条）であり，これは，善管注意義務よりも，注意義務が軽減されていることを示す。

　このように，特定物債権の債務者は，目的物の保存について善管注意義務を負うので，債務者が同義務を怠った結果，目的物が滅失・毀損すれば，債務不履行となって，債務者は，債権者に対して，損害賠償責任を負う（改正第415条）。ところで，第400条によれば，債務者が善管注意義務を負うのは，「引渡しをすべき時」——履行期——までではなく，それ以降も，「引渡しをするまで」——履行時——である。しかし，履行期から履行時までについては，場合を分けて考える必要がある。

　(i)　引渡しが債務者Bの責任で遅れた場合　　たとえば，Aが，約束され

た期日に，Bに対して代金を持参して甲建物の引渡しを求めたのに対して，Bは引っ越し先がない等と言って，引渡しを拒んだとする。この場合には，債務者であるBは，履行期から履行遅滞の責めを負うことになり，その結果，保管義務は一層強化される。そこで，甲建物への損害が，履行期から履行時の間に生じたものであれば，それが不可抗力によるものであっても，Bは責任を負わないといけない。

(ii)　引渡しが債権者Aの責任で遅れた場合　　たとえば，Aが，約束された期日に，Bに対して代金を持参して甲建物の引渡しを受けることを怠ったとする。この場合には，債権者であるAの方が受領遅滞となって，責任を負わないといけないので，その結果，Bの保管義務は軽減される（受領遅滞の問題として，第3章3.1.5で説明する）。

(iii)　両当事者いずれの責任に帰すこともできない事情の下に引渡しが遅れた場合　　たとえば，履行期に履行しないことが不可抗力に基づく場合や，債務者に留置権や同時履行の抗弁権など履行の遅延を正当化する事由が存在する場合には，第400条がそのまま適用されることになる。

ところで，改正前第483条は，特定物債権の債務者は，「その引渡しをすべき時の現状でその物を引き渡さなければならない」と定めている。ここで，「その引渡しをすべき時」とは履行期と解されている

今，一つ例を挙げる（図1）。

① 3月1日　甲家屋の売買契約
② 4月1日　履行期

図1

履行期である4月1日までに，本件家屋が暴風で損傷したとする。この場合，改正前第483条によると，債務者は，履行期における現状，すなわち，壊れたままで引き渡すことを要し，かつ，それで足りるということになり，Bは，甲家屋を修理して，Aに引き渡す義務を当然に負うわけではないということになりそうである。しかし，たとえば，暴風による損傷が，

債務者であるBが本件家屋の保存において善管注意義務を果たさなかったことに由来する場合には、前述したように、債務不履行となって、Bは改正第415条の損害賠償責任を負う。このように、債権発生後に目的物の滅失や毀損が生じた場合には、保存における善管注意義務違反があれば、それらの発生が履行期の前か後かを問わず、債務不履行や危険負担の問題として処理される。したがって、改正前第483条の存在理由は乏しいといわざるを得ない。

　改正前第483条は、起草過程の原案では第400条と一体となっていたところが、分割されて弁済のところに移されたものであり、その立法趣旨は明確ではない。しかし、結局のところ、債権発生時と履行期とで目的物の状態に変化があった場合には、当事者の意思は、履行期の現状で引き渡せばよいということにあるという意思の推測以上の意味を有するものではない。そこで、改正第483条は、「債権の目的が特定物の引渡しである場合において、契約その他の債権の発生原因及び取引上の社会通念に照らしてその引渡しをすべき時の品質を定めることができないときは、弁済をする者は、その引渡しをすべき時の現状でその物を引き渡さなければならない」と改められた。また、第400条も、改正に際して、「善良な管理者の注意」について、「契約その他の債権の発生原因及び取引上の社会通念に照らして」との内容が付け加えられた。


(3)　種類債権
　I.　目的物の品質
　特定物債権がある特定の物（特定物）の引渡しを目的とする債権であるのに対し、種類債権とは、たとえば、鋼材10トンという具合に同じ種類の物の一定数量の引渡しを目的とする債権である。このように、種類債権とは、その目的物を種類と数量で決めている債権であり、その目的物は種類物とよばれる。

　特定物債権にあっては、給付の目的物が最初から「これ！」と定まっており、選択の余地がないのに対して、種類債権にあっては、債権が成立した時点では、具体的にどの物を給付するかは定まっていない。このことは

逆に言うと，鋼材 10 トンと言われても，どの程度の品質の物を渡せばよいかわからないということを意味する。それについては，当事者の契約で定められていれば，まず，それに従う。しかし，定められていなかった場合については，第 401 条第 1 項に補充的規定をおいている。つまり，「中等の品質を有する物」を引き渡せというわけである。もっとも，当事者が，契約において，目的物の品質を定めておかないことは稀だし，仮に当事者が品質を明示的に定めていなくても，契約の趣旨や状況から見て判断できる場合も少なくないであろう。

II. 特　　定

(i)　意　　義　　特定物債権では，目的物は特定の物に限定されているので，その物が滅失すれば履行不能が生じる。これに対して，種類債権では，取引界にその種類の物が存在する限り，履行不能は生じない。すると，債務者としては，自分の手元にある在庫品がなくなっても，また，市場価格がどんなに高くなっても，どこからか調達して，債権者に引き渡さないといけない。つまり，種類物にあっては，同種の物がこの世に存在する以上，債務者の引渡義務は，消滅することなく存続し続ける。しかし，これでは，債務者にあまりにも重い負担を課すことになるので，第 401 条 2 項の規定を設け，ある時期から，「特定」された物だけを給付の目的物とすることにした。

(ii)　効　　果　　特定によって，以下の効果が発生する。

①　債務者に保管義務が発生する。債務者は，特定された物の引渡しをするまでは，その物につき前述した善管注意義務（改正第 400 条）を負う。

②　債務者は，特定された物についてだけ給付義務を負う。したがって，特定後に，特定された物が滅失した場合，当該滅失が債務者の責に帰すべき事由によるときは，債務者の責に帰すべき履行不能として，債権者は，債務者に対して，損害賠償請求権を取得する。また，滅失が債務者の責に帰すべからざる事由によるときは，双務契約の場合，危険負担の問題となり，改正第 536 条第 1 項により，債務者は給付義務を免れ，債権者は，自分の義務——買主であれば代金支払義務——の履行を拒むことができる。

③　特定があると，その時に，原則として，所有権は債務者から債権者

へと移転する（最判昭和35年6月24日民集14巻8号1528頁）。特定する前は，具体的にどの物を債権者に引き渡すか定まらない以上，物に対する権利である所有権が移る道理がない。

❖ 特定と改正第567条との関係 ══════════════════════

改正第567条第1項は，売買契約においては，目的物の滅失等についての危険は，目的物の引渡しによって，売主から買主に移転すると規定する。(iv)で説明するように，債務者が債権者に目的物を引き渡す前であっても，特定は生じる。そこで，種類物の売買にあっては，特定が生じた後，引渡し前に，売主の責めに帰すべからざる事由によって目的物が滅失した場合，売主は目的物の給付義務を免れるかという問題が生じる。これについては，本文で述べた売主は給付義務を免れるという考え方と免れないという考え方が対立している。

今回の改正では，危険負担における債権者主義を規定する改正前第534条は，不合理だとして削除された。他方で，今回の改正により新設された改正第567条は，「目的物の滅失等についての危険の移転」の見出しの下，売買において，目的物の滅失等についての危険は，目的物の引渡しによって移転すると規定しているようである（「ようである」というのは，条文を読む限りは，同条の内容を，そのようにまとめるのがためらわれるからである）。売主は給付義務を免れないという考え方は，改正第567条によれば，目的物の滅失の危険は，特定ではなく，引渡しによって移転するので，特定があっても，引渡し前に目的物が滅失した場合には，債務者は給付義務を免れないというものである。

この考え方によれば，改正第567条の新設により，特定の効果に大幅な変更が加えられることになるが，特定の効果に関する第401条第2項は，改正前のままである。さらに，改正第567条を素直に読む限りは，同条は，引渡しがあった後に生じた滅失や損傷についての，売主の担保責任を規定するものであり，論理必然的に，引渡し前に生じた滅失や損傷についてまで規定しているとは読めない。

詳しくは，契約法で学んでほしいが，危険負担は対価危険について定めたものであるのに対して，改正第567条は給付危険について定めたものであるとされる。しかし，初学者が，このような用語を用いて議論すると，具体の世界との往復がない抽象の世界の中だけの議論になってしまう危険があることは覚えておいてほしい。ところで，改正によって新設された条文が何を意味しているのか，改正当初から，解釈が分かれるというのは，変だ！と感じるのは，筆者だけであろうか。

───────────────────────────────────────────

(iii) 変 更 権 特定によって，「特定」された物だけが給付の目的物

となるが，種類債権は，特定後は，完全に特定物債権に転化し，特定物債権とまったく同じ扱いを受けなければならないと解すべきではない。というのは，「特定」は，前述したように，無限に続く債務者の給付義務をどこかで打ち切るために認められた規定であり，したがって，そのような目的から効果を考えるべきだからである。

　そうすると，特定後であっても，債務者は，債権者を害しない限り，特定した物以外の他の物を給付できると考えてよい。つまり，特定後は，債務者は特定した物しか給付できないと考えるべきではなく，同じ種類，同じ品質の物であれば，別の物を給付しても債権の目的は達せられるので，債務者には変更権があると解すべきである（大判昭和12年7月7日民集16巻1120頁）。

　(iv)　特定を生ずる時期　　特定は，いつ，生ずるか。

　まず，条文はないが，①両当事者が合意したときである。これに加えて，第401条第2項は，②債務者が，債権者の同意を得てその給付すべき物を指定したとき，③債務者が，物の給付をするのに必要な行為を完了したときの2つを定める。

　②は，債務者が債権者から特定すべき物の指定権を与えられ，それに基づいて指定した時であり，あまり問題はない。

　問題は③である。③については，最判昭和30年10月18日民集9巻11号1642頁がある。

　事案は魚網用のタールの売買に関するものである。この売買において，買主（X）は，必要があるごとに，売主（Y）にタールの引渡しを求め，Yの指定する場所にドラム缶を持って取りに行くことになっていた。この売買は，はじめはスムーズに運んだが，途中から，Xがタールの品質がよくないと言って，Yにタールの引渡しを求めなくなった。そこで，Yは，Xに，日時，場所を指定してタールを取りにくるように連絡して，引渡しに必要な人手を確保して，指定した日時にタール槽にタールを入れ，Xを待っていた。しかし，いつまで待っても，Xが引き取りに来ないので，人手も引き上げてしまった。ところが，その後，タール槽のタールは第三者によって売却されてしまった。そこで，Xは，Yに対して，Yの責めに帰す

べき履行不能を理由として，タールの売買契約を解除し，あわせて，損害賠償を請求した。

　この事件において裁判所で争われた中心点は，YがXに指定した日時においてタール槽にタールを入れてXを待っていたことが，第401条第2項の「債務者が物の給付をするのに必要な行為を完了し」たことに該当するか，すなわち，「特定」が生じていたかであった。というのは，特定が生じていなければ，Xの主張の前提である履行不能は生じてはいないからである。この点について，最高裁は，Yが，単に，タールをタール槽に入れて，Xに取りにきてくれと言うだけでは，「物の給付をするのに必要な行為」を完了しておらず，したがって，特定は生じていないと判示した。すなわち，Yのこの行為は，「弁済の提供」の一種である「口頭の提供」（第493条）には該当するが，「口頭の提供」をしても，「物の給付をするのに必要な行為」をしたことにはならないと判示した。

　ところで，「口頭の提供」は，通常，債務者が給付をなすに必要な準備をして，債権者に協力を求めることであると定義付けられるために，一見すると，両者は同じように見える。しかし，「弁済の提供」（第3章3.1.3で説明する）とは，改正第492条にあるように，債務者をして債務不履行責任を免れさせるための制度である。したがって，「弁済の提供」の成否は，債務者は，どれだけのことをすれば，債務不履行責任を免れるかという観点から判断される。そのため，債権者側の態様によっては，ごく少しの準備しかしていなくても，「提供あり！」と解される場合もある。それが，「口頭の提供」でも足りるとされる場合がある所以である。これに対して，特定の機能は，給付の目的物を特定された物に限定することにある。このように，両者は制度目的が異なる以上，その要件を同じに解する必要はない。

❖ 制限種類債権

　最判昭和30年10月18日において，最高裁は，結論としては，問題となったタールの売買が，制限種類債権か通常の種類債権か不明であるとして，破棄差戻しをした。制限種類債権とは，種類債権について，さらに一定の範囲の制限を加えた物の引渡しを目的とする債権である。この事件に即していえば，売買

の目的物がタールであれば種類債権であるが，タール槽の中にあるタールであれば制限種類債権ということになる。この事件では，特定が生じていない以上，種類債権ならば，履行不能は生じていないが，制限種類債権ならば，履行不能が生じていることになる。そこで，どちらであったか，もっと調べろというわけである。どちらに該当するかは，契約の解釈によって確定されることになる。

## (4) 金銭債権

第402条第1項が定める**金銭債権**とは，一定額の金銭の支払いを目的とする債権である。金銭債権の目的物は，物としての金銭ではなく，金額で表された価値としての金銭である。したがって，たとえば，「10万円を支払う」という金銭債権の場合，その目的は，10万円という価値を債権者に移転することにあるので，債務者は，手の切れるような1万円札10枚で支払ってもよいし，よれよれの千円札100枚で支払ってもよい。それが，第402条第1項本文が定めていることである。

すなわち，第402条第1項本文は，金銭債権にあっては，債務者は，その選択に従い，各種の「通貨」で弁済することができると定めている。ここで，「通貨」とは，法律により国内における強制通用力（その貨幣の引渡しが有効な弁済として効果をもつこと）を認められた貨幣のことである。具体的には，紙幣については，日本銀行券は無制限に強制通用力があるのに対して（日本銀行法46条2項），硬貨については，「額面価格の20倍まで」である（通貨の単位及び貨幣の発行等に関する法律7条）。したがって，同じく10万円の弁済であっても，前述したように，債権者は，千円札100枚による弁済を拒否することはできないのに対して，500円玉200個による弁済については拒否することができる。このことは，外国の通貨（たとえば，米ドル）で支払うことが債権の内容となっている場合も同様である（第402条第3項）。

> ❖ **振込による弁済**
>
> 現在では，金銭債権の弁済は，債権者の預金又は貯金口座（以下，「預金口座」という）への振込により行われることが多い。たとえば，債務者Aが，債権者Bに弁済するに際して，自分の取引銀行である甲銀行X支店（「仕向銀行」という）に依頼して，乙銀行Y支店（「被仕向銀行」という）にあるBの預金口

座に振込むという具合に。それでは，この場合，いつの時点で弁済の効果は生じるのだろうか。この点につき，今回の改正では，改正第477条を新設した。同条は，債権者Bが，振り込まれた金額についての払戻しができるようになった時点で弁済の効力が生じると規定した。この時点は，条文上は規定されていないが，Bの預金口座に入金記帳が行われた時点であることが多い。

---

　ところで，外国の通貨で債権額が指定されたときでも，債権者は，外国通貨，日本通貨いずれによっても請求できる（最判昭和50年7月15日民集29巻6号1029頁）。ただし，債権者が外国通貨で請求した場合，債務者は，日本通貨で弁済することができる（第403条）。この場合は，履行地および現実に履行する時点における為替相場によって換算される。ただ，債権者が円貨での請求を裁判上する場合には，基準時は事実審口頭弁論終結時である（前掲最判昭和50年7月15日）。もちろん，当事者間で，特定の外国通貨（たとえば，ユーロ）で支払うことが定められている場合には，その約定に従わなければならないのは当然である。

　前述したように，金銭債権の目的は，物としての金銭ではなく，価値としての金銭である。すると，価値としての金銭がこの世からなくなることはないので，金銭債権は履行不能となることはなく，また，種類債権における特定ということも考えられない。さらに，金銭債権については，債務不履行による損害賠償の要件・効果について特別の規定がおかれている（改正第419条，第4章4.3.6（5）で説明する）。ただし，ここでの価値は，あくまでも，名目的価値である。したがって，20万円の債権であれば20万円を支払えばよく，履行期までの貨幣価値の変動は考慮されない（最判昭和36年6月20日民集15巻6号1602頁）。インフレによって，かつての20万円が300分の1の価値しかもたなくなっても，6,000万円支払う必要はなく，20万円支払えばよい。この考えは，「名目主義」とよばれる。なお，同じく金銭債権であっても，特定の金銭（たとえば，コレクション用の金貨）の引渡しが目的とされる場合は，特定物債権あるいは種類債権となる。

## (5) 利息債権

### I. 利息債権とは

**利息債権**とは，利息の支払いを目的とする債権である。利息とは，金銭等の種類物の使用対価として，元本額と使用期間に応じて，一定の割合（たとえば，年20％）により支払われる金銭その他の代替物であると定義される。したがって，利息といえば，金銭を思い浮かべるが，金銭以外の目的物（たとえば，米）についても付すことができる。

さて，改正第404条は，「利息を生ずべき債権について別段の意思表示がないときは，その利率は，…（中略）…法定利率による」と規定する。「利息を生ずべき債権」と言っていることからわかるように，民事の場合，たとえば，友人に1万円を貸した場合，利息について何も約定をしなければ，利息債権は発生しない。これに対して，商人間で金銭の消費貸借をしたときは，たとえ，利息の約定がなくても，当然，利息が発生する（商第513条第1項）。利率については，利息制限法等の規制は受けるが，当事者に合意があるときは，原則として，その合意された利率による。なお，当事者が利率について合意していない場合には，法定利率による（改正第404条）。

ところで，改正前は，法定利率は，民事なら年5分（改正前第404条），商事なら年6分（改正前商第514条）の固定制であったが，昨今の超低金利とのかい離が大きすぎるとの批判があった。そのため，今回の改正では，変動制を採用するとともに，民事・商事の区別を廃止し，商法第514条を削除した。

### ❖ 改正法における法定利率

改正第404条によれば，法定利率の算定方法は，以下の通りである。まず，従来の実務からの激変緩和措置として，改正法施行時における当初利率を3％としたうえ（同条第2項）で，3年を一期として，一期ごとに利率を見直すこととした（同条第3項）。すなわち，法定利率に変動があった直近の期における基準割合と当期における基準割合を比べて，差が1％を超える場合に，その差の1％未満を切り捨て，整数の単位で法定利率に反映させるというものである（同条第4項）。ここで，「基準割合」とは，各期の初日の属する年の6年前の1月から前々年の12月までの各月における短期貸付の平均金利をさらに平均

したものであり，法務大臣が告示する。

　それでは，法定利率が変動した場合，ある元本債権に適用される法定利率も期ごとに変動するのだろうか。制度設計としてはあり得るが，それでは，利息の計算が，きわめて煩雑になるという理由で，ある元本債権に適用される法定利率は，一定の基準時の法定利率に固定することにした。すなわち，改正第404条第1項は，「別段の意思表示がないときは，その利率は，その利息が生じた最初の時点における法定利率による」と規定している。「利息が生じた最初の時点」とは，利息の支払義務の履行期ではない。たとえば，貸金債権が元本債権である場合には，消費貸借契約においては，原則として，利息はその貸付金を借主が受け取った日以後に生ずるから（改正第589条第2項），その日が「利息が生じた最初の時点」となる。

---

　利息と似て非なるものに遅延利息とよばれるものがある。

　たとえば，今，Aが友人のBから，返済期は1年後ということで，100万円借りた。しかし，友人同士ということで，Bは無利息で貸した。返済期には，AはBに元金100万円だけ返済すればよい。それでは，Aが返済期に返せず，それから1年たってBに返そうという場合は，果して，100万円だけ返せばいいのだろうか？　答えは，ノーである。この場合，Aは，債務の履行を遅延しており，それに対しては損害賠償債務を負う。そして，金銭債務については，改正第419条があり，AはBに対して，「債務者が遅滞の責任を負った最初の時点における」法定利率による損害賠償を支払わないといけない（同条第1項）。これが遅延利息である。したがって，遅延利息の法律上の性質は，利息ではなく，損害賠償である。

II.　高利の規制

(i)　利息制限法と出資法　　かつて，高利の規制は，「利息制限法」と「出資の受入れ，預り金及び金利等の取り締まりに関する法律」（略して「出資法」という）の二本立てで行われていた。

　すなわち，利息制限法によれば，国家は，利息制限法の制限内の利息については，その実現のために助力を与えるが，超過利息については，助力を与えない。具体的には，制限内の利息については，債権者は，裁判所に訴えて，勝訴判決を得て，強制執行に進むことができるが，制限超過利息については，裁判所に訴えても，その訴えは斥けられるというわけである。

さらに，債務者が任意に支払った超過利息についても，国家は助力を与えない（同法旧第1条第2項，旧第4条第2項）ので，債務者は，任意に支払えば，後になって，債権者に，その返還を請求することはできない。以上が私法によるコントロールであるが，それとは別に，出資法は，1日0.3パーセント（日歩30銭），年利109.5パーセントを超える高利については，刑事罰をもって臨んでいた。極端な高利については，単に，私法上，助力を与えないだけではなく，刑事罰をもって取り締まるというわけである。

　すると，民事上は債権者に助力を与えないが，刑事罰はないというグレー・ゾーンとよばれる中間領域が生じる。前述したように，グレー・ゾーン金利については，債務者は，任意に支払ってしまえば，利息制限法上は，返還請求できないとされていた。グレー・ゾーンが設けられたのは，この程度のうま味を残しておかないと，庶民相手に金融をする者がいなくなってしまうという理由によるものであった。しかし，1960年代後半にいたると，一連の最高裁判決によって，同法第1条第2項，第4条第2項は空文化された。これら一連の判決は，債務者を保護するものとして大方の支持を得ているが，解釈論の域を超えているとの議論もある。

　すなわち，まず，最大判昭和39年11月18日民集18巻9号1868頁は，それまでの判例を変更し，債務者は，制限超過利息の返還は請求できないが，超過分は元本に充当されるとした。すると，次に，超過分を元本に充当しても，なお過払い分がある場合には，その部分の返還を請求できるかが問題になり，最大判昭和43年11月13日民集22巻12号2526頁は，返還請求を認めた。その理屈は，超過分を元本に充当した結果，元本がなくなってしまった後は利息が生ずる余地がない。したがって，元本がなくなった後に支払われた金銭は，債務が存在しないのに弁済として支払われたものに他ならないから，利息制限法の外の問題であって，民法の一般原則に戻って，不当利得返還請求ができるというものである。そして，最後に，最判昭和44年11月25日民集23巻11号2137頁は，超過利息・損害金を元本と一括して弁済してしまった場合も，充当に関して特段の指定がない限りは，不当利得返還請求できるとした。

　（ii）　利息制限法，出資法そして貸金業法　　このように，最高裁は債務

者に有利な判例法を確立したが，これによって問題が解決されたわけではなかった。それどころか，現実には，1970年代後半から，「サラ金」とよばれるサラリーマン金融の隆盛を背景として，その高金利，過剰融資，過酷な取り立てなどを原因とする債務者の自殺，家出，はては強盗などが多発し，社会的批判が集中した。そこで，1983年，出資法が改正されるとともに，「貸金業等の規制等に関する法律」（略して「貸金業法」という）が成立した。それでは，この二法の成立により，従来の高利対策は，どのように変わったのであろうか。

1. **処罰金利**　前述したように，改正前の出資法では，日歩30銭，年利109.5％を超えて利息をとると刑罰を課せられた（5条）。この処罰金利は，一般の私人でも，貸金業者でも，およそ，金銭の貸付を行う者について一律に適用された。これに対して，改正出資法では，サラ金禍の要因の一つである高利の弊害を防止するため，業として金銭の貸付を行う者（貸金業者に限らず銀行等も含まれる）については，一般の私人と区別して，刑罰金利が大幅に引き下げられた。すなわち，改正当初は，年利40.004％と定められていたが，最終的には，29.2％にまで引き下げられた（同法旧第5条第2項）。

2. **みなし弁済**　前述したように，一連の最高裁判決によって，利息制限法第1条第2項および第4条第2項は空文化し，債務者は，過払超過利息を不当利得として返還請求できることになった。これに対して，貸金業法第43条は「みなし弁済」規定を設けた。すなわち，同条によれば，貸金業者の貸付に基づき，債務者が利息として任意弁済した金額については，貸金業者が貸付および弁済受領につき法定された契約書面，受取書面を債務者に交付している場合は，有効な利息債務の弁済とみなされ，したがって，残存元本への充当も，返還請求も認められないことになった。ただし，処罰金利を超えた利息を約定していた場合は，みなし弁済規定は適用されない（貸金業法旧第43条第2項第3号）。

それでは，なぜ，このような規定が設けられたのだろうか。その理由は，一言で言えば，「あめとムチ」である。すなわち，貸金業法では，刑罰および行政処分の制裁を背景として，貸金業者に対して，利率等法定事項を

含む契約書面，受取書面の交付を義務づけ，業界の健全化を図った。しかし，これらの書面は，債務者による利息制限法の超過部分の利息の返還請求訴訟において，決定的な証拠となってしまう。そこで，過払利息の返還を認める最高裁判決を維持していては，これらの書面交付義務の実効性は確保しがたいので，この「みなし弁済」規定を設けたというわけである。また，「みなし弁済」規定は，改正出資法により処罰金利を引き下げたことへの代償でもある。

　しかし，その後も，高利の貸金業に起因する問題は後を絶たず，いわゆるヤミ金融業者とよばれる悪質な貸金業者対策のために，2003 年，再び，出資法および貸金業法が改正された。この改正は，業として貸付を行う者による高金利の貸付に対する法定刑を引き上げたり，年利 109.5 パーセントを超える場合には，消費貸借契約自体を無効とする（貸金業法旧第 42 条の 2）など，貸金業への規制を強化するものであった。しかし，その後も，高利の規制に関する議論は続き，2006 年の改正によって，出資法第 5 条第 2 項の規定する処罰金利が 20 パーセントに引き下げられるとともに，ついに，貸金業法が定めていた「みなし弁済」規定および利息制限法旧第 1 条第 2 項，旧第 4 条第 2 項も廃止された。なお，この改正に伴い，「貸金業等の規制等に関する法律」の名称が改められ，「貸金業法」が正式な法律名となった。

　ただ，市場金利は経済情勢に応じて変化するのに対して，法律は，現実問題として，そうたやすく改正できるものではない。したがって，「みなし弁済」規定は廃止するとしても，立法技術としては，出資法が規定する処罰金利や利息制限法が定める上限金利の利率自体の決定は政令に委任する等，もう少し，機動的に動きうるようにすべきではなかったかという疑問は残る。

❖ コミットメント・ライン契約

　近年，金融実務においては，突発的な資金需要に備えて，企業が，金融機関との間で，一定の金額の枠内であれば，必要に応じて，融資を受けられるという合意をしておくことが珍しくない。このような合意は，コミットメント・ライン契約あるいは融資枠契約とよばれる。コミットメント・ライン契約におい

ては，企業は，実際に融資を受けたか否かにかかわらず，金融機関に対して，融資枠設定の対価としての手数料を支払う。すると，たとえば，1,000億円の融資枠に対する手数料が0.5パーセント（5億円）のコミットメント・ライン契約において，企業が，1年間に30億円しか借りなかったとする。この場合，利息制限法3条のみなし利息規定を適用すると，手数料も利息とみなされる結果，企業は，利息制限法第1条第3号の定める制限利息（年利1割5分の4億5千万円）を超過する利息を支払うことになってしまう。さらに，具体例は，各自で考えてほしいが，企業がもっと短期間に，もっと少額しか借りなかった場合には，出資法の処罰金利を超えてしまう。そのため，かつて，日本では，金融機関は，コミットメント・ライン契約のニーズに応えることができなかった。そこで，1999年（平成11年）に，「特定融資枠契約に関する法律」が制定され，同法の定める要件を満たす融資枠契約——借主は大企業など一定の範囲の法人に限定されている——については，利息制限法・出資法が適用されないことになった。

---

（6）　選択債権

　Bが，Aに対して，自分がもっている甲乙2つの家屋のうちの1つをあげるという贈与契約を締結したとする。この場合，Aは，Bに対して，自分に対して，どちらか一つの所有権を移転し，かつ，引き渡せという債権を取得することになる。このような債権を選択債権という。ただ，わが国においては，契約によって選択債権が生ずる例は比較的まれであるといわれる。

　選択債権にあっては，甲家屋も乙家屋も，選択に値するだけの個性をもっているので，その点で種類債権とは異なる。なお，今，例に挙げたのは特定物給付と特定物給付という具合に給付の性質が同じものであるが，各給付に個性があれば，海外旅行に招待するか，クルーザー1台を与えるという具合に，給付の性質が全く異なっても構わない。

　このように選択債権にあっては，選択されるべき給付は個性をもっているので，選択権のあり方が重要である。というのは，さきほどの例において，Bは，Aに対して，甲家屋か乙家屋のどちらか一方をあげるといったのに，どちらも履行してくれない。このとき，Aは，どちらかをもらう権利はあるが，両方をもらう権利はないので，何を請求する訴訟を起こした

らいいのかわからないからである。そこで，民法は，第406条以下に，選択に関して比較的詳細なルールをおいている。しかし，通常は，契約によって，当事者が選択のルールを定めているので，これら民法の規定が適用になる場合は，ほとんどないといわれる。また，第410条については改正が行われているが，これらの規定は，読めばわかるので，各自，読んでおいてもらいたい。

判例上，選択債権が問題となったものとして，最判昭和42年2月23日民集21巻1号189頁がある。これは，賃貸人（Y）が賃借人（X）に対して，Yの所有に係る300坪あまりの土地のうち表通りに面した50坪をXに貸す契約を締結したところ，選択債権であるとしたものである。すなわち，選択債権における選択権は，第一次的には，債務者であるYにあるが（第406条），Yが選択権を行使しなかったので，債権者であるXによる選択権の行使を有効とし（第408条），Xの提起した借地権確認・土地引渡請求訴訟において，Xの請求を認容した。

# 第3章

# 債権の任意的実現

　民法は，第三編「債権」第一章「総則」第六節「債権の消滅」の部分（改正第473条以下）において，弁済をはじめとする債権消滅原因について規定している。ところで，債務者による任意の履行（弁済）によって消滅するというのが，債務がたどる運命でもっとも通常なものであり，また，債権者としても，債務者が任意に弁済してくれるのがもっとも望ましい。そこで，本章においては，債務が任意に実現される過程，すなわち，弁済の過程において生じる問題点を説明することから始めるとともに，弁済と同様な機能を営む相殺と債権譲渡も扱うことにする。

　なお，本章においては，弁済以外の債権の消滅原因についても扱うが，それらのうち，更改（改正第513条〜改正第518条）は，現在，新しく利用される分野がでてきているとはいえ，その意義は，未だに小さく，また，免除（第519条）・混同（第520条）も実際の作用は小さい。そこで，更改，免除・混同に関する説明は最小限にとどめたい。また，現在においては，代物弁済に関する規定（改正第482条）は，債権の消滅原因としてよりも担保手段として位置づけられるべきものであるので，担保物権法に譲ることにする。

# 3.1 弁　済

## 3.1.1　はじめに

　弁済の概念については，ドイツにおいて激しく論じられ，それを受けて，わが国でも，議論があった。これらの議論にあっては，たとえば，第三者弁済は弁済に該当するか，強制執行や担保権の実行による債権の消滅は弁済に該当するかなどが争われた。しかし，今日，わが国において，これらについて論ずる意味は乏しい。したがって，弁済とは，債務の任意の履行を債務の消滅の観点から観察したものと理解すれば足り，履行＝弁済と考えてよい。

　たとえば，今，A・B間で，履行期を2008年4月1日として，Aの所有する甲家屋を，代金1億円で，Bに売却する契約が締結されたとする。この契約に基づいて，AはBに対して履行期に甲建物を引き渡すという債務が発生し，BはAに対して同日に1億円を支払うという債務が発生する。A・Bが，契約どおり，履行期である2008年4月1日に，それぞれの債務を履行すれば，債務は消滅する。そして，このA・Bの履行行為が弁済である。今回の改正によって新設された改正第473条は，「弁済」の見出しの下，「債務者が債権者に対して債務の弁済をしたときは，その債権は，消滅する」と規定している。

　以上，述べたところから明らかなように，弁済の要件は，債務履行の要件と等しいので，弁済が有効であるためには，債務の本旨にしたがった履行がなされなければならない（改正第415条）。債務の本旨にしたがった履行か否かは，契約によって生じる債権にあっては，結局のところ，契約の内容，すなわち，両当事者が合意したところによって定まる。しかし，当事者が，常に，すべての事項について合意しているとは限らないことから，民法は，そのような事態に対処するための規定をおいている。「誰が」，「誰に」，「何を」，「いつ」，「どこで」弁済しなければならないかに関する規定である。

このうち、「何を」については、既に、第2章2.3.4において説明した。ところで、多くの債務にあっては、弁済には債権者の行為を必要とする。すると、債務者が自分でできることはすべて行ったのに、債権者が協力してくれないために、弁済ができないという状況が生ずる可能性がある。そこで、そのような場合の債務者の処遇を定める必要があり、それが弁済の提供に関する規定である。本書では、弁済に関する民法の諸規定について、説明をスムーズに進めるために、まず、「いつ」、「どこで」弁済しなければならないかについて説明し、その後、弁済の提供、「誰が」、「誰に」弁済しなければならないかの順に説明することにする。

### 3.1.2 「いつ」、「どこで」弁済すべきか

(1) 「いつ」弁済すべきか（弁済の時期）

弁済の時期に関しては、改正第412条に規定がおかれている。しかし、条文を読めばわかるように、同条は、いつから履行遅滞に陥るかという観点から書かれている。すなわち、同条は、債務者は、いつから履行遅滞に陥るかに関する解釈規定であり、弁済期がいつかを定めた規定ではない。なお、法律の規定によって弁済期が特に定められている場合もある（たとえば、第591条第1項、改正第597条、改正第662条第1項）。

(i) 確定期限の場合　　たとえば、5月11日までにという期限が定められている場合には、この期限がすぎることによって、当然、履行遅滞となる（第412条第1項）。ただし、当事者間で、債権者が請求して、はじめて、履行遅滞となると定めてもよい。

(ii) 不確定期限の場合　　不確定期限とは、将来、必ず到来するが、いつ到来するか不確定なものをいう。たとえば、Aの死亡時を期限とする場合である。Aが死亡したら家を明け渡すという債務の場合、Aの死亡によって、家を明け渡すという債務の弁済期は到来するので、それ以降、債権者は債務者に対して、家の明け渡しを請求できる。しかし、確定期限とは異なり、債務者は、期限が過ぎれば、当然に、履行遅滞に陥るわけではない。改正前第412条第2項は、債務者が履行遅滞に陥るのは、債務者が期限の到来——死亡の事実——を知った時からであると規定していた。しか

し，債務者は，不確定期限の到来を知らなくても，期限到来後に履行の請求を受けた場合には，その時から履行遅滞に陥るとの解釈が確立していた。そこで，改正第412条第2項は，その旨を明文化し，「債務者は，その期限の到来した後に履行の請求を受けた時又はその期限の到来したことを知った時のいずれか早い時から遅滞の責任を負う」と規定している。

　　(ⅲ)　期限の定めのない場合　　期限の定めのない債務は，債権発生と同時に弁済期が到来しているとされるので，債権者は，いつでも，債務者に，請求できる。しかし，債務者が履行遅滞に陥るのは，債権者から請求を受けた時からである（第412条第3項）。

　また，今回の改正により新設された改正第484条第2項は，弁済および弁済請求の時間について，法令または慣習により取引時間の定めがあるときは，弁済や弁済の請求は，その取引時間内に限りできると規定している。同様の規定は，商法第520条におかれていたが，商行為に限定されるものではないとして，商法第520条は削除され，民法に規定されることになった。

## (2)　「どこで」弁済すべきか（弁済の場所）

　弁済の場所については，改正第484条第1項が定めている。同条は，特定物の引渡しについては，債権発生当時にその物が存在した場所を，その他に関しては，債権者の住所地を弁済の場所としている。なお，改正第484条第1項は契約類型にかかわらない一般規定であり，特定の契約類型について特別の規定がおかれている場合には，そちらが優先適用される（たとえば，売買に関する第574条）。なお，これらの規定は任意規定であるから，当事者が異なる合意をした場合には，そちらが優先される。

## 3.1.3　弁済の提供

### (1)　意　　義

　債務の内容が行為債務，特に，不作為債務である場合——たとえば，午後10時以降はピアノをひかない——には，債務の履行＝弁済について債権者の受領という行為を必要としない。したがって，このような債務者の

一方的な不作為債務にあっては，履行が，即，弁済を意味する。しかし，多くの債務にあっては，弁済するには何らかの債権者の行為が必要となる。

たとえば，債権者に持ってこいと言われて持っていっても，債権者が受け取ってくれない場合には，履行は完了しない。債務者としては弁済をするために必要な行為をすべてしたにもかかわらず，債権者の行為——この場合は受領——がないために弁済できず，ために，債務が履行されないという状態が生じている。このような場合，債務者としては，どうしたらいいのだろうか。債務が履行されない状態が生じている以上，債務者は，債務不履行から生ずる不利益——たとえば，損害賠償請求される（改正第415条），解除される（改正第541条）——を免れないのであろうか。このような事態に対処するための規定が「弁済の提供」（改正第492条，493条）である。今，述べたことからわかるように，**「弁済の提供」**とは，弁済のために債務者としてなすべきことをすべてなしたにもかかわらず，債権者の行為がないために弁済が完了しない場合に，債務者を債務不履行の責任から免れさせるために公平の観点からおかれた制度である。

## (2) 効　果

改正第492条は，「債務者は，弁済の提供の時から，債務を履行しないことによって生ずべき責任を免れる」と規定している。この規定によれば，債務者は，債権者が「あなたは弁済していないから，債務不履行の責任をとれ！」と言って攻めてきたときに，その応答として，「自分はこれだけのことをしたのだから文句を言われる筋合いはない！」と主張できる。すなわち，同条が定めている弁済の提供の効果は防御的なものである。

改正前第492条は，「債務者は，弁済の提供の時から，債務の不履行によって生ずべき一切の責任を免れる」と規定していた。そのために，弁済の提供によって免れることができる責任の範囲が不明確であった（3.1.5参照）。そこで，同条は，弁済の提供によって免れるのは，履行遅滞によって生ずる責任であることを明らかにするべく，文言の修正が行われた。

なお，**双務契約の当事者は同時履行の抗弁権**（改正第533条）を有しており，相手方がその債務について履行の提供をするまでは自己の債務の履行

を拒むことができる。したがって，双務契約の一方当事者は，相手方が提供するまでは，自ら提供しなくても不履行の責任を負うことはない。つまり，債務不履行責任を負わされないという防御面だけを考えた場合には，双務契約の当事者は，相手方が提供していなければ，自らも，弁済の提供すらも必要ではないことになる。たとえば，今，A・B間で，履行期を2008年4月1日として，Aの所有する甲家屋を，代金1億円で，Bに売却する契約が締結されたとする。ところが，履行期である2008年4月1日が来ても，AもBも何もしなかったとしよう。この場合，AもBも，相手方が提供をするまでは，自らの債務の履行を拒むことができるので，弁済の提供をしていなくても，相手方から債務不履行の責任を問われることはない。

　改正第492条が定める提供の効果は防御的なものであるのに対して，提供にかかる債務の債務者がイニシアティブをとって債権者を攻めるときにも提供が問題となる場合がある。前述したように，双務契約の当事者は，お互いに同時履行の抗弁権を有するので，一方当事者が解除するには，自己の債務を提供して相手方を債務不履行に陥れることが必要である。さきほどのA・B間での甲家屋の売買契約を例にしよう。このとき，売主であるAが売買契約を解除するには，買主であるBの側に代金債務についての債務不履行がなければならない。そのためには，売主は，買主による同時履行の抗弁権の主張を封じなければならない。そして，そのためには，売主は，自分の債務の提供をしなければならない。

## (3)　弁済の提供の程度

　債務の履行にあたり，債権者のなすべき行為の程度は高いものから低いものまでさまざまである。たとえば，2008年4月1日に債権者の自宅でこういう物を引き渡すという債務（このように債務者が目的物を債権者の住所に持参して履行すべき債務を「持参債務」という）においては，債権者は債務者がもってきた物をただ受け取ればよい。これに対して，たとえば，債権者の追って指定する日時，場所で，こういう物を引き渡すという債務においては，たとえ，債務者が引き渡すべき物をしっかり準備していたと

しても，債権者の方で引き渡しの日時，場所を指定していないことには債務者は履行できない。このように，債務の内容や債権者の態様により，債務者が債務の履行に向けてできることの程度はさまざまであることから，弁済の提供の程度が問題となる。この点，第493条は，本文で「現実の提供」を原則とし，例外として「口頭の提供」で足りる場合を但書で規定している。

　さて，さきほども述べたように，「弁済の提供」をすると，債務者は，その効果として債務不履行の責任を免れる（改正第492条）。すると，「弁済の提供」の有無を判断する際の実質的なポイントは，債務者がそれだけのことをした以上は，同人に債務不履行の責任を負わせるのは酷か，それとも，それだけのことしかしていない以上，債務不履行責任を免れしめるわけにはいかないと言えるかどうかに係っている。そして，「弁済の提供」の有無は，単に，債務者の行為だけではなく，債権者の態度との相関関係によって定まるといわなければならない。すなわち，債権者もまた信義誠実の原則にしたがって行動しなければならないというわけである。

### I. 現実の提供

　債務者が債権者の協力を待たずに債務の履行の主要な部分をなしうる場合には，「現実の提供」をしないといけない。たとえば，金銭債務であれば，現金をもっていって，債権者の面前に出してみせる。債権者としては，ただ受け取ればよい。この場合が「現実の提供」になることは明白である。また，判例によれば，金銭を持参して債権者の住所に行って支払いをなすべき旨を述べれば，金銭を債権者の面前に提示しなくても，「現実の提供」になる（最判昭和23年12月14日民集2巻13号438頁）。さらには，債務者が，約束の日時，場所に現金をもって行ったのに，債権者が来ない場合にも，「現実の提供」になる（最判昭和32年6月27日民集11巻6号1154頁）。この場合，債務者の方ではなすべきことをしており，債権者さえ協力していれば履行できたというのが，その理由である。このように，訴訟で争われるケースには，なかなか微妙なものが多い。

　最判昭和39年10月23日民集18巻8号1773頁は，限界事例として位置づけられるものである。事案は，以下の通りである。

建物の賃借人Ｙは，賃貸人Ｘの代理人であるＡ弁護士から延滞賃料を支払うよう催告を受けた。Ｙは，指定された期間内に延滞賃料全額をもって指定された場所であるＡ弁護士の事務所へ行った。事務所には事務員はいたが，Ａ弁護士が不在だったため，Ｙは，「自分はお金を持ってきており，ここで支払いたいので受け取ってくれ」とは言わず——受領の催告はせず——に，ただ「自分が来たことをＡ弁護士に伝えてくれ」と言っただけで帰った。Ｘが，Ｙの賃料不払いを理由に賃貸借契約を解除したところ，Ｙは，賃料について，現実の提供をしている以上，それによって債務不履行の責任は免れる（改正第492条）ので，Ｙの解除権は発生しないと争った。

　最高裁は，この場合でも，現実の提供はあったとしてＸの解除を認めなかった。この事件で注目すべきことは，前掲最判昭和32年6月27日とは異なり，Ｙが訪れたときに，Ａ弁護士の事務所は全くの留守ではなく，一応，事務員がいたことである。このような場合，「受領の催告」がなくても「現実の提供」があったといえるのだろうか。最高裁は，「現実の提供」ありというためには，原則として，「受領の催告」は必要だが，特段の事情のあるときは不要だという。そして，この事件においては，Ｙは応対にでた事務員に弁済受領権限があることを知らず，また，知る由もなかったので，このような事情の下では，「受領の催告」がなくても，「現実の提供」はあるという。

　しかし，普通に考えれば，留守番をしている人がいたら，その人の受領権限の有無とは関係なく，「受領の催告」とまではいかなくても，用件くらい伝えるのが常識ではないかと考えられる。その意味で，本件は大変微妙な限界線上の事例といえよう。用件も伝えなかったＹに落ち度があるのは確かであるが，Ａ弁護士も，Ｙがやってくるかもしれないことがわかっている以上，留守にする場合は，事務員にしかるべき指示を与えておくべきだったのにしなかった。前述したように，「弁済の提供」の有無は，単に，債務者の行為だけではなく，債権者の態度との相関関係によって判断しないといけない。そこで，Ｘの落ち度がカウントされて，Ｙの「現実の提供」が認められたのであろう。

## II. 口頭の提供

第493条は，その但書で，一定の場合には，現実の提供は不要であって，弁済の準備をしたことを債権者に通知して，その受領を促せばよいとしている。これが「口頭の提供」である。一定の場合とは，(i) 債務の履行について債権者の行為を要する場合と (ii) 債権者があらかじめ受領を拒んだ場合である。(i) と (ii) では，口頭の提供で足りるとされる理由が異なる。

(i) **債務の履行について債権者の行為を必要とする場合**　債務の履行について債権者の行為を必要とする場合とは，債務の履行について，弁済に先立って事前に債権者の協力が必要な場合である。債権者の指定する日時，場所で弁済する債務，債権者があらかじめ供給する材料に加工する債務が例として挙げられる。この場合，「口頭の提供」で足りるとされる理由は，履行に先立って債権者の行為が必要である以上，債務者は現実の提供が不可能だからである。したがって，債権者の行為があれば直ちに弁済できるだけの準備をしておくことが必要であると解されるので，実際上は，現実の提供が要求されているのと変わらない。

(ii) **債権者があらかじめ受領を拒んだ場合**　受領拒絶は，たとえば，賃貸人が，賃借人に対して，賃料の増額を申し入れ，増額賃料でなければ受領しない旨を表明している場合や，賃貸借契約の存在自体を否定し，賃料自体の受領を拒んでいる場合が挙げられる。この場合，「口頭の提供」で足りるとされる理由は，公平の観点からである。すなわち，債権者があらかじめ受領を拒絶している以上，債務者に現実の提供を要求するのは酷である。しかし，他方，あらかじめ受領を拒絶している債権者であっても，気が変わって，受領することもありうるので，債務者は，信義則上，口頭の提供はなすべきであるという趣旨である。したがって，III. で説明するように，債権者の態様によっては，「口頭の提供」も不要とされる場合がある。

(ii) の場合も，「口頭の提供」で足りるといっても，ただ，債権者に通知すればよいというものではなく，その裏付けとして，弁済の準備はしていないといけない。ただし，その準備の程度は，(i) の場合よりも軽く，

債権者が態度を変えて受領しようと言った際に遅滞なく弁済できる程度でよい。予め受領を拒絶することは，債権者としても信義に反することだから，債務者としても，その不信義を勘定に入れた程度の準備をすればよいというわけである。

### III. 口頭の提供も不要とされる場合

II. で述べたように，債権者があらかじめ受領を拒絶している場合であっても，口頭の提供が要求される理由は，債権者は，債務者の口頭の提供を受けて，態度を変えて，受領するかもしれないという点にある。すると，債権者の受領拒絶の意思が強固であり，口頭の提供をしても態度を変える可能性がまったくないという場合にも，債務者に口頭の提供を要求すべきかが問題となる。この問題は，最大判昭和 32 年 6 月 5 日民集 11 巻 6 号 915頁をはじめとして，賃貸借の事案でよく出てきている。

❖ **口頭の提供がなくとも債務不履行とならなかった事例** ══════════

最大判昭和 32 年 6 月 5 日の事案は，以下の通りである。

Y は，X からビルの一室を賃借していたが，その部屋に電気引込線の工事をしたので，X は，賃貸借契約中にある無断工事禁止条項違反を理由として，賃貸借契約を解除し，Y に対して，明渡訴訟を提起するとともに，Y との賃貸借契約の不存在を理由として，Y が賃料をもっていっても受け取らなくなった。これに対して，Y は，X の解除は無効で，賃貸借契約は継続していると主張して，賃料を供託していた（改正第 494 条）。しかし，途中から供託をしなくなったために，X は，Y に対して，賃料不払いを理由として賃貸借契約解除の通知を出すとともに，Y に対する明渡請求訴訟において，予備的請求として，賃料不払いを理由とする契約解除をつけ加えた。

最高裁は，大法廷を開いて，「債権者が契約の存在を否定するなど，弁済を受領しない意思が明確と認められるときは，債務者は言語上の提供をしなくても，債務不履行の責を免れる」と判示した。すなわち，どの程度の提供を要するかは，債権者・債務者の信義誠実に基づいた態度を前提とするから，債権者の方で契約の存続自体を否定し，受領が到底考えられないような態度に出てくるときには，債務者の方もこれに対応する行為しか要求されるものではないというわけである。

ところで，この事件では，賃貸人が，賃借人の無断工事を理由に，賃貸借契約は解除してなくなったと主張して賃料の受領を拒絶したために，それを契機として，賃借人が賃料を払わなくなった。したがって，この場合，賃貸人は，

賃貸借契約の存在を否定している。しかし，賃料不払いを理由に賃貸借契約を解除するということは賃貸借契約を前提とするものである。したがって，賃貸人が，賃借人の賃料不払いを理由に賃貸借契約を解除しようと思えば，まず，賃貸借契約の不存在を主張したことは，とりやめにした上で，賃料の支払いを催告する。そして，その催告期間内に賃借人が支払わなかったら，はじめて，契約解除できるというのが筋である。その意味では，本件における，口頭の提供がなくても債務者は債務不履行責任を負わないという判断は妥当なものと評価できる。しかし，具体的にどのような場合が，最高裁が述べるところの「債権者が……弁済を受領しない意思が明確と認められるとき」に該当するかは非常に微妙である。そうであれば，債務者としては，大して手間のかかることでもないので，一応，口頭の提供はしておいた方が安全と言えよう。

### 3.1.4　弁済供託

（1）　弁済供託とは

前項で述べたように，債務者は弁済の提供をすれば債務不履行責任を免れることはできるが（改正第492条），債務自体は消滅するわけではない。そこで，債務者が，一定の国家機関である供託所に弁済の目的物を寄託することによって，債務を免れる制度として，**弁済供託**がある。

弁済供託がよく用いられるのは，3.1.3（3）Ⅲ. で検討した最大判昭和32年6月5日にもあるように，不動産の賃貸借契約において，契約関係をめぐるトラブルから賃貸人が賃料を受け取ってくれないというときである。この場合，賃借人が賃料を支払わないでいると，賃貸人から賃料不払いで解除されるおそれがある。そこで，これを避けるために，賃借人は賃料を供託するわけである。このように，債権者が弁済を受領しない，あるいは，受領できないときに，債務消滅の効果を発生させるために用いられる制度が弁済供託である。なお，単に供託と言えば，弁済供託の他にも各種の供託がある（担保のための担保供託（第366条第3項等），執行に際しての執行供託（民執第156条等），選挙の際の特別供託（公職選挙法第92条）等）。また，供託の手続一般については，供託法が定めている。

## （2）要　　件

　弁済供託ができるのは，①弁済者が弁済の提供をしたにもかかわらず，債権者が弁済の受領を拒絶している場合（改正第494条第1項第1号），②債権者が弁済を受領することができない場合（同条同項第2号），③弁済者が過失なく債権者を確知することができない場合（同条第2項）のいずれかである。

　改正前，①について，債務者は口頭の提供を経ることなく，ただちに供託できるかが争われていた。判例は口頭の提供が必要だとした（大判大正10年4月30日民録27輯832頁）のに対して，通説は不要だとした。しかし，これに対しては，有力な反対説があり，債務消滅の効果を生じさせる以上は，債務者としては，なすべきことはすべて行った上で供託すべきであるから，口頭の提供は必要であると主張した。改正第494条第1項第1号は，口頭の提供は必要であるとの立場をとった。③は，たとえば，債権が何重にも譲渡され，誰が債権者か容易にわからないという場合である。なお，弁済者の過失の立証責任は債権者にあるので，債権者が弁済者の不確知は債務者の過失によるものであることを立証しない限り，弁済供託が無効となることはない。

　最も普通に供託されるのは金銭である。なお，供託に適しない物，滅失毀損等の事由により価格が低落するおそれのある物，保存に過分の費用を要する物については，弁済者は，裁判所の許可を得て目的物を競売——自助売却という——し，その競売代金を供託することができる（改正第497条第1号〜第3号）。また，今回の改正により，自助売却できる場合に，弁済の目的物を供託する供託所が存在しないなど供託をすることが困難な事情があるときが追加された（同条第4号）。

## （3）効　　果

　供託によって債務は消滅する。改正前は，その旨の明文の規定はなかったが，改正第494条第1項柱書は，その旨を明文化した。供託によって債務が消滅する以上，債権者は，当然，供託所に対して，**供託金（物）還付請求権**を取得する。改正前は，その旨の明文の規定はなかったが，改正第

498条第1項は，その旨を明文化した。また，債務者は，供託所から供託物を取り戻す権利である**供託金（物）取戻請求権**を有する。しかし，取戻しによって，債権者または第三者に不利益を及ぼさないように，①債権者が供託を受諾した場合（第496条第1項），②供託を有効とする判決が確定した場合（第496条第1項），③供託によって質権や抵当権が消滅した場合（第496条第2項）には，債務者は，もはや，取り戻せなくなる。債務者が供託物を取り戻すと，供託しなかったものとみなされる結果，債権は消滅しなかったことになる（第496条第1項後段）。

### 3.1.5 受領遅滞

**(1) 改正前の状況**

3.1.3（1）で述べたように，多くの債務にあっては，弁済に際して何がしかの債権者の協力が必要である。たとえば，債権者に持ってこいと言われて持っていっても，債権者が受け取ってくれない場合には，履行は完了しない。**受領遅滞**とは，このように債務の履行について債権者の協力（受領）を必要とする場合に，債務者が債務の本旨にしたがった提供をしたにもかかわらず，債権者が協力しないために，履行が完了しない状態にあることをいう。

受領遅滞の効果の主なものとしては，以下のものが考えられる。

① 債務者について債務不履行の効果の不発生
② 遅延利息の不発生
③ 供託（改正第494条），自助売却（改正第497条）
④ 特定物債務における債務者の保管義務の軽減
⑤ 弁済費用の増加分の負担（第485条但書参照）
⑥ 危険の移転
⑦ 損害賠償請求
⑧ 解除権の発生

これらは，3つに分類することができる。すなわち，1つめは，債務者

の免責を中心とする効果である（①②③）。2つめは，債務者の責任を軽くし，逆に債権者の責任を重くする効果である（④⑤⑥）。そして，最後は，債務者が積極的に債権者の責任を追及する効果である（⑦⑧）。

　改正前第413条は，「債権者が債務の履行を受けることを拒み，又は受けることができないときは，その債権者は，履行の提供があった時から遅滞の責任を負う」と規定していた。しかし，同条は，債権者は「遅滞の責任を負う」というだけで，その責任の内容については明らかにしていなかった。そのために，受領遅滞の法的性質が問題となり，以下のように，見解が分かれていた。考えの分かれ目は，債権者に受領義務を認めるか否かにあった。

　(i)　債務不履行説　　債権者には一般に受領義務があるとし，したがって受領遅滞も債務不履行になるという。

　(ii)　法定責任説（通説・判例）　　債権者は権利はあるが義務は負わないので，債権者は，履行請求権は有するが，受領義務は負わない。したがって，受領遅滞責任の本質は，債務者を不履行責任から免除するとともに，公平の観念から，履行遅延に伴い生ずる不利益を債務者に負わせることなく，債権者に負わせることを法が認めたものであると解する。ただし，この説も，受領義務の存在を一切認めないわけではなく，特約，あるいは，特約がない場合であっても，契約解釈，慣習，信義則によって，受領義務が生ずる場合があることは認める。

　さて，受領遅滞の効果のうち，1つめの①②③は，(i)(ii)いずれの説に立っても，弁済の提供（改正第492条）の効果として認められること，したがって，それを認めるには債権者に帰責事由を要しないことについては異論がない。これに対して，3つめの⑦⑧については，(i)は債権者に帰責事由があることを要件として認めるのに対して，(ii)は認めないという具合に，結論は真っ向から分かれていた。ただし，(ii)も，債権者に受領義務が認められる場合には，債権者に帰責事由があることを要件として認める。

　最判昭和40年12月3日民集19巻9号2090頁は，受領遅滞を理由とする損害賠償，解除をともに否定するが，最判昭和46年12月16日民集25巻9

号 1472 頁は，契約関係の具体的事情から，信義則上，買主には受領義務
があり，したがって，受領拒絶は債務不履行にあたるとして，売主による
損害賠償請求を認めた。

　最判昭和 46 年 12 月 16 日の事案は，以下の通りである。すなわち，北海
道大雪山の硫黄鉱区の鉱業権を有している X（売主）は，Y（買主）との間
で，この鉱区から産出する硫黄についての一手販売契約を締結した。この
契約に基づき，X が Y に硫黄を出荷したところ，Y は，その引取を拒絶し
た。これは，多分，硫黄の値が下がっていて，Y としては，いまさら受け
取って転売しても損をするだけだったからであろう。そこで，X は，Y の
引取拒絶により，損害（当初の約定価格－市況価格）を被ったとして，Y に
対して，損害賠償請求訴訟を提起したものである。

　最高裁は，X の請求を認めたが，ここで注意すべきは，最高裁は，一般
的に買主の受領義務を認めたわけではなく，この事件の契約関係の具体的
事情から，受領義務を認めた点である。つまり，本件において X・Y 間で
締結された硫黄の売買契約は，X が一定期間内に掘り出してくる硫黄は全
部 Y が買い取るかわりに，Y 以外には売らないという，いわゆる一手販売
契約である。それを硫黄の価格が下がったという理由で Y が受領を拒絶
するのは，勝手すぎるというわけである。

　また，受領遅滞の効果の 2 つめの④⑤⑥については，受領遅滞の効果と
して認める見解が多いが，これらの効果を認めるに際して債権者の帰責事
由を要するか否かについては，受領遅滞の法的性質をどのようにとらえる
かから一義的に答えが導かれるものではないし，また，導くのが妥当かも
疑問とされた。


## (2)　改 正 法

　改正法では，受領遅滞の法的性質については解釈に委ね，受領遅滞の効
果のうち④⑤⑥について具体的に規定した。したがって，⑦⑧は，改正後
も解釈に委ねられている。

### (i)　特定物債務における債務者の保管義務の軽減（改正第 413 条第 1 項）

　特定物債務の債務者は善良な管理者の注意をもって保管する義務を負う

（改正第400条）（2.3.4（2）参照）。しかし，債権者の受領遅滞後は，その義務は軽減され，債務者は，履行の提供をした時から引渡しまで，「自己の財産に対するのと同一の注意をもって」保管すれば足りる。

（ii）　弁済費用の増加分の負担（改正第413条第2項）　　受領遅滞によって履行の費用が増加したときは，その増加額は，債権者が負担する。

（iii）　危険の移転等（改正第413条の2第2項）　　双務契約では，両当事者の債務は対価関係に立つ。そこで，一方の債務が当該債務の債務者の責めに帰すべからざる事由によって消滅した場合に，他方の債務も消滅するかという**危険負担**の問題が生じる。消滅した債務の債務者は，他方の債務も消滅すると対価（反対給付）を得られないのに対し，他方の債務が消滅しないと対価（反対給付）を得られる。債務消滅の危険は，前者では債務者が負うのに対し，後者では債権者が負う。この場合の危険は，自己の債務消滅に伴い対価を得られるか否かに関する危険であることから，学問上，**対価危険**とよばれる。

改正法第536条第1項では，消滅した債務の債務者は，原則として，反対給付を得ることができないので，対価危険は債務者が負担している。ただし，詳細は契約法で学んでほしいが，今回の改正により，「債権者は，反対給付の履行を拒むことができる」（同条同項）だけで，債権者の債務は消滅しなくなったので，厳密に言うと，危険負担制度は廃止された。

さて，改正第413条の2第2項は，受領遅滞の場合に，「履行の提供があった時以後に当事者双方の責めに帰することができない事由によってその債務の履行が不能となったときは，その履行の不能は，債権者の責めに帰すべき事由によるものとみなす」と規定している。たとえば，絵画の売買で，買主の受領遅滞中に，隣家からの類焼により絵画が焼失してしまった場合には，買主の責めに帰すべき事由による履行不能とみなされる。したがって，改正第536条第2項により，債権者は，反対給付の履行を拒むことができない。これは，受領遅滞の場合，対価危険は，債務者から債権者に移転することを意味する。

第413条の2第2項は，債務者が履行の提供をしていれば，受領遅滞について債権者に責めに帰すべき事由がない場合であっても，適用がある。

しかし，債務者が履行の提供をした——誠実に行動した——という一事によって，その後の不可抗力による危険をも債権者に負担させるのは，対価危険の負担は債務者であるとの原則（改正第536条第1項）と整合性があるのか気になるところである。

### 3.1.6 「誰が」弁済すべきか

**(1) 債務者**

　当然のことながら，弁済をなすべき者は，原則として，債務者である。ただし，債務者は弁済をするのに履行補助者を用いることができる。また，債務者の代理人や破産管財人など，**弁済の権限を有する者**も弁済することができる。

**(2) 第三者による弁済**

　改正第474条は，いかなる場合に，債務者以外の第三者が弁済できるかについて規定している。改正前は，第474条は，「弁済」の款の最初の条文であった。第三者弁済の規定を最初にもってきたのは，次のような理由によるものであった。すなわち，弁済に関する規定は，債務者に限らず，弁済する者に適用されるものであることから，いかなる場合に，第三者が弁済できるか，換言すれば，「弁済」の款の規定はいかなる者の弁済に適用されるかについて最初に規定したというわけである。しかし，弁済は，本来，債務者がするものであり，「弁済」の款の最初に第三者弁済の規定があるのは，唐突感を否めない。そこで，改正法では，改正第474条の前に，「債務者が債権者に対して債務の弁済をしたときは，その債権は，消滅する」と原則を規定する改正第473条をおいた。

　さて，第三者であっても，原則として，弁済することができる（改正第474条第1項）。ここでの第三者とは，自ら債務を負っていない者のことをいう。したがって，保証人は自ら債務を負っているので，第三者ではない。しかし，以下に述べるように，この原則には3つの例外がある。

　(ⅰ)　債務の性質が第三者の弁済を許さないとき（改正第474条第4項）

　行為債務において債権者が特に債務者の一身に着眼した場合である（一

身専属的債務)。著名なピアニストのピアノ演奏債務は，その典型である。ただし，この場合に第三者弁済が許されない理由は，債務者自らがなすことに債権者が利益を有することに求められるので，債権者が承諾すれば，第三者弁済は可能である。雇用契約に関する第625条第2項も同趣旨である。

　(ii)　当事者が第三者の弁済を禁止し，あるいは，制限する旨の意思表示をしたとき（改正第474条第4項）　契約によって生じる債権は契約により，単独行為（たとえば遺贈）によって生じる債権は単独行為によって，第三者の弁済を禁止または制限することができる。法律行為自由の原則から導かれるものであるが，このような特約は，実際には非常に稀だと思われる。なお，このような意思表示がある場合には，弁済をするについて正当な利益を有する第三者の弁済も禁止あるいは制限される（後述 (iii) 参照）。

　(iii)　弁済をするについて正当な利益を有する者でない第三者は債務者の意思に反して弁済できない（改正第474条第2項）　改正前第474条第2項は，「利害関係を有しない第三者は，債務者の意思に反して弁済することができない」と規定していた。しかし，「利害関係を有しない」という表現は，弁済による代位のところにでてくる「弁済をするについて正当な利益を有する者」（改正前第500条）といかなる関係にあるのかはっきりしなかった。そこで，両規定の表現を統一して，意味の明確化を図った。

　第三者弁済に関する例外中でもっとも重要なのが (iii) である。(iii) は，日本民法に特有の規定であり，立法上，問題があるといわれる。なぜ，このような規定がおかれたかというと，利益といえども，意思に反しては受けられないという武士気質に由来するとともに，債務者を弁済者による過酷な求償権の行使から保護するためであると説明される。

　しかし，民法全体について，この態度が貫かれているわけではない。すなわち，武士気質の点については，債務免除（第519条）は債権者の単独行為であり，また，保証人は主たる債務者の意思に反してもなることができる（第462条第2項）。そこで，債務者の意思に反する第三者弁済を禁じても，第三者が保証人になれば，自己の債務の弁済なので，債務者の意思に反しても弁済することは可能である。また，弁済者による求償権行使につ

いても，債権譲渡にあっては債務者の承諾は不要なので，債権者が過酷な取立をする者に債権を譲渡することを封じることはできない。

　さらに，実際に，第三者が弁済し，債権者も善意で受領した後に，その弁済が債務者の意思に反したものであることがわかると，後始末が面倒になる。というのは，弁済は無効となることから，債権者は弁済者に対して不当利得返還請求債務を負い，債務者に，別途，請求する他ないということになるからである。そこで，改正第474条第2項は，弁済をするについて正当な利益を有する者でない第三者は，債務者の意思に反して弁済することはできないとの原則は維持したが，今，述べたような面倒な後始末を回避するために，但書において，弁済が「債務者の意思に反することを債権者が知らなかったときは」，弁済は有効だと規定した。

　（iv）　弁済をするについて正当な利益を有する者でない第三者は，債権者の意思に反して弁済することができない（改正第474条第3項）　反社会的勢力に属する第三者からの弁済を受けると，そのような者と関係を持たざるを得なくなるので，それを避けたいとの金融機関からの要請に応えて，今回の改正において新設された規定である。

　ただし，これには例外があり，第三者が債務者の委託を受けて弁済する場合には，そのことを債権者が知っているときは，第三者は有効に弁済できる（改正第474条第3項但書）。第三者が履行引受契約（3.5.8参照）に基づいて弁済する場合は，第三者は，自ら債務を負担するものではないので，第三者は弁済をするについて正当な利益を有する者とは言い難いが，第三者弁済ができないと困るからである。

　ところで，旧法下における判例は，改正前第474条第2項の利害関係を有する第三者であるためには，法律上の利害関係を有することを要し，親族や友人のように，事実上の利害関係を有するだけでは足りないとする。ここで，法律上の利害関係を有する第三者としては，たとえば，自分の不動産に債務者のために抵当権を設定した者（物上保証人）や抵当不動産の第三取得者が挙げられる。これらの者は，債務者が弁済しないと，自分の不動産が競売にかけられるので，弁済について利害関係があり，したがって，債務者の意思に反しても弁済できる。

しかし，以上述べたところからわかるように，改正前第474条第2項は，立法趣旨自体，必ずしも合理性がないので，利害関係のない第三者の範囲は，なるべく制限的に解すべきである。最判昭和63年7月1日判時1287号63頁は，借地上の建物の賃借人は，建物の賃貸人である土地賃借人の地代不払により土地賃貸借契約が解除され，土地賃借権が消滅するときは，土地賃貸人に対して，建物を退去して土地を明け渡す義務を負う法律関係にあるので，地代債務の弁済について法律上の利害関係があると判示した。改正により債権者の利益に配慮する規定（改正第474条第2項，第3項）は入ったが，改正後も，「弁済をするについて正当な利益を有する者でない第三者」は，なるべく限定的に解すべきである。

　第三者による弁済が有効な場合には，債務者自身が弁済した場合と同様に，債務は消滅する。しかし，この場合，弁済者の求償権を確保するために「**弁済による代位**」が生じる。「弁済による代位」については，次項で説明する。

### 3.1.7　弁済による代位

（1）　意　　義
　今，一つ例を挙げる（図2）。

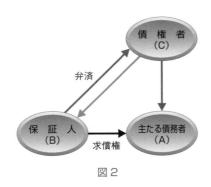

図2

　AがCから借金するにあたって，Bが保証人になった。弁済期にAは弁済できなかったので，保証人であるBが弁済した。Bが弁済したのは，自分の債務である保証債務なので，法律上は，Bの弁済は第三者弁済では

ないが，実質的には，他人であるＡの借金を弁済したことになるので，Ｂ
はＡに対して求償権を取得する（委託を受けた保証人の求償権については改
正第 459 条，委託を受けない保証人の求償権については改正第 462 条）。この
場合，Ｃの有していた担保権等をＢが求償権確保のために行使できれば，
Ｂは安んじてＡの借金を払えるし，また，債権者であるＣにしても，自
分の方の借金は既に弁済してもらったわけだから，担保権等をＢが行使
しても文句はないはずである。したがって，このような制度があると，弁
済が促進され，債権の満足を得られる機会が増大する。このような制度が
改正第 499 条以下に規定する「**弁済による代位**」である。

　なお，「弁済による代位」は，時として，「**代位弁済**」とよばれることが
ある。これに対して，改正第 502 条，第 503 条では，「代位弁済」という
用語は，債務者に代わって弁済するという意味で用いられているので，混
同しないようにしてほしい。

　「弁済による代位」があると，改正第 501 条第 1 項，第 2 項にあるよう
に，求償権の範囲内で——おおざっぱにいえば，弁済として支払った金額
とそれについての利息を限度として——，Ｂは，債権者であるＣがＡに
対する債権の効力や担保としてもっていた権利をＣに代わって全部自分
で行うことができる。したがって，たとえば，Ｂは，ＣのＡに対する債
権に付随する損害賠償請求権を行使することができる。しかし，もっとも
重要な意味をもつのは，Ｂが，Ａに対する求償権確保のために，ＣのＡに
対する債権にくっついていた抵当権等の物的担保や人的担保を行使できる
ことである。

　しかし，「弁済による代位」の法的性質は，よく考えるとわからない。
というのは，前述したように，改正第 501 条第 1 項は「弁済による代位」
があると，弁済者は「債権の効力及び担保としてその債権者が有していた
一切の権利を行使することができる」と規定しているが，弁済があると債
権は消滅してしまうはずだからである。そこで，「弁済による代位」の法
的性質について，通説は，弁済によって，債権は，債権者・債務者間では
消滅するが，弁済者のためには存続して，弁済者が旧債権者に代わって債
権者になるという「法律上の移転」であると解している。

ところで，「弁済による代位」を理解するには，物的担保である抵当権や人的担保である保証についての知識が不可欠である。したがって，本書を初めて読む皆さんは，この項を飛ばして，保証（第6章6.6）や抵当権の理解を得てから，戻ってきてほしい。

## (2)　要　件

　弁済による代位には，誰が代位するかによって，「弁済をするについて正当な利益を有する者」による代位とそれ以外の者による代位の2種類がある。改正前は，前者を「法定代位」（改正前第500条）後者を「任意代位」（改正前第499条）とよんでいた。これらの用語は，今回の改正により，民法典中からは消えたが，概念としては有用なので，説明に際しては用いることにする。

　改正前，任意代位と法定代位の違いは2つあった。一つは，法定代位は，弁済によって当然に生ずるのに対し，任意代位では，代位が生ずるには債権者の承諾が必要である（改正前第499条第1項）こと，もう一つは，任意代位では，法定代位とは異なり，弁済者は，債権譲渡の対抗要件である通知または承諾を具備しないと，債務者その他の第三者に代位を対抗できない（改正前第499条第2項）ことである。

　しかし，今回の改正によって，以下の理由から，1つめの違いは廃止され，任意代位にあっても，債権者の承諾は不要となった（改正第499条）。前述したように，弁済をするについて正当な利益を有する者でない第三者も，債務者の意思に反しない限り，弁済することができる（改正第474条第2項）。すると，この場合，改正前にあっては，債権者は，弁済を受領する一方で，代位の生じることは拒否できた。しかし，弁済を得れば，それで満足すべき債権者に，このような代位の効果を阻止する権能を与える合理性はないとされていた。さらに，改正後は，弁済をするについて正当な利益を有する者でない第三者は，債権者の意思に反して弁済することができなくなった（改正第474条第3項）。そこで，弁済者と関係をもちたくない債権者は，弁済の受領自体を拒めることになったからである。

　これに対して，両者に共通する代位の要件は，①弁済または弁済に準ず

るようなことにより債権者に満足を与えることと②弁済者が債務者に対して求償権を有することである。

まず，①について，条文は弁済だけを規定している（改正第499条）が弁済に限られるものではなく，代物弁済，供託，相殺にも適用がある。また，物上保証人が抵当権を実行された場合のように，任意のものに限られない。また，②の要件は，「弁済による代位」は弁済者の求償権を確保するための制度だからである。したがって，たとえば，債務者への贈与として弁済した場合や弁済者が求償権を放棄した場合には「弁済による代位」は認められない。

### I. 法定代位

「弁済をするについて正当な利益を有する者」は，弁済によって，ただちに代位を債務者その他の第三者に対抗することができる（改正第500条参照）。「弁済をするについて正当な利益を有する者」としては，たとえば，物上保証人，担保目的物の第三取得者，後順位担保権者や一般債権者が挙げられる。物上保証人および担保目的物の第三取得者については改めて説明する必要はないであろう。後順位担保権者，一般債権者は，ともに，先順位担保権の被担保債権を弁済することによって，自分に不利な時期に担保目的物が換価されることを免れ，これを自分の欲する時期に換価する利益を有するからである。

なお，同じく「弁済について正当な利益を有する者」であっても，債務者の意思に反しても弁済できる「弁済について正当な利益を有する者」（改正第474条参照）は，自分で債務を負担しない第三者を考えているので，債権者に対して自分で債務を負担する保証人や連帯債務者は含まれない。しかし，前述したように，保証人は主たる債務者に対する関係では，他人の債務を弁済したのであり，また，連帯債務者も，債権者からは債権全額の請求を受けるが，負担部分以上に弁済する場合には，実質的な意味では第三者の弁済となり，いずれも，求償権を生じるので，法定代位ができる「弁済をするについて正当な利益を有する者」（改正第500条参照）に含まれる。

II. 任意代位

　弁済をするについて正当な利益を有していない者が弁済した場合には任意代位が生ずる。

　前述したように，任意代位の場合には，法定代位の場合とは異なり，弁済者は，債権譲渡の対抗要件（改正第467条）である通知または承諾を具備しないと，債務者その他の第三者に代位を対抗できない（改正第500条）。これは，任意代位の場合には，法定代位の場合とは異なり，予測できない弁済者が代位してくる可能性があることから，債務者その他の第三者の不測の損害を防ぐ趣旨に出たものである。

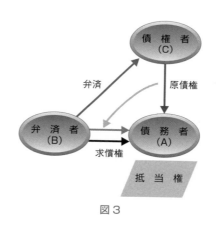

図3

　たとえば，BがCに対して第三者弁済をしたにもかかわらず，Cが，Aに対して，弁済による代位を通知しないか，あるいは，Aが，Bによる代位を承諾しない場合には，Bは，Aに対して，任意代位を主張することができない。すると，Bは，Aに対する求償権の行使に際して，Cが有していた抵当権を行使することができない。また，この通知，承諾が確定日付ある証書によって行われていない場合には，CのAに対する債権の譲受人のような債務者以外の第三者に対して，任意代位を主張することができない（図3）。

　なお，求償権とBによるCが有していた抵当権の行使の関係については（3）で述べる。

### (3)　効　　果

#### I.　代位者と債務者の関係

（1）で述べたように，弁済による代位があると，弁済によって消滅するはずの債権（原債権）が，担保とともに，弁済者に移転する。したがって，弁済者は，債務者に対して，二本立て（求償権＋原債権）で権利を有することになり，そのどちらを行使するかは弁済者の自由である。ただし，原債権を行使できる範囲は，求償権の範囲内に限定される。ここで気をつけなければならないのは，弁済による代位によって弁済者に移転する担保権の被担保債権は，依然として原債権であり，求償権に原債権の担保権が「接ぎ木」され，求償権が被担保債権となるわけではない。したがって，当該担保権の実行は，あくまでも，原債権を被担保債権とする担保権の実行である。そして，これにより，原債権が満足を受けたかぎりで，求償権も満足を受けることになる。

ところで，弁済による代位については，昭和50年代の終わりから60年代にかけての信用保証協会による保証をめぐっての多くの判例を通じて，理論的進化が見られた。そのリーディング・ケースが，弁済による代位の基本的理解を示した最判昭和59年5月29日民集38巻7号885頁である。

#### II.　代位者と原債権者の関係

（i）　一部代位　　たとえば，債務者A所有に係る1億円の不動産に，債権者Cのために被担保債権額2億円の抵当権が設定されている。この時，この債権の保証人であるBが1億円だけ弁済した。すると，原債権は弁済された額だけ弁済したBに移転するとともに，それに対応する抵当権もBに移転する。しかし，この場合，①一部代位者であるBは，この抵当権を単独で実行できるか，②この抵当権が実行された場合に，BとCの間で抵当不動産の代価をどのように配当すべきかという問題がある。

改正前第502条第1項は，一部代位者は，「弁済した価額に応じて，債権者とともにその権利を行使する」と規定していた。そこで，まず，①について，大決昭和6年4月7日民集10巻535頁は，一部代位者は，単独で抵当権を実行できると判示した。しかし，通説は，代位権は，債権者が満足を受けたことを前提とする権利である以上，一部代位の段階では，いま

だ，債権者は満足を受けておらず，したがって，債権者の利益を損なってはならないとの理由から，抵当権の実行は債権者のみがなしうるとしていた。また，銀行取引では，保証人や物上保証人と銀行との特約によって，一部弁済者による代位権の行使を排除するのが普通であった。そこで，改正法は，判例を改めて，一部代位者は，単独では，抵当権を実行できず，抵当権を実行するには，債権者の同意を得て，債権者とともにでなければ，実行できず（改正第502条第1項），逆に，債権者は，一部代位者がいても，単独で抵当権を実行できると規定した（改正第502条第2項）。

また，②について，起草者は，平等主義の立場に立ち，債権者と一部代位者は平等に権利を有すると考えていた（この場合は，B・Cともに5,000万円）。しかし，通説は，弁済による代位は代位弁済者が有する求償権を確保するための制度であり，債権者を害してまで，これを認めることは，その目的を逸脱するものであるとの理由から，債権者を優先すべきであると解しており（この場合は，Cに1億円配当され，Bの配当はゼロ）。最判昭和60年5月23日民集39巻4号940頁，同昭和62年4月23日金法1169号29頁も同様の立場をとっている。そこで，改正第502条第3項は，債権者が代位者に優先すると改めた。したがって，さきほどの例では，A所有の不動産の競売代金1億円は，債権者Bに全額配当され，代位者Cへの配当はない。

なお，改正第502条4項（改正前同条第2項）は，一部代位の場合，「契約の解除は，債権者のみがすることができる」と規定する。しかし，解除権は，契約当事者の地位に付随するものである。弁済による代位は，契約当事者たる地位を移転するものではないから，解除権は，そもそも，代位の目的となることはない。

(ii) **担保保存義務（改正第504条）**　　銀行（C）は，主たる債務者（A）にお金を貸すに際して，A所有の土地に抵当権を設定したが，土地の価格が不十分なので，保証人（B）をつけた（図4）。その後，Bの資力が充分なことから，Bから全額弁済を受けられることは間違いないというので，Cは，この抵当権を放棄したとする。すると，Bとしては，弁済して代位しようとしたときに，抵当権がないと，Aからの求償がおぼつかなくなっ

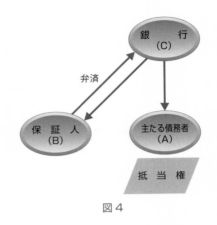

図4

てしまう。そこで，改正前後を通じて，法定代位する者——改正第504条第1項は「弁済をするについて正当な利益を有する者（以下この項において「代位権者」という。）」という——がいる場合に，債権者が故意又は過失によってその担保を喪失し，又は，減少させたときは，代位権者は，その喪失又は減少によって償還を受けることができなくなる限度において，その責任を免れると規定（改正第504条第1項）し，債権者に**担保保存義務**を課した。この場合，保証人は，抵当権を放棄した債権者が請求してきたときは，抵当権が消滅したことで求償を受けられなくなる限度で保証債務を免れる。

　たとえば，保証債務額が1億円で，抵当権が設定されていた土地を競売すれば6,000万円で売れた場合には，保証人は残額である4,000万円の弁済で済ますことができる。これに対して，物上保証人や担保目的物の第三取得者のように債務を負担しない者の場合には，債権者の担保保存義務違反の結果，償還を受けられなくなった金額の限度で担保目的物によって負担すべき責任が消滅する（最判平成3年9月3日民集45巻7号1121頁）。したがって，これらの者は，償還を受けられなくなった額を控除して債権者に弁済すれば，債務を完済したものとして扱われることになる。

　改正第504条第1項第2文は，新たに，「代位権者が物上保証人である場合において，その代位権者から担保の目的となっている財産を譲り受け

た第三者及びその特定承継人」も，責任を免れると規定する。前掲最判平成3年9月3日は，代位権者が債務者からの第三取得者である場合について，同人からの取得者も責任を免れると判示している。代位権者が債務者からの第三取得者である場合も，改正第504条第1項第2文と同様に解すべきである。というよりも，改正第504条第1項第2文が，代位権者が物上保証人である場合に限定した規定ぶりになっているのが不思議である。

　なお，銀行取引では，保証人や物上保証人と銀行との間で，**担保保存義務免除特約**が締結される。というのは，銀行取引は長期間継続するために，債務者の経営状況の変化に伴い，取引継続中に，担保の差替えや一部解除を行う必要が生ずる。そこで，担保保存義務免除特約を締結しておかないと，担保の差替え等の必要が生ずるたびに，銀行は，代位権者の同意を取り付けなければならなくなるからである。

　この特約をめぐっては，まず，特約の効力自体が問題となった。この点，最判平成7年6月23日民集49巻6号1737頁は，特約の効力を認めた上で，信義則違反・権利濫用により，特約の効力が否定される場合があることを示唆する。このように，債権者は，特約を締結しておけば，原則として，担保保存義務違反を問われることはない。しかし，たとえば，担保不動産の第三取得者のように，あらかじめ，特約を締結することができない者もいる。そこで，改正第504条第2項は，「債権者が担保を喪失し，又は減少させたことについて取引上の社会通念に照らして合理的な理由があると認められるときは」，担保保存義務は問われないと規定した。

　次に特約の第三者に対する効力が問題となった。これについては，物上保証人が特約の効力により，債権者に対して，改正第504条の免責を主張できないときは，その物上保証人からの第三取得者も，また，改正第504条の免責を主張できないとされた。特約の効力により物上保証人が担保目的物によって負担すべき責任は消滅あるいは減少していないので，第三取得者は，従前どおりの責任を負担するというわけである（前掲最判平成7年6月23日）。

　III.　代位者相互間の関係

　(i)　代位割合　　弁済につき正当の利益を有する者，すなわち，法定代

位権者が複数いる場合，それらの者の間の関係はどうなるのだろうか。今，保証人と物上保証人が存在する場合について考えてみる（図5）。

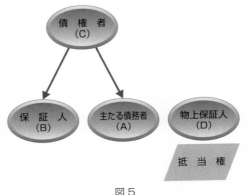

図5

　ここで，BがCに弁済すると，Bは，Cに代位して，抵当権を実行できるので，D所有の不動産上の抵当権を実行できる。逆に，Dが弁済すると，Cに代位して，Bに保証債務の履行を請求できる。この結論をそのまま認めると，早い者勝ち——早く弁済した方が代位できる——になってしまう。さて，民法は，多数当事者の債権関係の規定において，連帯債務者相互間（改正第442条以下）あるいは共同保証人相互間（改正第465条）での求償関係を規律しているので，これらの者の間では，改正第501条の代位においても，この規定による相互の求償権の限度でしか債権者に代位できないことは明らかである。しかし，それ以外の，保証人と物上保証人，あるいは，これらの者と担保目的物の第三取得者，さらには，物上保証人相互間の関係については，改正第501条第3項が定めている。さきほど，例として挙げた保証人と物上保証人間の関係については，同条第3項第4号が定めている。それによると，物上保証人と保証人は頭数（人数）によるので，図5の場合は，2分の1ずつということになる。ただし，後述するように，この割合は，当事者間で異なった定めをすることができ，また，この特約の効力は第三者に対抗できる（最判昭和59年5月29日民集38巻7号885頁）。

　改正第501条第3項に登場する法定代位権者には，既に述べた保証人，物上保証人の他に，第三取得者がいる。これら法定代位権者間の関係につ

いて，第501条第3項は，次のように定めている。

1. **弁済者・代位の相手方ともに物上保証人の場合**　不動産の価格に応じて代位できる（第3号による第2号の準用）。

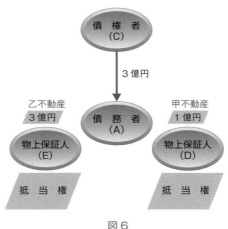

図6

たとえば，CがAに対して3億円貸し付けるにあたり，D・Eが物上保証人になり，その所有に係る甲不動産（価格1億円），乙不動産（価格3億円）に，それぞれ抵当権を設定した（図6）。その後，EがAの債務を弁済した。このとき，3億円を不動産価格の割合である1対3で割り付けると，甲不動産については7,500万円，乙不動産については2億2,500万円となる。したがって，Eは，甲不動産上の抵当権に対して7,500万円の限度で代位できる。

D，Eが，それぞれ，債務者Aからの甲不動産，乙不動産の第三取得者である場合も同様である（第2号）。

2. **弁済者・相手方の一方が保証人で他方が物上保証人の場合**　前述したように，民法は，両者を平等に扱っているので，まず，頭数（保証人と物上保証人の総数）で行く（第4号本文）。ただし，物上保証人が複数いる場合には，1.と同様に，物上保証人に対しては，不動産の価格に応じて代位する（第4号但書）。

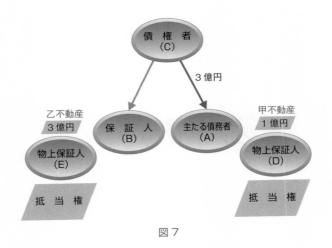

図7

　たとえば，図6に保証人Bが加わり，Bが弁済したとする（図7）。この場合，まず，物上保証人DとEは，2人合わせて，3億円から保証人の負担部分（3億円を頭数である3で割った1億円）を除いた2億円を負担する。そして，この2億円を不動産価格の割合である1対3で割り付けると，甲不動産については5,000万円，乙不動産については1億5,000万円となる。したがって，Bは，甲不動産上の抵当権に対しては5,000万円，乙不動産上の抵当権に対しては，1億5,000万円の限度で代位できる。

　3.　**弁済者が債務者からの第三取得者，相手方が保証人，物上保証人**　この場合は，代位は生じない（第1号）。

　4.　**弁済者が保証人，相手方が債務者からの第三取得者**　この場合には，全額の代位が可能である（図8）。

　この場合のBとDの関係については，改正法は何も規定していないが，改正第501条第3項第1号により，保証人は債務者からの第三取得者に代位できるが，逆は，ダメということである。つまり，保証人が弁済した場合には，債務者からの第三取得者に全額代位できるが，債務者からの第三取得者が弁済しても，保証人に代位できず，Dは，Bに対して，保証債務の履行を請求することはできない。

　このような扱いは以下の理由による。すなわち，保証人は，債務者が第

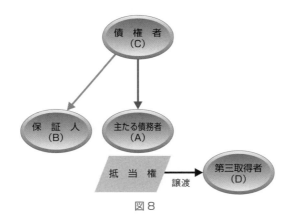

図 8

　三者に担保目的物を譲渡しなければ，保証債務を履行しても，担保権に対して全額代位できたはずである。しかし，第三取得者の出現という事態によって代位が認められなくなると，求償権の確保にあたっては，債務者の一般財産をあてにする他なくなる。しかし，保証人が弁済するという事態が生じたということは，債務者は無資力であるからであり，したがって，無資力の債務者では，いかんともしがたい。これに対して，第三取得者の方はどうかというと，Dは，担保付きの物を買う以上，担保権が実行されて，買った物の所有権を失うことになるかもしれないという危険は覚悟の上である。さらに，売買代金を定めるにあたって被担保債権額を控除するとか，あるいは，代価弁済（第378条）や抵当権消滅請求（第379条以下）により，抵当権を消滅させることができる。つまり，保証人と第三取得者を比較した場合，後者の方が自己の損失を防ぐ手段が多く与えられている。そこで，代位の局面においては，保証人の方を厚く保護すべきであるという判断によるものである。

　❖ 代位の付記登記の廃止 ━━━━━━━━━━━━━━━━━━━━━━━━━━━━━

　　改正前第501条第1号は，保証人は第三取得者に対して全額代位できるが，そのためには，「あらかじめ」代位の付記登記をしておかないといけないと規定していた。付記登記とは，所有権以外の権利についての移転登記をいう。ここで，「あらかじめ」とは，通説・判例は，「保証人が弁済した後であって第三

取得者が登場する前」の意と解していた（最判昭和41年11月18日民集20巻9号1861頁）。その理由は，以下の通りである。

　保証人が弁済する前に登場した第三取得者は，担保権の負担の付いた所有権を取得している以上，たとえ，代位の付記登記がなくても，担保権が実行されることは覚悟しているので，後に，保証人による担保権の代位行使があっても，不測の損害を被ることはない。したがって，保証人弁済前の第三取得者に対しては，代位の付記登記は不要である。

　これに対して，保証人の弁済後に登場した第三取得者は，本来は，担保権の負担が消滅した不動産を取得することになるので，たとえ，担保権の登記が残っていても，その登記は空（無効）の登記である。すると，保証人がすでに弁済したにもかかわらず，担保権の登記はそのままになっている場合には，第三取得者は，登記は無効だから担保権の負担のない不動産だと考えて取得することが起こりうる。そこで，そのような事態が生じないように，保証人が弁済した場合には，債務は弁済されたが，担保権は消滅していないということを付記登記によって明らかにしておかないと，保証人は，担保権に代位することはできないというわけである。

　しかし，担保権の被担保債権が弁済されても，担保権の登記がそのままになっている場合には，第三取得者は，被担保債権は残っていると考えるのが通常であるとして，付記登記は不要とされた。そこで，改正前第501条第1号は削除された。担保権の登記が残っている不動産の取得に際して，その被担保債権の調査をしないことは考えられない。したがって，同条同号の削除理由はともかく，削除したこと自体は妥当である。

---

## 5. 弁済者が物上保証人，相手方が債務者からの第三取得者　　4. と同じである。

　ところで，第三取得者には，債務者からの第三取得者と物上保証人からの第三取得者がいる。改正前第501条第1号，第2号は，単に，第三取得者とだけ規定していたが，そこでの第三取得者は，債務者からの第三取得者と解されていた。というのは，もし，物上保証人からの第三取得者も含まれるとすると，保証人は，物上保証人に対しては頭数（改正前第501条第5号）でしか代位できないのに，第三取得者になったとたんに全額代位できるという結果を招来してしまうからである。そこで，改正第501条第3項第5号は，物上保証人からの第三取得者は，物上保証人と同様に扱う旨，明文をもって規定した。

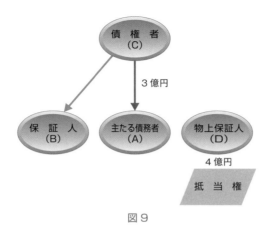

図9

　(ii)　代位に関する特約　　(i) で説明した代位割合に関する民法の定め
を特約によって変更することはできるだろうか。

　CがAに対して有する3億円の債権を担保するために，Bが保証人に
なるとともに，Dが物上保証人となり，その所有に係る不動産（価格4億
円）に抵当権が設定された（図9）。(i) で説明したルールに従うときは，
保証人であるBと物上保証人であるDの割合は頭数になり，Bが全額弁
済しても，D所有不動産上の抵当権には1億5,000万円の限度でしか代位
できないはずである。しかし，B・D間で，BはDに対して全額代位でき
るが，DはBに対して代位できないという特約が結ばれており，また，D
所有不動産には，Eが被担保債権額2億円の債権を担保するために二番抵
当権を設定していた。すると，抵当権が実行された場合，Eは，Bが民法
のルールに従って代位した場合には，2億円の配当を受けられるのに対し
て，この特約の第三者に対する効力が認められると，1億円しか配当を受
けられないことになる。

　このような事案において，(i) で揚げた最判昭和59年5月29日は，まず，
改正前第501条の目的は，代位者相互間の利害を公平・合理的に調整する
ことにあるので，当事者が，それと異なる定めにより，具体的に利害の調
整をしているときは，その定めに任せればよいとして，特約の当事者間で
の効力を認めた。ついで，第501条は，共同抵当に関する第392条のよう

に後順位抵当権者の権利を積極的に定めた規定ではないとして，特約の第三者効を認めた。なお，同事件において設定されていたＣの抵当権は根抵当権であった。そこで，最高裁は，特約の第三者効を認める理由として，Ｅが優先される債権額は極度額により画されており，Ｅは，もともと，極度額までの負担は覚悟すべきであったという理由も加えている。

### 3.1.8 「誰に」弁済すべきか

#### (1) 債権者

当然のことながら，弁済を受けるべき者（弁済受領権者）は，原則として，債権者である。弁済受領権者とは，その者に弁済すれば，有効な弁済となって債権が消滅する者のことをいう。債権者から弁済受領の権限を与えられた代理人等も債権者と同視できる。これが原則である。しかし，例外として，債権者が弁済受領権限をもたないために債権者に弁済しても弁済の効果が生じない場合と弁済受領権限を有しない者への弁済が例外的に有効とされる場合がある。

#### (2) 例外・その1 ——債権者が弁済受領権限をもたない場合

Ⅰ．債権者が破産した場合

債権者が破産手続開始決定を受けた場合には，同人が破産手続開始時において有する一切の財産は破産財団を構成する（破第34条第1項）。破産財団の管理・処分権は破産管財人に専属するので（破第78条第1項），債権者は弁済受領権限を失う（ただし，破第50条参照）。

Ⅱ．債権が質入された場合

債権が質入された場合，当該債権の取立権は質権者に専属するので（第366条），債権者は弁済受領権限を失う。

Ⅲ．債権が差し押さえられた場合

改正第481条が定める場合である。

一つ例を挙げる（図10）。

Ｘは，Ａに対して，2,000万円の債権を有しているが，Ａは支払わない。そこで，Ａの財産を差し押さえようとして，いろいろＡの財産関係を調

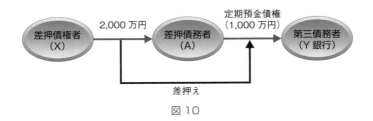

図10

査したところ，AがY銀行に対して1,000万円の定期預金債権をもってい
ることを探り当て，それを差し押さえた。差押えの手続については民事執
行法が定めている。金銭の支払いを目的とする債権に対する強制執行は，
執行裁判所による差押命令によって開始する（民執第143条）。差押命令の
具体的内容は，差押債務者（A）に対して，債権の取立てその他の処分を
禁止し，第三債務者（Y銀行）に対しては，差押債務者（A）に対して支払
ってはならないというものである（民執第145条第1項）。この差押命令は，
AとYに送達され（同条第3項），Yに送達された時に効力を生ずる（同条
第5項）。このように，差押えとは，強制執行の第一段階で，差押えの目的
物を凍結するようなものである。

　さて，改正第481条第1項は，「差押えを受けた債権の第三債務者が自
己の債権者に弁済したときは，差押債権者は，その受けた損害の限度にお
いて更に弁済をすべき旨を第三債務者に請求することができる」と定める。
同条の条文は，わかりにくいが，現在の通説・判例は，同条について，差
押えを受けたにもかかわらず，差押債務者（A）に支払った第三債務者（Y
銀行）は，その弁済を差押債権者（X）に対抗できない——弁済としてそ
の効力を主張できない——ものとして，差押債権者（X）に，もう一度，
支払わないといけないと解している。なお，第三債務者（Y銀行）が，差
押債権者（X）と差押債務者（A）に二重に弁済した場合には，Aに対して
求償できることはいうまでもない。Aは，Y銀行がXに支払った限度でX
に対する自分の債務を免れるのだから，自分が弁済を受けた分は不当利得
となる。第481条第2項は，この当然のことを規定したにすぎない。

　ところで，今まで，差押債権者（X）は，Y銀行からAの定期預金の弁
済を受けるという前提で説明してきたが，差押債権者が弁済を受ける方法

について，もう少し，具体的に説明することにする。差押えは，民事執行法の問題ではあるが，債権の差押えは，相殺の箇所（3.3）でもでてくるので，ここで，説明しておくことにする。

　前述したように，差押えによって，債権は凍結されるだけであり，差押債権者が差し押さえた債権から利益を受けるためには，当該債権を取り立てるか（民執第155条〜第157条），転付命令をもらうか（民執第159条，第160条）しなければならない。それでは，両者の違いはどこにあるのだろうか。

　まず，転付命令が効力を生じると，債権は，その券面額で差押債権者のものとなる。図10の例でいえば，差押債権者（X）が転付命令をもらうと，Aの1,000万円の定期預金債権は，AからXに移転し，Xの債権になる。そして，Aは，Xに対して負担する2,000万円の債務のうち，定期預金債権の券面額である1,000万円を弁済したものとみなされる。ところで，Xが転付命令を受けてしまった以上，Aの他の債権者は，もはや，この定期預金を自分にも分けてくれ，配当してくれとは言えない。その代わり，この定期預金債権が券面額どおりの価値がなくても，Xは券面額どおりの弁済を受けたことになる。たとえば，Y銀行が破産して，Xは，1,000万円の定期預金のうち10万円しか払い戻しを受けることができなくても，Aが1,000万円弁済したものとみなされる効果は影響を受けない。すなわち，転付命令を受けた差押債権者は優先的な地位は得られるが，第三債務者の資力の危険を負担することになる。

　これに対して，取立ての場合は，転付命令とは逆になる。すなわち，この場合，差し押さえられた債権は，あくまでも従来の債権者（差押債務者）に帰属しており，差押債権者は，同人に代わって取り立てるものである。差押債務者の他の債権者は，自分に分けてくれと配当加入を申し出ることができる。すなわち，取立ての場合には，転付命令の場合とは異なり，差押債権者は，差し押さえられた債権を独り占めすることはできない。しかし，当該債権が弁済されなかった場合には，現実に弁済を受けた範囲で差押債務者に対する債権の弁済を受けたことになるので，第三債務者の資力の危険を負担することはない。したがって，第三債務者の資力に危険が

ない債権の差押債権者は，取立てではなく，転付命令を得ようとする。

　ところで，改正第481条は，差押えを受けた債権の債務者である第三債務者が差押債務者である自己の債権者に支払った場合について規定したものであるが，実際に，第三債務者の弁済の効力が問題になるのは，重複差押えの場合である。しかし，その理解のためには，債権執行に対する民事執行法の知識が不可欠であるので，問題の指摘にとどめたい。


**(3)　例外・その2──弁済受領権限のない者に対する有効な弁済**

　**I.　改正前後の状況**

　弁済受領権限のない者に弁済しても弁済の効力が生ずるはずはない。弁済者は，弁済受領権限のある者に，もう一度，弁済しなければならない。しかし，改正前民法は，第478条（債権の準占有者への弁済），第480条（受取証書の持参人に対する弁済）において，例外的に，弁済受領権限のない者に支払っても，当該弁済は有効として，弁済者が保護される場合を定めていた。改正前第478条はフランス民法，改正前第480条はドイツ民法にならった規定であり，改正前第480条は改正前第478条の例示規定ともいえた。しかし，単なる例示規定にとどまらず，改正前第480条の方が，改正前第478条よりも，弁済者の善意・無過失の認定に強力な推定が働いていた。さらに，改正前第480条の適用を受けるためには，受取証書は真正なものでなければならないと解されており，偽造の受取証書の場合には，改正前第478条の問題として処理されていた。しかし，同じく弁済受領権限のない者への弁済であるにもかかわらず，その保護に際して，このような差異を設けることに合理性はないとして，改正前第480条は削除された。

　また，改正前第478条の「債権の準占有者」という用語は，改正によって，よりわかりやすい「受領権者……以外の者であって取引上の社会通念に照らして受領権者としての外観を有するもの」に改められた（改正第478条）。なお，第478条は，改正前後を通じて，制度の枠組みは変わっていない。そこで，以下では，改正前と改正後で区別をする必要がない限り，「第478条」ということにする。

II. 受領権者としての外観を有する者に対する弁済

よく出る例——今日では，時代遅れの例かもしれないが——は，泥棒が，盗んだ預金通帳と印鑑を使って，銀行から払戻を受ける。すると，後になって，本当の預金者が現れて，「あれは盗まれたのだから，銀行の払戻しは無効で，もう一度，自分に支払え！」という。この場合，銀行のなした払戻し（弁済）が受領権者としての外観を有する者への弁済（改正第478条）として有効となると，本当の預金者は，自分への再度の支払いを銀行に請求することはできなくなる。

(i) 要　件

1. **受領権者としての外観を有する者**　「取引上の社会通念に照らして受領権者としての外観を有するもの」とは，あたかも，「受領権者（債権者および法令の規定又は当事者の意思表示によって弁済を受領する権限を付与された第三者をいう。）」であるかのような外観を呈する者をいう。受領権者としての外観を有する者の例としては，表見相続人，債権譲渡が無効・取消し・解除により効力を失った場合の債権の譲受人，銀行預金の通帳と届出印鑑を所持している者などが挙げられる。

ところで，改正前においては，債権者の代理人と称して債権を行使する者（詐称代理人）も「債権の準占有者」に含まれるかという問題があった。というのは，代理人と称する者は，「自己のためにする意思」（第205条）が欠けているので，「債権の準占有者」には該当しないのではないかというわけである。たとえば，A名義の銀行預金通帳と印鑑を盗んだ泥棒Bが，Aの代理人と称して，C銀行から預金の払戻しを受けた場合，C銀行は，改正前第478条によって保護されるかという問題である。判例（最判昭和37年8月21日民集16巻9号1809頁）・通説ともに，改正前第478条は，弁済受領権限があるという外観を信頼した弁済者の保護を目的とするものであり，詐称代理人も「債権の準占有者」に含まれると解していた。これに対しては，「債権の準占有者」とは，債権者本人と称して債権を行使する者に限り，債権者の代理人と称した者については，表見代理の問題として処理すべきであるという考え方も主張されていた。この点，詐称代理人が改正第478条における「受領権者としての外観を有する者」に該当すること

は，異論なく認められる。

2. **善意無過失**　第478条によって保護されるためには，弁済者は，受領権者としての外観を有する者が弁済受領権限を有しないことについて，「善意無過失」でなければならない。なお，善意無過失の立証責任は，弁済が有効であることを主張する側（通常は弁済者）にある。

❖ 銀行預金の払戻し ════════════════════════════════

① **銀行預金約款**　弁済者の善意無過失は，実際には，銀行預金の払戻しをめぐって争われることが多く，銀行は，これについて，銀行預金約款で対応している。すなわち，銀行預金約款では，銀行が，相当の注意をもって，書類に押捺された印影を届出印と照合して，相違ないものとして取り扱った場合には，銀行は免責されると定めている。しかし，判例・通説は，銀行預金約款の免責条項は，第478条によって弁済者に課されている注意義務を軽減するものではないとし，そこでの「相当の注意」については無過失を要求している。したがって，約款の免責条項は，第478条の適用を排除しないことになる。このことは，第478条が，単なる任意規定にとどまるものではないことを意味するといえよう。

② **現金自動預払機による払戻し**　キャッシュカードによる払戻しについても，現金自動預払機（ATM）によりキャッシュカードおよび使用された暗証番号と届出の暗証番号の一致が確認されて払戻しがなされた場合には，銀行は免責される旨の規定が銀行預金約款に入っている。さて，盗まれたキャッシュカードを使い，ATMから何者かによって預金が引き出された事件で，この免責条項に基づく銀行の免責の有無が争われた（最判平成5年7月19日判時1489号111頁）。同事件において，最高裁は，真正なキャッシュカードが使用され，正しい暗証番号が入力されていた場合には，銀行による暗証番号の管理が不十分であったなど特段の事情がない限り，銀行は，免責条項により免責されるとして，原告である預金者の請求を棄却した。

ところで，同事件で問題となったキャッシュカードは，カードの磁気ストライプ上に暗証番号が記録されていた（非ゼロ化されていなかった）ため，市販のカードリーダーをパソコンに接続して暗証番号を読み取ることができた。そこで，原告は，このような安全性を欠いたカードシステムを使用したこと自体，免責の基礎を欠いていると主張した。しかし，最高裁は，このような方法で暗証番号を解読するためにはコンピューターに関する相応の知識と技術が必要であることは明らかであるから，銀行が採用していたATMによる支払システムが免責条項の効力を否定しなければならないほど安全性を欠くものとはいえないと判示した。

さて，元来，第478条は，通帳と印鑑による窓口での払戻しのように，人間が弁済を行うという状況を前提とし，弁済を行う人間の弁済時における過失を問題とする。これに対して，機械である現金自動預払機（ATM）による払戻しでは，窓口に対応する機械操作のレベルでは，銀行側の過失を問題とする余地はない。そこで，原告は，過失をシステム全体に対して問い，システムとしての安全性の欠如，システムの欠陥を問題としたわけである。なお，同事件を契機に，暗証番号のゼロ化が進み，現在では，暗証番号は銀行のホストコンピューターで管理されている。

　ところで，その後，通帳と暗証番号の照合によってATMから預金の払戻しをするシステム（以下「通帳機械払い」という）を採用する金融機関が登場した。最判平成15年4月8日民集57巻4号337頁は，盗難通帳による通帳機械払いについて第478条の適用が問題となったものである。最高裁は，通帳機械払いに対して第478条の適用を認めた上で，通帳機械払いシステムの設置管理全体について注意義務を問題とし，銀行の免責を認めなかった。

　さらに，近年は，偽造または盗難されたキャッシュカードや通帳を用いてATMから預金が不正に引き出される事件が多発している。そこで，預金者保護のため，2005年（平成17年）に「偽造カード等及び盗難カード等を用いて行われる不正な機械式預貯金払戻し等からの預貯金者の保護等に関する法律」（以下「偽造・盗難カード預貯金者保護法」という）が成立した。同法は，偽造されたキャッシュカードや通帳を用いて行われる機械式預貯金払戻しについて，第478条の適用を排除し（同法3条），払戻しが有効になる場合を限定した（同法4条）。他方，盗まれたキャッシュカードや通帳を用いて行われる機械式預貯金払戻しについては，第478条の適用は排除しないが，一定の要件を満たす場合には，弁済の効力にかかわらず，預貯金者は，金融機関に対して，盗難カード等を用いて行われた機械式預貯金払戻しの額に相当する金額の補償を求めることができるとされた（同法5条）。

　③　インターネット・バンキング　　近年は，インターネット・バンキングが急速に普及しており，それに伴い，なりすましや送金情報の改ざんなどの方法により，不正送金（不正払戻し）の被害が頻発するようになった。②で述べた「偽造・盗難カード預貯金者保護法」はインターネット・バンキングを適用対象とはしていないが，全国銀行協会（全銀協）は，2008年（平成20年），インターネット・バンキングでの不正送金について，預金者に過失がない場合は補償に応じること等を申し合わせた。この申し合わせは個人顧客を対象とするものであったが，2014年（平成26年）には，全銀協は，法人顧客についても，各行が補償の要否を判断する旨の申し合わせをした。

3. **帰責事由の要否**　　第 478 条によって弁済者が保護されるためには，債権者に**帰責事由**が必要であるか否かという問題である。**外観への信頼を保護する制度**（たとえば，表見代理，虚偽表示）にあっては，いずれも，信頼が保護される要件として，真の権利者に何らかの帰責事由を要求している。これに対して，第 478 条は，条文上は，帰責事由を要求しておらず，判例・通説も，弁済者が保護されるにあたり，債権者の帰責事由を要求していない。したがって，たとえば，盗まれた通帳と印鑑を用いて預金が引き出された場合のように，債権者のまったく関知しないところで，受領権者としての外観が作出された場合であっても，弁済者を保護している。この点については，帰責事由を要求すべきだとする有力な少数説が存在する。

　　しかし，債務者は弁済に慎重であると債務不履行のリスクを負い，また，弁済は日常頻繁に行われている。そこで，弁済者が保護されるには善意に加えて無過失も要求している以上，弁済の迅速性を確保するためにも，債権者の帰責事由は不要と解すべきである。

4. **「弁済」概念の拡大**　　第 478 条をめぐる判例は圧倒的に銀行取引に関連するものが多く，法的に見て「弁済」と言えない場合であっても，同条の法理によって弁済者の保護を図っている。

①　**定期預金の期限前払戻し**　　定期預金の期限前払戻しは，法律的に見れば，単なる弁済ではなく，定期預金の解約と弁済という 2 つの行為から成立している。したがって，この法律構成にこだわれば，債権者でない者との間でなされた解約の有効性については，第 478 条ではなく，表見代理の規定に従って判断しなければならない。しかし，最判昭和 41 年 10 月 4 日民集 20 巻 8 号 1565 頁は，定期預金の期限前払戻しの場合における弁済の具体的内容は定期預金契約時において既に合意されており，中途解約との違いは受取利息の違いとして意識されているにすぎないとして，定期預金の期限前払戻しも弁済に該当するとして，第 478 条の適用を認めた。

②　**預金担保貸付**　　預金担保貸付とは，定期預金を担保に銀行が預金者に貸付を行うことをいう。この場合，貸付金の返済期日を定期預金の満期日と一致させ，期日に相殺する約束をしておく。

　　ところで，図 11 にあるように A 銀行は，B に対して，定期預金を担保

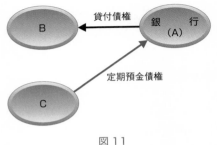

図 11

に貸付を行った。担保となった定期預金はB名義ではあるが，その資金の出所はCであり，事情があって，BがCに代わって預け入れたものであったが，A銀行は，Bの定期預金であると信じていた。その後，A銀行はこのBへの貸付金を回収するために，定期預金の満期日に定期預金債務と貸付債権とを相殺した。この場合，A銀行が行った相殺が第478条によって保護されるかが問題となる。

❖ 預金者の認定

　この場合，定期預金の債権者が預金を預け入れたBであるならば，A銀行が行った相殺は，当然，有効である。すなわち，この問題が起きたのは，定期預金の債権者が貸付債務者のBではなく，Cであるからである。そこで，この問題を考える前提として，誰が，定期預金の債権者かという預金者の認定の問題がある。誰が預金者であるかという点については，当初，無記名定期預金における預金者確定の問題として登場し，その後，記名式定期預金における預金者確定の問題に及んだ。この問題については，大雑把に言って，預金の資金を出した者（これを「出捐者」という）が誰であるかに関係なく，預入行為者を預金者とする立場（主観説）と出捐者をもって預金者とする立場（客観説）が対立しており，最高裁は，無記名，記名にかかわらず，定期預金については，客観説をとっている。

　なお，最近は，普通預金や当座預金のように，入出金を繰り返す流動的な預金における預金者は誰かという問題が生じている。このような流動的な預金にあっては入金のたびに出捐者が異なることもありうるので，出捐者は誰かという客観説で処理するのは困難である。判例も，まだ，確定的ではないが，客観説とは異なる方向に動き出しているようである（最判平成15年2月21日民集57巻2号95頁）。

この事案において，最判昭和48年3月27日民集27巻2号376頁は，客観説に立ち，Cを預金者と認定した上で，預金担保貸付・相殺というA銀行の一連の行為を一体としてとらえれば，定期預金の期限前払戻しと同視できるとして，第478条の適用を認めた。

❖❖ 相殺の効力 ─────────────────────────────────

さらに，最判昭和59年2月23日民集38巻3号445頁は，A銀行が，Bを預金者Cと誤信して行ったBに対する預金担保貸付・相殺の効力が争われた事件である。同事件の特殊性は，A銀行は，預金担保貸付を行った時点においては，BをCと誤信したことに過失はなかったが，相殺を行う時点においては，貸付の相手方が真の預金者とは別人であることを知っていた点にある。この点について，最高裁は，貸付時に善意・無過失であるならばよいとして，相殺の効力を認めた。相殺を弁済と同視するならば，銀行が保護されるためには，相殺時において善意・無過失でなければならないはずである。したがって，ここにおいて保護されているのは，期限前払戻しにしろ，預金担保貸付にしろ，実際に行われた払戻しや相殺ではなく，決済という帰結をもたらす合意自体ということになる。

─────────────────────────────────────────────

なお，その後も「弁済」概念は拡大を続けている。

まず，総合口座取引における相殺についてである。総合口座取引では，普通預金の払戻しによって残金がマイナスになるときは，一定限度まで定期預金を担保とする貸付が行われ，当該貸付金は普通預金へ入金される。そして，その後，普通預金への入金があると，この貸付金の返済に充てられ，定期預金の払戻し時に，なお，貸付金が残っていると，定期預金債権と相殺される。このように，総合口座取引では，実質的には預金担保貸付が行われており，最判昭和63年10月13日金法1205号87頁は，総合口座取引における相殺についても，第478条の類推適用を認めた。なお，総合口座取引にあっては，一定限度までの貸付は銀行の義務とされているので，貸付，担保設定ともに銀行の義務ではない預金担保貸付以上に，第478条の適用になじむとの理解もある。

また，最判平成9年4月24日民集51巻4号1991頁は，詐称代理人に対する生命保険の契約者貸付けについて，貸付けが生命保険約款上の義務の履行であること，および，貸付金額が解約の際に支払われる金額の範囲内に

限定されることを理由として，第478条を類推適用して，貸付行為自体を弁済と同視することができるとした（ただし，実際には，貸付金と満期保険金の間で相殺が行われている）。

（ii）効　果　第478条が適用されると弁済は有効になるので，真の債権者は，債務者に対して，弁済を求めることはできず，弁済を受領した者（受領権者としての外観を有する者）に対して，不当利得返還請求をするしかない。では，弁済した後に弁済を受領した者に弁済受領権限がないことに気づいた弁済者は，同人に対して返還請求はできないのだろうか。大判大正7年12月7日民録24輯2310頁は返還請求を認めないが，第478条の趣旨は，弁済者の保護にあるのだから，弁済者が保護を受けたくないという以上，その返還請求は認めるべきである。

### 3.1.9　弁済の充当

　Aが，Bに対して，1億円と5,000万円という2個の債務を負っているとしよう。この場合，Aが，Bに対して，1億5,000万円を弁済すれば問題はない。この2個の債務は弁済によって消滅する。しかし，AがBに対して1億円だけ弁済した場合には，弁済によって消滅するのは，この2個の債務のどちらであろうか。

　どちらが消滅しても同じではないかと思うかもしれない。しかし，債務には，担保権付きのものもあれば，無担保のものもある。また，高い利息のものもあれば，低い利息のものもある。債務者にしてみれば，利息の高い債務が消滅してくれればありがたいが，債権者にしてみれば，利息の高い債務は残ってほしいという具合に，どの債務が消滅するかによって，債権者，債務者の利害に影響が生じる。このように債務が複数存在していて，弁済された金銭がどの債務の弁済なのか明らかでないときに，どの債務の弁済であるかを明確にする作業が**弁済の充当**である。

　今，挙げた例は，債務者が同一の債権者に対して数個の債務を負担する場合であるが，弁済の充当は，3カ月分の賃料を滞納している賃借人が2カ月分の賃料しか支払わない場合のように，「一個の債務の弁済として数個の給付をすべき場合」にも生じる（改正前第490条，改正後第491条）。

なお，当然のことながら，一方が特定物債権であり，他方が金銭債権である場合のように，異なる種類の債権間では弁済の充当は問題にはならない（改正前および改正後第488条第1項）。

　弁済の充当については，改正前も後も，第488条から第491条に規定がおかれている。改正前の規定は，各規定の適用場面がわかりにくかった。そこで，今回の改正では，原則として，改正前の枠組みは維持したうえで，わかりやすいように改めた。

### （1）　指定充当

　充当の順序は，当事者間の合意があれば，それによる（改正第490条）。しかし，合意が存在しない場合もあるので，民法は，任意規定として二段階の規定をおいている。

　まず，弁済者に充当の指定権を与えている（改正第488条第1項）。ただし，ここで気をつけなければならないのは，弁済者に与えられた充当の指定権は，元本相互間，利息相互間，費用相互間の関係についてのものであるということである（改正第488条第1項，改正第489条第2項）。改正前は，利息相互間，費用相互間については，指定充当は認められなかった。しかし，利息相互間，費用相互間を元本相互間と別異に扱う合理的な理由はないとして，改正法に改められた（改正第489条第2項）。

　これに対して，元本の他，費用，利息の債務が存在する場合には，改正第488条第1項括弧書きに「（次条第1項に規定する場合を除く。）」とあるように，指定充当は認められない。すなわち，費用，利息，元本の順に充当され，弁済者は，利息をさしおいて，まず，元本に充当すると指定することはできない（改正第489条第1項）。

　元本債務相互間，費用債務相互間，利息債務相互間の充当については，前述したように，第一次的には，弁済者が充当の指定権を有する。弁済者が指定しない場合には弁済受領者が受領の時に充当を指定することができるが，これに対して，弁済者がただちに異議を述べれば，受領者による指定は失効し，弁済者の意思に反した充当は阻止される（第488条第2項）。では，それから先はどうなるのだろうか。改正前第488条第2項は，「弁

済をする者がその充当に対して直ちに異議を述べたときは，この限りでない」と規定するだけで，はっきりしなかったが，判例・通説は，法定充当の規定に従うとしていた。というのは，法定充当の規定は，両当事者の利害を調和した合理的なものであり，弁済者にとっても不利なものではなく，また，最初に指定しなかった弁済者に指定権を戻すよりも，両当事者ともに指定しなかったことにして，法定充当の規定にもっていくのが公平であるからである。改正第488条第4項は，その旨を明文化した。

## (2)　法定充当

　今，述べたように，弁済者も弁済受領者もどちらも充当の指定をしない場合，あるいは，弁済者が指定しないので弁済受領者の方で指定したが，それに対して弁済者が直ちに異議を述べた場合には，法定充当がなされる（改正第488条第4項，改正第489条第2項）。法定充当の基準は4つある。

　すなわち，第1の基準は，債務のうちに弁済期の到来したものと未到来のものとがあれば，弁済期の到来したものに先に充当する（改正第488条第4項第1号）。第2の基準は，すべての債務の弁済期が到来しているか，あるいは，きわめてまれではあろうが，すべての債務の弁済期が到来していないときには，それらのものの間では，弁済の利益の多いものに先に充当する（同条同項第2号）。第3の基準は，弁済の利益が同じものの間では，弁済期が先に到来したもの，まだ，弁済期が到来しないなら，弁済期が先に到来するものに先に充当する（同条同項第3号）。第4の基準は，以上の基準で区別がつかない場合には，各債権についてその債務額に応じて案分比例で充当する（同条同項第4号）というものである。

　この4つの基準のうち，問題となるのは，第2の基準が定める弁済の利益の多少である。たとえば，利息付のものと利息のつかないものでは，利息付の方が弁済の利益が大きい。また，担保付のものと無担保のものでは，担保付のものを弁済すれば，債務者は，担保目的物をもう一度担保に利用できるので，担保付のものの方が弁済の利益は大きい。ここまでは，誰でもわかる。しかし，担保付のものは利息が低く，無担保のものは利息が高いという具合に，利益の多い少ないを判断する基準は錯綜することが少な

くない。しかし，これを判断する形式的な基準はなく，担保の種類，利息の差の多少，そのときの金融情勢等，すべての事情を考慮して，個別的に判断する他ないが，どうしても判断できない場合には，弁済の利益は同じだとして，改正第488条第4項第3号，4号で充当することになろう。

### 3.1.10　弁済の証明

弁済があると債務は消滅する。しかし，債務消滅の有無が争われた場合，その立証責任は弁済者の側にある。民法は，この立証を容易にするために，弁済者に受取証書交付請求権（改正第486条）と債権証書返還請求権（第487条）を認めた。改正第486条は，受取証書の交付請求は，弁済と引き換えであることを明文化した。

## 3.2　代物弁済

改正第482条が定める代物弁済は，現在では，仮登記担保として，もっぱら，担保手段として利用されているが（「仮登記担保契約に関する法律」参照），本来は，弁済の一態様である。

たとえば，BがAに30万円借金しているが，どうしても現金が工面できないので，Aの承諾を得て，もっている中古自動車で借金を払ったことにしてもらう。これが代物弁済であり，A・B間の契約により，本来の給付（30万円という金銭）と異なった給付（中古自動車の所有権）をすることによって，債務を弁済したことにするという制度である。本来の給付と異なる給付をすることによって債務を消滅させる点では，更改（改正第513条第1号）と類似するが，更改にあっては，債務者に他の給付をなす債務を新たに負担させるだけであるのに対して，代物弁済にあっては，債務を消滅させるためには，他の給付が現実になされる必要がある。

改正前民法のもとで，通説は，代物弁済は要物契約であるとしていた。すなわち，本来の給付にかわる給付が現実になされて，はじめて，代物弁済契約は効力を生じ，代物弁済を合意した段階では，未だ，代物弁済契約は効力を生じていないとする。しかし，代物弁済契約は諾成契約であって，

代物弁済の合意が成立した以上，他の給付がなされていなくても，代物弁済契約は効力を生じ，ただ，債務消滅の効果は，現実に他の給付がなされて，はじめて認められるという有力な反対説があった。また，判例も，代物弁済契約が諾成契約であるとの前提に立ち，代物弁済契約により，本来の給付に代わる給付の目的物の所有権が移転することを認めた（最判昭和40年3月11日判タ175号110頁，最判昭和57年6月4日判時1048号97頁）。

　そこで，改正法は，「弁済をすることができる者（以下「弁済者」という）が，債権者との間で，債務者の負担した給付に代えて他の給付をすることにより債務を消滅させる旨の契約をした場合において，その弁済者が当該他の給付をしたときは，その給付は，弁済と同一の効力を有する」と規定し，代物弁済契約が諾成契約であることを明文によって認めた。

　前述したように，現在，代物弁済は，もっぱら，担保手段として利用されている。その詳細は担保物権法に譲るが，ここでは，どのように利用されるのか，その概要だけを紹介する。

　たとえば，Aがその所有に係る不動産を担保にしてBから3,000万円を借りようとしている。不動産を担保に取る場合には，通常，抵当権が設定されるが，別の方法もある。すなわち，A・B間で，もし，Aが弁済期までに3,000万円弁済しなかったときは，3,000万円の債務の弁済として，この不動産を給付する―― 3,000万円を不動産で代物弁済する――という契約を締結するわけである。この契約が**代物弁済の予約**であり，こうしておけば，Aが弁済できないときには，Bは，代物弁済の予約完結権を行使して，この不動産を自分の物にすることができる。

　ところで，担保は第三者に対して，その効力を主張できなければ絵に描いた餅でしかない。単に，A・B間で代物弁済の予約をするだけでは，弁済期の到来する前に，Aが不動産の所有権をCに移転してしまったら，Bは困ってしまう。そこで，代物弁済の予約を完結するBの権利を**仮登記**しておく（不登第105条第2号）。すると，仮登記には順位保全効があるので（同法第106条），たとえ，弁済期前にAが不動産の所有権をCに移転しても，Bが代物弁済の予約完結権を行使して仮登記を本登記に直すと，Bの本登記はCが取得した本登記よりも前に取得したことになるので，C

の所有権取得はくつがえされ，Bは，代物弁済の目的を達することができるというわけである。代物弁済を用いた担保手段が仮登記担保とよばれるゆえんはここにある（仮登記担保契約に関する法律第1条参照）。

## 3.3　相　　殺

### 3.3.1　意義と機能

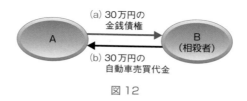

(a) 30万円の
金銭債権

A　　　　　B
（相殺者）

(b) 30万円の
自動車売買代金

図 12

　AがBに対して30万円の貸付債権を有しており，他方，Bは，Aに対して，かねて売却した中古自動車の代金30万円について売買代金債権を有していたとする（図12）。この場合，Bは，Aに対して，一方的に意思表示することによって，対等額（30万円）で双方の債権・債務を消滅させることができる。これが相殺（改正第505条以下）という制度である。つまり，差引計算である。

　民法は，相殺を債務消滅の一方法と考えているので，自分の債務を相殺によって消滅させる方——今の例でいうとB——を主体として考えて，相殺に用いる債権——自動車売買代金債権（b）——を自働債権，相殺によって消滅する債権——相殺する方（B）からいうと債務——を受働債権という。自働債権は，BがAから（a）債権を請求された場面では，反対債権ともいう。

　このように，当事者の一方的意思表示による相殺という制度が認められたのは，「便宜」と「公平」のためである。

　まず，「便宜」ということは，あえて，説明するまでもないであろう。現金をお互いにやり取りするという面倒なことをするより，差引計算で済むのだから便利と言えよう。次に「公平」である。まず，相殺を認めない

と，一方は速やかに履行したのに，他方は履行しないという状態が生じ，「誠実な者は損をし，怠慢だったり，ずるい者が得をすることになる」。さらに，Aの資産状態が悪化した場合を考えると，相殺という制度がないと，現実問題として，AはBから全額の支払いを受けられるのに対し，BはAから全額の支払いを受けられないことになってしまう。

　以上より，相殺は担保的機能を営むことが理解されよう。元来，債権の価値は，その額面額ではなく，債務者の資力によって定まる。今の例でいうと，Aの資産状態が悪くなると，BのAに対する債権の価値は限りなくゼロに近くなるのに対して，Bの資力が充分だとすると，AのBに対する債権の価値は額面額通り30万円ということになる。しかし，相殺が認められることで，額面額の等しい債権は，それぞれの債務者の資力に関わらず，等しい価値を有することになる。つまり，本来，限りなくゼロに近いはずのBのAに対する債権の価値は，相殺が認められることで，AのBに対する債権の価値30万円と等しくなる。

　これは，BのAに対する債権に担保がついたのと同じことになり，BのAに対する中古自動車の売買代金債権は，相殺によって清算されることによって，AのBに対する債権額に相当する額だけは担保されたことになる。しかし，この担保的機能は悪用される危険がある。たとえば，今，Aが破産しそうだというので，Bが，Aに対する他の債権者から二束三文でかき集めた債権を自働債権として相殺をすることにより，受働債権たる自分のAに対する債務を免れることも生じ得る。そこで，破産法は，このような債権による相殺を禁じている（破第72条）。

　このように相殺は担保的機能を営むことから，相殺に意識的に担保的機能を営ませる場合がある。その典型は次のような場合である（図13）。

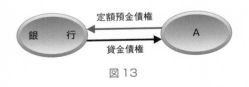

図13

　銀行がAに融資するに際して，Aに定期預金を積ませる。すると，銀

行は，定期預金に見合う額だけは常に相殺できるので，その額だけは貸金債権を回収できるということになる。なお，相殺に意識的に担保的機能を営ませた場合の相殺の効力については，3.3.4 に詳論する。

### 3.3.2　効　果

旧民法は，フランス民法にならって，相殺には意思表示は不要で，相殺に適した一定の要件が備わると，当然，相殺の効力が生じ，対等額だけ差引になると規定していた（旧民法財産編第 520 条）。しかし，当然相殺ということにすると，相殺によって債権が消滅したことを知らずに，弁済・更改・譲渡・差押えなどがなされ，法律関係が不明確になるおそれがあるとして，相殺は当事者の一方から相手方に対する一方的意思表示によって効力を生ずることとされた（第 506 条第 1 項）。

しかし，相殺は意思表示によって効力を生ずるとすると，たとえば，自働債権，受働債権間で遅延損害金の利率が異なる場合には，たまたま意思表示の時期が遅くなると，一方の債務者が多くの遅延損害金を支払わなければならなくなり，不公平を生じかねない。そこで，第 506 条第 2 項は，相殺に遡及効を与えて，不公平にならないようにした。したがって，少なくとも，効果の面では，当然相殺に近い扱いがされている。さらに，第 508 条にあるように，自働債権が時効消滅していても，消滅以前に相殺適状になっていれば，例外的に，相殺に用いることができると定めた。

### 3.3.3　要　件

相殺の要件は，相殺の性質から一般的に導かれる一般的な要件（「相殺適状」という）と，特に相殺が認められないと定めている場合に分けて考えるとわかりやすい。

（1）　相殺適状

相殺をなすに適した状態を**相殺適状**という。相殺適状であるには，①二当事者間で債権が対立していること，②双方の債権が同種の目的を有すること，③双方の債権が弁済期にあること，④双方の債権が性質上相殺を許

す債権であること，の4つの要件を満たす必要がある（第505条第1項）。

まず，①は，二当事者が，それぞれ相手方を債務者とする債権を有しなければならないことを意味するが，例外もある。

保証人であるBは，主たる債務者であるAが債権者Cに対してもっている債権（b）を自働債権として，相殺によって，主たる債務を免れることができる限度で，Cに対する債務（a）の履行を拒むことができる（改正第457条第3項）（図14）（第6章 6.6.4（1）参照）。A・Bが連帯債務者である場合も類似の規定がある（改正第439条第2項）（第6章 6.3.3（1）参照）。

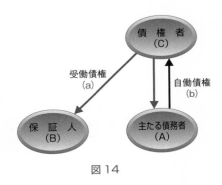

図14

Cが，Bに，（a）債権を譲渡した場合，Aは，Bからの請求に対して，Cに対する債権である（b）債権を自働債権として相殺できる（改正第469条）（図15）。（3.5.4（2）I.（iv）参照）。

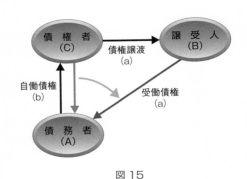

図15

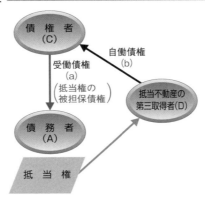

図 16

　判例は，抵当不動産の第三取得者であるＤは，（b）を自働債権，（a）を受働債権として相殺することは許されない（大判昭和8年12月5日民集12巻2818頁）とする（図16）。この場合の相殺は，第三者弁済（ＤがＡのＣに対する債務を弁済する）に等しいので，それとのバランスが問題となる。抵当不動産の第三取得者であるＤは，弁済をするについて正当な利益を有する者である。したがって，債権者であるＣは，Ｄの弁済を拒むことはできない（改正第474条第2項）ので，ＣとＤとの関係だけを見た場合，Ｄによる第三者弁済と，Ｄによる相殺を同列に扱うことができるかである。相殺の場合，第三者弁済とは異なり，Ｃは，Ａに対する債権の対価を現実に手中に収めることはできず，強制的にＤに対する債務の履行に充てさせられることになる。しかし，Ｃは，債権債務の対立関係にある者による相殺がなされない限り，債権の対価を現実に手中に収めることができ，手中に収めた対価をどのように処分するか自ら決定できるはずである。Ｄによる相殺を認めるということは，Ｃから，そのような自由を奪うことを意味する。

　さて，Ｄが保証人である場合には，Ｄ自身もＣに対して保証債務を負担しているので，当然，相殺は認められる。物上保証人は，保証人とは異なり，法律上は，債権者に対して，債務は負担していないが，自らの財産が責任を負担していることから，経済的には，保証人と非常に類似した地位にある。したがって，保証人と同様，相殺が許されると解される。

　ただし，Ｃに対する他の債権者とＤとの関係を考えた場合，相殺によって，自働債権の債権者（Ｄ）は，自働債権の債務者（Ｃ）に対する他の債権者に先立って弁済を受けることになる。そこで，第三者弁済と同様に，第三者（Ｄ）に

よる相殺を認めていては，Ｃの債権者間の公平が図られなくなる。というのは，Ｄによる相殺を認めると，Ｄは，Ａに対する求償権を取得するが，もし，Ａの資力が十分なら，Ｄは，Ｃの資力の危険の負担を回避できるからである。これは，債権者平等は，どこまで確保されるべきかという問題である。確かに，改正第424条の3は，同条の要件を満たす弁済は詐害行為取消権の対象となると規定する。しかし，これは，裏から言うと，ある行為が債権者間の平等に反する偏頗行為であるという一事をもって，その行為の効力を覆すことはできないということを意味する。

以上より，一般的には，第三者による相殺は許されないが，この例のように，担保目的物の第三取得者や物上保証人のように他人の債務について責任を負担する者については，保証人との類似性から，同人による相殺を肯定してもよいと考える。

---

③の要件が課されているのは，弁済期が未到来のうちに相殺を許すと，債務者の有する期限の利益（第136条第1項）を失わせることになるからである。したがって，自働債権と受働債権では，異なる考慮が必要である。

すなわち，今，Ｂが相殺をするとする（図17）。この場合，自働債権に期限の定めがあると，Ｂは，一方的に自働債権の債務者であるＡの期限の利益を奪うわけにはいかないので，自働債権については，弁済期到来前の相殺は許されない。しかし，受働債権については，その債務者であるＢは，期限の利益を放棄できるので（第136条第2項），たとえ，弁済期前であっても，相殺できる。結局，相殺適状の要件としては，自働債権の弁済期が到来していることは必要だが，受働債権については必要でないということになる。重要なのは，自働債権の弁済期である（3.3.4 参照）。

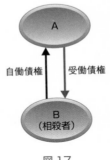

図17

相殺適状の最後の要件である④は，現実に履行しなければ無意味となる債務については，相殺することはできないということである。「なす債務」に，その例が多い。たとえば，農繁期にA・Bが互いにその農作業を手伝うという債務を負担している場合，それを相殺することは許されないとされる。

ところで，相殺適状は，相殺の意思表示がなされた時点で，存在していなければならない。たとえば，いったん相殺適状が生じても，相殺の意思表示の前に一方の債権が弁済等によって消滅してしまった場合には，もはや，相殺することはできない。ただし，3.3.2で述べたように，時効消滅した債権を自働債権とする相殺は認められる（第508条）。これは，相殺は請求に対する抗弁として機能することが多く，ために，当事者は，その間に対立する債権関係があり，相殺の抗弁が出せる状況にあると，もはや決済されたと信じて，そのままにしておくことが一般的であるので，当事者の信頼保護のためにおかれたものである。したがって，第508条が適用されるためには，消滅時効期間満了前に相殺適状が生じていなければならない（最判平成25年2月28日民集67巻2号343頁）。

## (2) 相殺禁止事由

民法は，相殺が許されない場合について，個別に規定している（改正第505条第2項，改正第509条～改正第511条）。したがって，相殺の要件としては，(1)で説明した相殺適状にあることに加えて，これらの事由が存在しないことも必要である。

### I. 相殺禁止特約

当事者が相殺を禁止，または，制限する旨を合意した場合には，相殺できない（改正第505条第2項）。しかし，第三者に対しては，第三者が，この相殺禁止特約について，悪意あるいは善意重過失である場合に限り，対抗できる（第505条第2項）。改正前は，悪意者にしか対抗できなかった（改正前第505条第2項）が，改正により，債権譲渡制限特約（改正第466条第2項）にあわせて，善意重過失者にも対抗できると改められた。なお，第三者の悪意・重過失の立証責任は，相殺禁止特約を主張する側が負う。

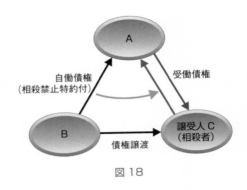

図 18

　たとえば，BのAに対する債権に相殺禁止特約が付いていても，特約について善意無重過失で債権譲渡を受けたCは，この債権を自働債権，自らのAに対する債務を受働債権として相殺できる（図18）。

　Ⅱ．法律による相殺の禁止

　政策的な理由から，法律上，受働債権とすることのできない債権が3つ定められている。

　(i)　不法行為等による損害賠償債権

　改正前第509条は，「債務が不法行為によって生じたときは，その債務者は，相殺をもって債権者に対抗することができない」と規定していた。同条によれば，不法行為による損害賠償債権を受働債権とする相殺はできない（図19）。しかし，逆に，当該債権を自働債権，不法行為以外の原因による金銭債権を受働債権とする相殺は許される。今の例では，Bからの

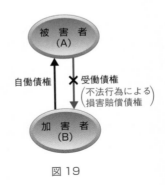

図 19

相殺はできないが，Aからの相殺はできるということになる。

　改正前第509条の趣旨は，一つには，加害者に現実に弁済させることで被害者保護を図るということである。いうなれば，「薬代は現金で！」ということである。もう一つには，不法行為の誘発防止が説かれる。たとえば，BはAに金を貸したところ，Aはなかなか返さない。Bは，腹が立ってしかたがないので，腹の虫がおさまるまでAをなぐって怪我させて，Aに対して損害賠償債務を負担し，当該債務を受働債権として自分の貸金債権と相殺することはできないということである。

　さて，今，述べた改正前第509条の趣旨からすると，不法行為による損害賠償債権を受働債権とする相殺をすべて禁止するのは行きすぎではないかと考えられる。たとえば，被害者保護を図るという趣旨は，人身損害にはあてはまるが，物的損害には必ずしも妥当しない。また，不法行為の誘発防止という趣旨からすると，故意の不法行為にはあてはまるが，過失による不法行為には必ずしも妥当しない。また，同一の不法行為において，双方が相手方に対して損害賠償債務を負担した場合にも妥当しない。しかし，判例は，改正前第509条を機械的に適用し，過失による同一交通事故による物的損害賠償債権相互間の相殺も許されないという（最判昭和49年6月28日民集28巻5号666頁，最判昭和54年9月7日判時954号29頁）。

　そこで改正前第509条は，その趣旨に比して，相殺を禁止する範囲が広すぎるとして，改正により，相殺禁止の範囲が狭められた。すなわち，不法行為の誘発防止という趣旨から，第509条第1号は，「悪意による不法行為に基づく損害賠償の債務」を受働債権とする相殺を禁じた。ここで「悪意による不法行為」とは，単なる故意ではなく，積極的に他人を害する意思をいい，非免責債権を規定している破産法第253条第1項第2号の表現にならったものである。次に，被害者保護を図る趣旨から，第509条第2号は，「人の生命又は身体の侵害による損害賠償の債務」を受働債権とする相殺を禁じた。ここで気を付けてほしいのは，「人の生命又は身体の侵害による損害賠償の債務」であれば，不法行為に基づくものに限られないことである。債務不履行に基づくもの（たとえば，安全配慮義務違反に基づく損害賠償債務）であっても，「人の生命又は身体の侵害による損害賠

償の債務」であれば，当該債務を受働債権とする相殺は禁止される。なお，悪意による不法行為に基づく人身損害については，同条第1号が適用され，第2号の適用外である（同条第2号括弧書き）。

改正第509条の下では，双方当事者の過失に起因する同一交通事故によって生じた不法行為による損害賠償債権相互間の相殺が可能になる。交通事故の場合には，加害者は責任保険に入っていることが多いが，相殺により損害賠償債権が消滅した場合，加害者の責任保険金請求権は，どうなるだろうか。Bの相殺により損害賠償債権（図19のAの債権）が消滅しても，この消滅は，相殺したBの自働債権の消滅を対価とするものであり，Bは経済的損失を被っている。したがって，Bの責任保険金請求権は消滅しない。

ただし，受働債権が改正第509条の要件を満たす債権であっても，当該債権は債権者が他人から譲り受けたものであるときは，相殺できる。たとえば，図19に即すと，受働債権の債権者であるAが，この債権を第三者（C）から譲り受けた場合である（改正第509条但書）。この場合，相殺を認めても，改正第509条の趣旨が没却されることはない。なお，「他人から譲り受けた」とは特定承継を意味しており，相続や合併のような包括承継は含まれない。

(ⅱ) 差押えが禁止された債権

図20

第510条によれば，Bは，差押えが禁止された債権を受働債権として，相殺することは許されない（図20）。差押えを禁止されているのは債務者

に現実に弁済させる必要があるからであり，したがって，そのような債権を受働債権とする相殺を認めると，差押禁止の趣旨が潜脱されてしまうからである。

差押禁止債権については，民事執行法第152条の他，特別法に多い（生活保護法第58条，労基法第83条第2項等）。また，労働基準法第24条第1項は，「賃金は，通貨で，直接労働者に，その全額を支払わなければならない」と定めている。したがって，差押禁止債権を受働債権とする相殺が許されないのと同様の理由から，賃金支払債務を受働債権とする相殺も許されない。

（iii）　差押えを受けた債権

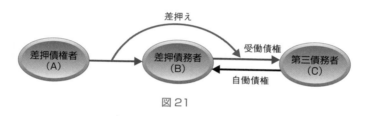

図21

改正前第511条は，「支払の差止めを受けた第三債務者は，その後に取得した債権による相殺をもって差押債権者に対抗することができない」と規定していた。「支払の差止めを受けた」とは，差押えがなされた場合をいうところ，今回の改正では，改正第481条（前述3.1.8.（2））と同様に，「差押えを受けた債務の第三債務者」と，わかりやすい表現に改められた（改正第511条第1項）。

さて，改正第481条によると，差押えを受けた債権の債務者，すなわち，第三債務者（C）は，当該債権を債権者であるBに弁済することができなくなる。相殺も債権消滅の一方法である以上，同条からすると差押えがあると，第三債務者（C）は，相殺もできなくなるのではないかと考えられる。

しかし，改正前第511条は，第三債務者（C）が差押えを受けた後に取得した債権を自働債権とする相殺はできないと規定している。その趣旨は，Cに対して，自分に対する債権が差押えられてから，あわてて，二足三文

でかき集めた債権を自働債権とする相殺を許しては，実質的価値の異なる債権を対等額で消滅させることになり，Cに一方的に有利になり，その分，Bの他の債権者を害することになってしまう。しかし，B・C間で差押え前に債権・債務の対立があり，Cが相殺で清算するという期待を有していた場合には，この期待を第三者の差押えによって奪うべきではなかろうという趣旨である。すると，問題は，差押え前にCが自働債権をもっていれば，必ず，Cによる相殺は許されるのか，許されるべきなのか，換言すれば，第三債務者による相殺の期待はどこまで保護されるべきかにあった。

　この問題は，国が，国税滞納処分により，BのC銀行に対する預金債権を差し押さえた場合，C銀行はBに対する貸金債権を自働債権とする相殺をもって国（A）に対抗できるかという場面において「**差押えと相殺**」のテーマの下に論じられた。そして，今回の改正において，Cによる相殺が認められる範囲が大きく拡大したので，項を改めて論ずることにする。

### 3.3.4　差押えと相殺──相殺の担保的効力

（1）　法定相殺の場合

❖ 改正前の状況 ══════════════════════════════════

　この問題について，当初，判例は，相殺の遡及効の問題として処理していた（大判明治31年2月8日民録4輯11頁）。

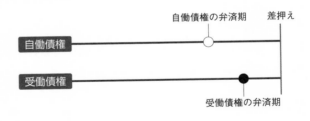

図22

　相殺は，相殺適状が生じた時に遡及して効力を生じる（第506条第2項）。すると，受働債権が差し押さえられた時点において，自働債権，受働債権ともに弁済期が到来しており，相殺適状にあると，たとえ，差押え後に相殺の意思表示がなされても，差押え時には，差し押さえるべき債権は消滅してしまったことになる。そこで，差押えは空振りに終わるので，第三債務者は，相殺をもっ

て，差押債権者に対抗できると判示した（図22）。

　これに対して，最判昭和32年7月19日民集11巻7号1297頁は，第三債務者による相殺を認めるにあたって，改正前第511条は，第三債務者の有する相殺の期待あるいは利益を差押えにより奪うべきではないという趣旨だとした。

　改正前第511条を第三債務者の有する相殺の期待を奪うべきではないという趣旨の規定としてとらえた場合には，第三債務者による相殺が認められるためには，差押え時に自働債権の弁済期が到来しているという要件は不要なはずである。しかし，同判決は，差押え時において自働債権の弁済期が到来していた事案だったために，自働債権の弁済期が差押え時に到来している場合についてだけ，相殺の期待が保護されるように判示した（図23）。

　そこで，次に問題となるのは，両債権とも，差押え時には，弁済期が到来していない場合に，第三債務者による相殺が認められるかである。

　最大判昭和39年12月23日民集18巻10号2217頁は，差押え時に，自働債権，受働債権ともに弁済期未到来の場合には，自働債権の弁済期が受働債権の弁済期よりも先に到来する場合に限り，第三債務者である自働債権の債権者は，相殺を差押債権者に対抗できると判示した（図24）。

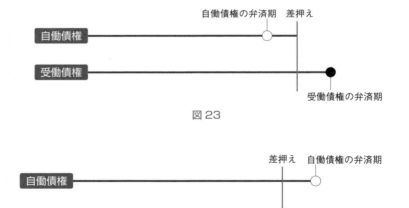

図23

図24

　というのは，自働債権の債権者としては，自働債権の弁済期が先に到来する場合，たとえ，相手方が弁済期に支払わなくても，受働債権の弁済期が到来するのを待って，そこで相殺すればよいと考える。そして，自働債権の債権者の

このような期待は保護すべきである。これに対して，受働債権の弁済期が先に到来する場合には，受働債権の弁済をずるずると引き延ばして，自働債権の弁済期の到来するのを待って相殺するのは正当な行為ではない。自働債権の債権者である第三債務者が，自働債権の弁済期まで受働債権の弁済を引き延ばして，相殺するということも実際にはあるかもしれない。しかし，それは正当な行為ではなく，したがって，そのような期待は保護すべきではない，と。

しかし，最高裁は，最大判昭和45年6月24日民集24巻6号587頁によって，上記の見解を改めた。

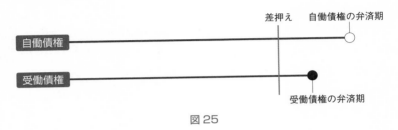

図25

すなわち，相殺制度によって保護される当事者の利益は，できる限り尊重すべきであり，明文の根拠がないのに，簡単に否定すべきではないとして，受働債権の弁済期が自働債権の弁済期よりも先に到来するものであっても，差押え後に取得した債権でない限りは，第三債務者は，当該債権を自働債権とする相殺を差押債権者に対抗できると判示した（図25）。

法定相殺の場合，最高裁昭和39年判決の立場（「制限説」という）にとどめるべきか，あるいは，最高裁昭和45年判決の立場（「無制限説」という）をとるかは，結局のところ，相殺者（第三債務者）の有する相殺の期待と差押債権者の有する利益のどちらを保護すべきかという問題に帰着する。確かに，銀行取引という局面を考えた場合には，貸付債権群と預金債権群が集団として見合っているので，個々の貸付債権と預金債権の弁済期の前後を問題とする制限説ではなく，無制限説の方が妥当なようにも考えられる。しかし，このような状況にない法定相殺一般については，制限説を採用する立場も有力であった。

しかし，最高裁は，昭和45年判決後も，無制限説を維持しており，それを前提とする実務が定着していることから，改正第511条第1項は，無制限説を採用することを明確に規定した。さらに，それに加えて，第2項においては，倒産法とのバランスから，相殺できる範囲を拡大した。

I. 差押え前に取得した債権を自働債権とする相殺

前述したように，改正第511条第1項は，「差押えを受けた債権の第三債務者は，差押え後に取得した債権による相殺をもって差押債権者に対抗することはできないが，差押え前に取得した債権による相殺をもって対抗することができる」と規定し，無制限説に立つことを明確にした。

ただし，無制限説を採用した改正第511条第1項の下においても，受働債権の弁済期が先に到来する場合には，第三債務者は，相手方が自働債権について期限の利益を放棄しない限り，相殺することはできない。したがって，この場合，第三債務者による相殺が保護されるのは，差押債権者が差押えた債権を回収することなく時間が経過し，そうこうするうちに自働債権の弁済期が到来した場合に限られることになる。

なお，差押えと相殺に関して生じた問題は，債権譲渡と相殺に関しても生じるが，それについては，後述する（3.5.4（2））。

II. 差押え後に取得した債権を自働債権とする相殺

（i）原　　則　　改正第511条第1項によれば，第三債務者は，差押え後に取得した債権を自働債権とする相殺をもって，差押債権者に対抗することはできない。差押え時点において，第三債務者と差押債務者の間には，債権・債務の対立がない以上，第三債務者には，保護すべき相殺に対する期待はないということである。

（ii）例　　外　　これに対して，改正第511条第2項は例外を規定している。すなわち，第三債務者が差押え後に取得した債権であっても，「差押え前の原因に基づいて生じたものであるときは」，第三債務者は，この債権を自働債権とする相殺をもって，差押債権者に対抗することができる。

さて，破産法においては，破産手続開始前の原因に基づいて生じた債権は，**破産債権**とされ（破第2条第5項），発生の時期が破産手続開始後であっても，これを自働債権とする相殺が許容されている（破第67条第1項）。たとえば，停止条件付債権の条件成就が破産手続開始後であっても，債権者は，この債権を自働債権とする相殺ができる。このように，包括執行である破産法では，破産手続開始後に生じた債権であっても，「破産手続開始前の原因に基づいて生じた」ものであるならば，それを自働債権とする

相殺ができる。ここで，包括執行である破産手続と個別執行を比べた場合，包括執行の方が，債権者平等の要請がより強い。そうであれば，個別執行においても，包括執行で認められる相殺は認めるべきであるとして，改正第511条第2項が規定された。

改正第511条第2項の例として，主たる債務者に頼まれて保証人になった者（このような保証人を「委託を受けた保証人」という。改正第459条参照）による主たる債務者に対する求償債権を自働債権とする相殺がある（保証については，後述6.6参照）。図21に即して説明しよう。今，Cが委託を受けた保証人，BがCに保証人になるように依頼した債務者（主たる債務者）とする。Bが，Cに保証人になるように依頼したのは，差押えの前であるが，Cが保証人として債権者（D）に保証債務を履行したのは，差押え後だった。この場合，Cの求償債権の取得は差押え後であるが，求償債権は，BC間の保証委託契約という差押え前の原因に基づいて生じている。したがって，Cは，この求償債権を自働債権とする相殺を差押債権者であるAに対抗できる。

なお，改正第511条第2項には但書がある。改正第511条第1項の例外の例外である。すなわち，第三債務者が取得した債権が差押え前の原因に基づいて生じたものであっても，差押え後に，第三債務者が他人から取得したものである場合には，第三債務者は，この債権を自働債権とする相殺をもって，差押債権者に対抗することはできない。第三債務者は，差押えの時点で保護されるべき相殺に対する期待をもっていないからである。

❖ **委託を受けない保証人の事後求償権を自働債権とする相殺** ━━━━━━

6.6.1で説明するが，保証契約は，保証人になる者と債権者との間で締結されるものであり，主たる債務者に頼まれなくても保証人になることはできる（改正第462条）。すると，Cが，本文で述べたのとは異なり，委託を受けない保証人だった場合には，Cは，求償債権を自働債権とする相殺をもって差押債権者に対抗できるだろうか。

破産の場面における判例として，最判平成24年5月28日民集66巻7号3123頁がある。同事件において，最高裁は，無委託保証人の事後求償権も，破産手続開始前の原因に基づいて生じた債権（破第2条第5号）に該当すると判示した。しかし，破産手続開始後に取得した他人の破産債権による相殺を禁じている破

産法第72条第1項第1号の類推適用により，無委託保証人による相殺を否定した。

　今後，差押えと相殺の場面においても，この最判平成24年と同じ判断がなされるか否かは，今後の判例を待たなければならない。ただ，相殺ができる自働債権について，「差押え前」あるいは「破産開始手続前」「の原因に基づいて生じた」と同じ文言を用いているからといって，差押えと相殺の場面を破産と相殺の場面と同じに解釈しなければならないという必然性はない。

　というのは，相殺権の範囲を画する破産法第2条第5号と第67条第1項と民法第511条は，その目的が異なるからである。すなわち，我が国における破産手続は，破産手続開始時を基準として，その時点で破産者が有する一切の財産を清算する固定主義を採用している。破産法第2条第5号は，この固定主義に対応する形で，いかなる債権に配当受領権を認めるかという目的で「破産債権」を規定しており，「破産債権」は相殺権の範囲を画する目的で規定されているわけではない。これに対して，改正第511条第2項は，まさに，第三債務者が差押債権者に対して相殺を対抗できる範囲を画する目的，第三債務者の保護の範囲を画する目的で規定されている。

　ところで，改正第511条は，第1項，第2項を合わせて読むと，結局のところ，自働債権が差押え前の原因に基づいて生じたものであるときは，第三債務者が差押え後に第三者から取得した債権でない限り，相殺できるということになる。その意味では，改正第511条のように二項に分けて書く必要はない。それにもかかわらず，二項に分けて書かれているのは，改正前の制限説・無制限説の対立にピリオドを打つことを宣明するために，あえて，第1項を別建てで書いたのか，あるいは，第1項が，差押えに対抗できる相殺について，その原則を規定しているのに対して，第2項は，第三債務者の相殺の期待を特に保護すべき例外的場合を規定したものなのか，どちらであるかは，今後の議論を待ちたい。なお，後者の立場に立った場合は，第三債務者が自分には保護されるべき相殺に対する合理的期待があることを立証して，はじめて，差押え後に取得した自働債権は「差押え前の原因に基づいて生じたもの」になろう。

(2)　相殺予約の場合

　銀行実務では，銀行と貸付債権の債務者である取引先の間で「自働債権についての期限の利益喪失約款」を含む相殺予約をしている。すなわち，債務者が信用不安を露呈するにいたったときは，銀行は，債務者に自働債権について期限の利益を喪失させるとともに，受働債権については期限の利益を放棄し，ただちに相殺をすることができるという約定である。この

ような相殺予約は，契約自由の原則から，当事者間では有効であるが，問題は，その第三者効である。

　さて，相殺予約の効力について，最高裁昭和39年判決は，法定相殺が認められる限度——自働債権の弁済期が受働債権の弁済期と同時か，あるいは，それよりも先に到来する場合——で，その対外効を認めた。すなわち，法定相殺においては，相殺は，両債権の弁済期が到来して相殺適状にいたってはじめて認められるが，相殺予約によって，ただちに相殺することができ，これを差押債権者に対抗できるとした。しかし，法定相殺が許されない場合に相殺予約の効力を認めることは，「私人間の特約のみによって差押えの効力を排除するものであって，契約自由の原則をもっても許されないといわねばならない」と判示した。したがって，**最高裁昭和39年判決**によれば，相殺予約の存在によって，第三債務者が相殺を差押債権者に対抗できる範囲が拡大したわけではない。

　これに対して，**最高裁昭和45年判決**は，相殺予約の効力を全面的に認めた。同判決は，法定相殺について無制限説に立っているが，前述したように，同説に立ったとしても，第三債務者としては，受働債権の弁済期が到来したら，受働債権の支払いを拒むわけにはいかないので，相殺ができる場面は限定されている。これに対して，相殺予約の効力が認められると，第三債務者は自働債権の本来の弁済期を待たずにただちに相殺できるようになるので，同判決によって，第三債務者による相殺の範囲が拡大したことになる。

　銀行取引においては，特約の存在は公知の事実であり，銀行取引に関わる者であれば，ほとんどの第三者は常に悪意または重過失であるといえるので，特約を対抗されてもよい。

## 3.4　更改・免除・混同

### 3.4.1　更　　改

　更改とは，債務の要素を変更することによって，一つの債務を消滅させ

て，代わりに別の債務を成立させる契約である（改正前第513条）。「債務の要素」という文言からは，その具体的な内容を読み取ることができないので，改正第513条は，「債務の要素」の変更とは，①給付の内容についての重要な変更（同条第1号），②債務者の交替（同条第2号），③債権者の交替（同条第3号）であることを明確にした。

　たとえば，①は，AのBに対する1億円の金銭債権を一定の型の自動車1台の給付を目的とする債権に切り替える，あるいは，1億円の商品売買代金債権を消費貸借債権に切り替えることである。なお，後に挙げた例において，現実に金銭の授受がなくても消費貸借の要物性には反しないことを示すために，民法は第588条をおいている。②は，AのBに対する1億円の債権をAのCに対する1億円の債権に切り替える，③は，AのBに対する1億円の債権をDのBに対する1億円の債権に切り替えることである。

　債務者の交替による更改（②）について，改正前第514条は，債権者と更改後に債務者となる者との契約によってすることができるが，更改前の債務者の意思に反してはできないとしていた。しかし，同様な機能を営む**免責的債務引受**は，債権者と新たに債務者となる引受人の合意だけでできる（改正第472条第2項）。そこで，免責的債務引受と平仄（ひょうそく）を合わせるべく，債務者の交替による更改も，更改前の債務者の意思に反してもできると規定した（改正第514条第1項前段）。更改の効力は，債権者が更改前の債務者に更改契約をした旨を通知した時に生ずる（同条同項後段）。なお，債務者の交替による更改後の債務者は，更改の効果としては，更改前の債務者に対して求償権を取得しない（同条第2項）。

　さて，更改においてもっとも重要なのは，前の債務と後の債務は同一性がないということである。したがって，更改によって成立した債務には，旧債務の担保は伴って行かないので，先に挙げた例に即して説明すると，債務者交替による更改にあっては，BがAに提供した抵当権は消滅し，Aの債権は無担保となる。また，債権者交替による更改にあっても，Bの提供していた担保は随伴せずに消滅し，Dは無担保債権を取得する。しかし，これらの場合に担保が移転しないのは，多くの当事者の意思に反する。そ

こで，民法は，債権者の単独の意思表示によって担保を移転できる旨の規定をおいている（改正第518条）。

　なお，改正前は，担保の移転には，更改の当事者の合意を必要としていた（改正前第518条）。しかし，債務者は担保の帰趨については無関係なので，改正法では，担保の移転は，債権者の単独の意思表示によってできると規定した（改正第518条第1項本文）。ただし，更改の当事者以外の第三者が担保権を設定していた場合には，改正前と同様，その承諾を得なければならない（同項但書）。たとえば，AはBに対して一億円の金銭債権を有しており，Bは，Aのために，この債権を被担保債権とする抵当権を自分の甲不動産に設定していた。今，Aと更改後に債務者となるCとの契約によって債務者の交替による更改が行われた。この場合，債権者Aの意思表示により，この抵当権は，更改後の債務に移転する。しかし，この抵当権は，第三者——更改の当事者であるAとC以外のB——が設定したものなので，移転には，Bの承諾が必要である。

　しかし，債務者交替による更改で債務者がBからCに代わり，担保も一緒に付いていくというのなら，債務引受の方が簡単である。同様に，債権者交替による更改で債権者がAからDに代わり，担保も一緒に付いていくというのなら，債権譲渡の方が簡単である。

　以上，述べたところからわかるように，更改という制度は，債権譲渡や債務引受という制度が認められていなかった時代に，これらの制度の代わりとして機能した制度である。すなわち，当事者は債務の要素だから，これらが変更すれば債務の同一性が失われるという観念の下では，債権譲渡，債務引受は認められず，ために，債権の当事者の変更は更改制度によって行われた。しかし，債権譲渡，さらに進んで，債務引受が認められるようになってからは，更改制度は，その機能を失って，あまり利用されなくなった。しかし，このように，役割を終えたとされた更改であるが，近年は，企業再編などの場面で，再び，利用されるようになっている。

### 3.4.2　免　　除

　日本民法は，債務の免除を単独行為としたために，債務者が債権者から

恩を受けるのはいさぎよしとしないとして免除を拒んでも，債権者の方で免除する旨の意思を表示し，それが債務者に到達すれば免除の効力を生じる（第519条）。この点，既に述べたように，弁済をするについて正当な利益を有する者でない第三者が債務者の意思に反して弁済できない旨規定する改正第474条第2項と平仄が合わない（3.1.6（2）参照）。

### 3.4.3 混　　同

　債権と債務が同一人に帰したときは債権は消滅する。たとえば，A会社はB会社に対して1億円の債権を有していたが，A会社とB会社が合併して一つになった場合には，1億円の債権は混同によって消滅する。しかし，たとえば，A会社がこの債権をC会社に質入していた場合のように，混同によって消滅するはずの債権が第三者の権利の目的となっているときには，債権は消滅しない（第520条但書）。C会社が債権に対する質権を失っては困るからである。物権の混同の規定（第179条）と同様の趣旨である。

　債権が混同によって消滅すること自体には問題はない。問題は，混同しても消滅しない例外の場合である。前述したように，民法は，混同した債権が他人の権利の目的となっている場合を例外と定めているが（第520条但書），例外は，その場合に限られるものではない。

　たとえば，賃借人が賃貸人から賃借不動産の譲渡を受けた場合に，その所有権移転登記前に当該不動産の譲渡を受け，所有権移転登記を経由した第三者が登場したときは，いったん混同によって消滅した賃借権は，同人に対する関係では消滅しなかったものと解される。というのは，混同による賃借権の消滅を貫くと，賃借人は，第三者からの明渡し請求に対して，所有権はもちろん賃借権を主張することもできなくなるからである（最判昭和40年12月21日民集19巻9号2221頁）。

　また，証券に化体した債権も混同の例外となる。たとえば，BがAに対して1億円の支払いをする旨の約束手形を振り出して交付し，後に，Aから，その手形の裏書交付を受けると，Bは自分に対して手形債権をもつことになるが，この手形債権は混同によって消滅することはない。したが

って，Bは，さらに，それをCに裏書交付できる（手形法第11条第3項，小切手法第14条第3項）。

## 3.5 債権譲渡

### 3.5.1 意義と機能

**債権譲渡**とは，債権の同一性を保ちながら，契約をはじめとする法律行為によって，債権を移転させることである。債権譲渡は，以下に述べるように，さまざまな機能を有するが，もっとも基本的な機能は，固定した資金の流動化にある。

たとえば，Aは，Bに弁済期を一年後として1億円貸し付けてから半年経ったところで，急にお金が必要になる事態に陥った。しかし，手元にお金はないし，また，Bに対して1億円の債権をもっているとはいっても，弁済期は未だ到来していないので，Bから取り立てるわけにはいかない。この場合，Cが，この債権をAから買ってくれたら，Aとしては，売買代金が手に入る。もちろん，Cは，弁済期までの長さ，債務者であるBの資力等を考慮して，額面額1億円からいくらか割り引いた金額，たとえば，9,000万円でしか買ってくれないだろうが，Aとしては，Bに投下して，一年間，固定した資金を流動化できる。

民法は，改正第466条において，債権譲渡が可能であるとの原則を宣言しており，現在，債権譲渡が可能であることは自明のこととして受け取られている。しかし，歴史的に見ると，これは自明のことではなかった。

たとえば，かつて，ローマ法の下では，債権は債権者と債務者を結び付ける法律的な鎖——法鎖——と考えられていた。A・B間の債権はA・Bをしっかりと結び付けた鎖であり，したがって，その一方が変じると，債権は同一性を失ってしまうので，債権譲渡はできない，と。しかし，ローマの社会でも，取引が盛んになるにつれて，債権譲渡への需要がでてくる。そこで，ローマでは既存の制度を利用して債権譲渡の実をあげようとした。

その一つは，債務の要素の一つである債権者を変更することによって，

もとの債権を消滅させ，新たな債権を成立させる**債権者交替**による**更改**である。しかし，更改では，旧債権と新債権の間に同一性がないため，旧債権について設定されていた担保権は新債権に移転せず，はなはだ不便である。なお，日本民法は改正第518条において，この点についての手当てをしている。しかし，これは，3.4.1で述べたように，更改が債権譲渡の代用品として作用していた時代に，困るところを立法で修正した前世紀の遺物である。

　もう一つは，**代理**を用いることである。すなわち，AがBに対する債権をもっている場合に，AはCを自らの代理人に任命して，Bへの債権を取り立ててもらうとともに，A・C間で，Cは，その取り立てたものをAに返還する義務はないという特約を結んでおく（**代理人の利益のための代理**）。これによって，AからCに債権を譲渡したのと同じ実を挙げ得る。しかし，この場合，たとえば，Cが取り立てる前に，Aが死亡した場合には，Cの代理権は消滅してしまうという難点があった。

　このように，債権者交替による更改にせよ，代理人の利益のための代理にせよ，代用品は，しょせん，代用品にしかすぎない。また，代用品を認めるなら，いっそ「本物」を有効な制度として認めてよかろうということで債権譲渡が認められるようになった。ここで，債権譲渡が認められるとは，債権が独立の財産として認められるにいたったことを意味する。

　さて，前述した固定した資金の流動化の他にも，債権譲渡は機能を有する。まず，債権回収機能を挙げることができる。

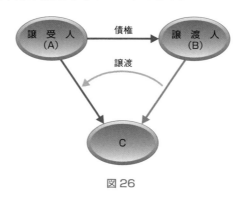

図26

たとえば，AはBに対する債権を回収したい。Bは現金はもっていないが，資力に不安のないCに対する債権をもっている。この場合，Aは，BのCに対する債権を代物弁済として譲り受けることによって，Bに対する債権の回収を図ることができる（図26）。

　次に，担保機能がある。

　たとえば，Bは，Cに対する債権を担保のためにAに譲渡して，Aから融資を受けるという場合である。このような担保手法は債権譲渡担保とよばれ，BがAに対して返済できないと，BのCに対する債権は最終的にAに帰属し，Aは，Cから取り立てた金銭を，Bに対する債権の弁済に充当する。なお，債権譲渡担保の詳細については担保物権法に譲る。

　ところで，最近，債権譲渡は，新しい資金調達手段として脚光を浴びるようになった。これは，積極的に多額の資金を調達するための手段として債権譲渡を用いるものである。たとえば，一般に証券化とよばれる資金調達手段にあっては，クレジット・カード債権やリース債権に代表されるような小口・大量の債権を，一括して，特別目的会社（Special Purpose Company）とよばれる会社に譲渡し，特別目的会社が譲渡を受けた債権を引き当てとして発行する証券を投資家に販売して，必要な資金を調達しようというものである。なお，証券化にあっては，債権の譲渡人の倒産によって，特別目的会社への債権譲渡が影響を受けてはいけないので，特別目的会社への債権譲渡は第三者に対抗できるものでなければならない。しかし，民法の定める債権譲渡の対抗要件は，このような小口・大量の債権譲渡を念頭においていないために，民法の定める債権譲渡の対抗要件で対応するには限界があった。そこで，現在においては，債権譲渡について簡略化された対抗要件制度が準備されている。これについては3.5.6で説明する。

### 3.5.2　債権譲渡の客体

　改正前においては，債権譲渡の客体である「債権」にもいろいろあった。すなわち，民法は，債権者が特定している債権である指名債権（改正前第467条，改正前第468条）の他に，証券上に記載されている特定の者またはそれが指定する者が債権者となる指図債権（改正前第469条），証券上に記

載されている特定の者または証券の正当な所持人が債権者となる記名式所持人払債権（改正前第471条），証券の正当な所持人が債権者となる無記名債権（改正前第473条）について規定していた。このうち，指図債権，記名式所持人払債権，無記名債権は証券的債権とよばれた。

　証券的債権とは，債権と証券とを結合したものであって，債権の行使・譲渡に証券を必要とする債権である。証券的債権にあっては，流通を前提としているので，流通の安全性と権利行使の確実性について強い配慮が求められる。そこで，民法は，証券的債権に対して，指名債権よりも強い流通の保護を与えたが，それは，商法および特別法上の有価証券よりも弱いものであった。すなわち，証券的債権に対する流通の保護は，指名債権と商法および特別法上の有価証券との中間に位置するものであった。しかし，現実には，民法が規定する証券的債権が利用される例はほとんどなく，もっぱら，有価証券が用いられている。したがって，改正前第469条以下の規定は，実際上，あまり大きな意味を有していなかった。そこで，改正法は，改正前第469条以下の証券的債権の規定を削除し，民法第3編債権編に第7節を新設し，「有価証券」の表題の下，有価証券に関する規定をおいた（改正第520条の2から第520条の20）。この中には，有価証券の譲渡に関する規定も含まれているが，これらの規定については，手形法・小切手法とともに学んでほしい。

　このように改正民法においては，指図債権，記名式所持人払債権，無記名債権は，有価証券である指図証券（改正第520条の2〜改正第520条の12），記名式所持人払証券（改正第520条の13〜改正第520条の520条の18），無記名証券（改正第520条の20）に置き換わった。その結果，改正前民法で規定されていた債権の種類のうちで残ったのは指名債権だけになった。そこで，改正法においては，債権の種類を区別する理由はなくなったので，「指名債権」は「債権」に改められた。

　なお，記名式所持人払証券（改正第520条の13）に似て非なるものにホテルのクロークの荷物預り証や居酒屋の下足札のような免責証券がある。記名式所持人払証券は，債権者を当初Aという特定の人と決めるけれども，債権者をAに限定せずに，転々流通することを前提として作られる証券

である。これに対して，**免責証券**は，債務者は証券の所持人に弁済すれば免責される点は記名式所持人払証券に似てはいる。しかし，免責証券は，流通を前提とはしておらず，単に，債権の行使を容易にするためだけのものにすぎず，債権者は，他の方法で自分が債権者であることを証明できれば，証券がなくても債権を行使できる。

### 3.5.3　債権の譲渡性とその制限

債権は，一般に譲渡性を有する（改正第466条第1項本文）が，債権者が特定しており，流通性を前提としていないので，さまざまな制限がある。民法は，①債権の性質が譲渡を許さない場合（改正第466条第1項但書），②債権の性質からいえば譲渡ができるものであっても，当事者が反対の意思表示——譲渡禁止または譲渡制限の意思表示——をしている場合（第466条第2項本文）という2つの例外を定めているが，その他に3つめの制限がありうる。すなわち，個別的に法律が譲渡を禁じている場合である。

#### （1）　債権の性質による譲渡制限

債権は，債務者が債権者に対してある給付をなすことをその内容とする。そこで，債権者が変わることで，給付内容の同一性が維持されない債権は，譲渡できない。というのは，債権譲渡とは，債権の同一性を失わないで移転することである以上，債権譲渡が可能であるためには，譲渡後にあっても，給付内容の同一性が維持されていなければならないからである。

債権の性質によって譲渡できない債権は行為債務に多く，その典型例は，画家がある人の肖像画を描くとか，ある子の家庭教師をする債務である。これに対して，一応譲渡は禁止されるが，債務者の同意があれば譲渡ができるという債権もある。たとえば，賃借権は，債権者（賃借人）が変わると多少は給付内容も変わるが，債務者（賃貸人）の同意があれば，同一性を保ったままで移転する（第612条第1項）。ただ，同じく，賃借権であっても，不動産賃借権は，特別法（現在では，借地借家法）の制定によって，地上権のような物権に近づいてきていることから，譲渡性を認めるべきであるという主張が強い。しかし，その場合であっても，借地と借家を同列

に論じることはできない，あるいは，同じく借家であっても，住宅の賃貸借と事務所の賃貸借では，同列に論じることはできないという主張がある。

また，使用者の労働者に対する「働け！」という債権も，同様に，労働者（債務者）の承諾があれば，同一性を保ったままで移転する（第625条第1項）。しかし，この規定は，たとえば，お手伝いさんのように，使用者と労働者の間に個別的，個人的な関係がある場合には，きわめて適切なものであるが，ある工場に雇われている数千人の労働者を念頭においた場合には，果たして適切かどうか疑問である。このような場合には，使用者たる会社の債権の譲渡性は非常に大きくなり，原則として，労働者の承諾がなくても，債権は譲渡されると考えるべきである。すなわち，これは，集団的な組織の中にある債権は，給付内容が画一的なものとなり，個別的な差異がなくなってくるので，債権者が変わっても，その給付内容の同一性は損なわれることはないからである。このように経済活動の変化につれて，債権の性質による譲渡制限も変化を受けるというべきである。

(2)　法律の規定による譲渡制限

法律によって，譲渡が禁止されている債権がある。たとえば，扶養請求権（第881条），恩給請求権（恩給法第11条第1項），労災補償請求権（労働基準法第83条第2項，国家公務員災害補償法第7条第2項）などは，法律によって譲渡が禁止されている。これらは，債権者の生活保障を目的とするものなので，債権者に支払われるべきものだからである。

(3)　債権譲渡制限特約

I．改正の経緯

改正前第466条第2項は，本文において**債権譲渡禁止特約**（以下「譲渡禁止特約」という）の効力を認めるとともに，但書で，譲渡禁止特約は「善意の第三者に対抗することができない」と定めていた。譲渡禁止特約の効力について，通説・判例は，物権的効力説に立ち，特約に違反した譲渡は無効であると解していた。

旧民法においては，債権譲渡は自由であるとされ，特約については何ら

ふれられていなかった（旧民法財産編第333条第5項，第347条第1項）。しかし，改正前民法においては，債権者の交替による過酷な取立てから債務者を保護するために，譲渡禁止特約の有効性が認められた。このように，譲渡禁止特約は債務者の保護を目的とするものではあるが，立場の弱い債務者が譲渡禁止特約をつけてくれと求めたところで，債権者が応じるはずはない。現実にも，特約は，銀行預金債権や国・地方公共団体に対する請負代金債権に見られるように，強い債務者に利用されている。

債権について譲渡禁止特約が付けられる理由としては，①債権者確認手続が煩瑣であること，②過誤払いの防止，③債務者による相殺の利益の確保が挙げられる。このうち，③は，今回の改正では，明文をもって無制限説を採用しているので，債権譲渡を禁止しなくても守れるものであるし（3.3.4参照），②についても，譲渡を禁止しなければ実現できないものではない。確かに，①については，たとえば，預金債権の場合には，大量の預金を扱う金融機関にとっては，事務処理上の煩雑さは経営上無視できないだろう。しかし，現代の要請——債権の財産化の推進——の前に，改正法は，①〜③について，それぞれ対策を講じた上で，譲渡禁止特約の効力を制限した。その結果，改正により譲渡禁止特約を規定した改正前第466条第2項は，大きく変わるとともに，改正後第466条第3項，第4項，改正第466条の2から改正第466条の6までの条文が新設された。

II．譲渡制限特約の効力

改正法第466条第2項は，「当事者が債権の譲渡を禁止し，又は制限する意思表示（以下「譲渡制限の意思表示」という）をしたときであっても，債権の譲渡は，その効力を妨げられない」と規定している。すなわち，改正後は，**譲渡制限特約**に反する譲渡も有効で，譲受人は，債権を譲り受けることができるようになった。では，譲渡制限特約は，無効かというと，無効ではなく，以下に述べる効力を有する。

(i)　**特約を対抗できる譲受人その他の第三者**　　まず，譲渡制限特約は，すべての譲受人その他の第三者（以下「譲受人」という）に対抗できるかというと，譲渡禁止特約と同様，そうではない。

改正前第466条第2項但書は，条文上は特約を対抗できない譲受人につ

いて「善意」を要求するだけであったが，「善意」だけでは足りず，無過失も要求すべきかをめぐって議論があった。この問題をどのように考えるかは，結局のところ，債権譲渡の自由をどのように考えるかに帰着する。すなわち，債権の財産性を推進すべく債権譲渡の自由の原則性を強調する立場に立てば，特約の効力は，なるべく制限すべきことになるので，譲受人は「善意」であれば足りると解することになる。逆に，債権は，譲渡性も含めて，当事者の意思によって，その内容が定まるものであるという点を強調すれば，特約の効力を広く認めるために，譲受人に「善意・無過失」を要求すべきことになる。

この点，銀行預金に付けられた譲渡禁止特約の効力が争われた最判昭和48年7月19日民集27巻7号823頁は，重大な過失は悪意と同視すべきであるから，譲渡禁止特約の存在を知らずに譲り受けた場合でも，知らないことにつき譲受人に重大な過失があるときは，譲受人は，当該債権を取得することはできないとして，特約を対抗されない譲受人に「善意無重過失」を要求した。

そこで，改正第466条第2項は，譲渡制限特約は，悪意あるいは善意重過失（以下，「悪意あるいは善意重過失」は「悪意」に代表させる）の譲受人には対抗できると定めた。逆に言うと，特約について善意無重過失の譲受人に対しては，債務者は，特約を対抗することはできない。

(ii)　特約を対抗できるとは？　　(i)で説明したように，譲渡制限特約付きの債権が譲渡されても，譲渡は有効なので，譲受人は，特約について悪意でも，当該債権を取得する。しかし，改正第466条第3項によれば，債務者は，特約について，悪意の譲受人に対しては，「その債務の履行を拒むことができ，かつ，譲渡人に対する弁済その他の債務を消滅させる事由をもって」対抗することができる。図27に即すと，Cが特約について悪意であれば，Bは，Cの請求を拒むことができ，Aに弁済できる。Bが，Aに弁済した場合には，その弁済をCに対抗することができるので，債権は消滅する。AがBから弁済を受けた債権の目的物は，本来は，Cが取得すべきものであるので，後は，AとCの間で決済されることになる。このように，改正法における譲渡制限特約は，弁済の相手方を譲渡人であ

る当初の債権者に固定する役割を果たしている。

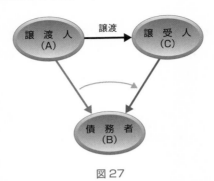

図27

　弁済期が到来して，債務者が，譲渡人に弁済してくれれば，前述したように，債務者は，「一抜けた！後は，AとCでよろしく！」ということになる。しかし，いつもいつも，このようにスムーズに事が運ぶとは限らない。弁済期が到来しても，債務者が弁済してくれない。そんな場合は，どうなるだろうか。

　譲渡制限特約は，譲渡の効力を妨げないので，譲渡人は，もはや，債権者ではない。また，債務者は，特約を対抗できる譲受人に対しては，「弁済しない！」と言える。ということは，譲渡人も，譲受人も，債務者に請求することはできないというデッドロック状態になってしまうということである。そこで，このような状態を回避するために，改正第466条第4項は，そのような場合には，譲渡制限特約を対抗される譲受人が「相当の期間を定めて譲渡人への履行の催告をし，その期間内に履行がないときは，その債務者については」同条第3項の規定は適用しないと規定した。わかりやすいのか，わかりにくいのか，よくわからない条文だが，要に，Cが，相当の期間を定めて，Bに対してAへの履行を催告しても，その期間内にBが履行しない場合は，Bは，もはや，譲渡制限特約をCに対抗できなくなるので，Cは，譲受人として，Bに請求でき，Bは，もはや，Cへの履行を拒めなくなるというわけである。

　(iii)　**債務者の供託権**　　改正前，譲渡禁止特約は物権的効力があった。そこで，債務者は，譲受人の善意・悪意が不明の場合，譲渡人，譲受人の

どちらが債権者なのかわからない。そこで，債務者は，債権者不確知を理由として，供託することができた（改正前第494条後段）。

　しかし，改正法の下では，譲渡制限特約付きの債権が譲渡されても，譲渡の効力は妨げられない。譲受人は善意でも悪意でも債権者となり，債権者不確知という状況は生じないので，債務者は，債権者不確知を理由とする供託はできない。また，債務者は，悪意の譲受人に対しては，弁済を拒めるが，逆に，同人への弁済は有効である。したがって，債務者は，譲受人が善意なのか悪意なのか不明なら，譲受人に弁済してしまえばよく，債務者に供託権を認める必要はないと言えそうでもある。しかし，特約により弁済の相手方を固定する効果を認めた以上，譲渡人への弁済が有効か否か迷った債務者に譲受人への弁済を強いる結果となるのでは，特約の効力は半減してしまう。そこで，改正第466条の2第1項は，譲渡制限特約付きの金銭債権が譲渡されたときは，債務者は，常に，供託できるとの規定をおいた。この場合，債権者は譲受人なので，還付請求できるのは，譲受人だけである（同条第4項）。

❖ 特約と転付命令

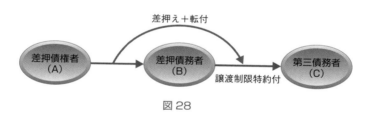

図28

　BのCに対する債権に譲渡制限特約が付されていた場合，この債権について転付命令（3.1.8（2））を得たAは，有効に債権を取得できるかという問題がある。

　この問題について，かつて，大判大正14年4月30日民集4巻209頁は，改正前第466条第2項の問題として処理した。すなわち，転付命令は裁判所の命令ではあるが，それによって，転付命令の対象となったBのCに対する債権はBからAに移転するので，一種の譲渡である。したがって，この債権に譲渡禁止特約が付されているなら，改正前第466条第2項の準用により，Aが転付命令を取得したときに，特約について悪意なら，債権を取得することはできない，と（図28）。

しかし，これに対して，学説は，以下の理由から反対した。すなわち，一つは，裁判所の命令による債権の移転である転付命令が，私人である差押債権者の善意・悪意によって，効力を左右されるのは不当だということである。もう一つは，譲渡禁止特約付債権の差押えについて改正前第466条第2項の準用を認めると，私人間の契約によって差押免脱財産を作ることを認めることになり，債権者を害することはなはだしいというものである。そこで，最判昭和45年4月10日民集24巻4号240頁は，転付命令については改正前第466条第2項の準用はないと判示した。改正第466条の4第1項は，この最高裁判決にしたがい，強制執行については，改正第466条第3項の適用はないと規定している。

改正第466条の4第1項の規定は，譲渡制限特約付き債権の債権者（B）の債権者（A）が，特約付き債権を差押え，転付命令に進んだ場合についてである。これに対して，特約付き債権の譲受人（A）の債権者（D）が当該債権を差押え，転付命令に進んだ場合（図29）には，事情が異なる。というのは，差押債権者（D）の地位は，差押債務者である譲受人（A）に由来する。そうであれば，債務者（C）が，譲受人（A）に対して弁済を拒める場合には，譲受人（A）の差押債権者（D）に対しても拒めるはずだからである。改正第466条の4第2項は，そのことを規定している。

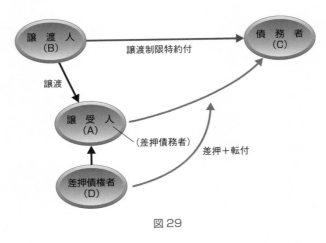

図29

---

(iv) **譲受人の保護**　(ii) で述べたように，債務者が，譲受人に対して特約を対抗できるときは，譲渡人に弁済し，譲渡人は，債務者から弁済として受領したものを譲受人に渡す。しかし，譲渡人の財務状況が悪化する

と，たとえば，譲渡人は，債務者から受領した金銭を他の債権者への弁済に回すなど，このサイクルが回らなくなることがある。そこで，そのような事態に陥った譲受人を保護するために，改正第466条の3が規定された。改正第466条の3は，譲渡人について破産手続開始の決定があったときは，譲受人は，「債務者にその債権の全額に相当する金銭を債務の履行地の供託所に供託させることができる」と規定している。この場合，譲受人だけが還付請求できる（同条による改正第466条の2第3項の準用）。改正第466条の3は，供託請求ができる債権者を，債権全額の譲受人に限定している。これは，債権が分割されて複数の者に譲渡された場合に，供託請求を認めると，債務者の負担過重になることを考慮したものである。

❖ なぜ，破産手続開始決定だけなのか？

　倒産手続には，清算型の破産手続だけではなく，再生型の民事再生手続，会社更生手続がある。なぜ，再生型の倒産手続では，債務者の供託義務が認められなかったのだろうか。譲渡人に倒産手続が開始すると，以後，譲渡人ではなく，譲渡人の倒産管財人が債権を回収することになる。本文で述べたことからわかるように，譲受人は，譲渡人が回収した金銭について，不当利得返還請求権を取得する。詳細は倒産法に譲るが，倒産手続開始後に生じた不当利得返還請求権は，破産の場合は財団債権（破第148条第1項第5号），民事再生，会社更生の場合は共益債権（民再第119条6号，会更第127条第6号）として，他の債権に優先して弁済を受ける。しかし，共益債権に比して，財団債権は全額の弁済を受けられるとは限らないので，破産の場合に限り，債務者の供託義務を認めたと説明されている。しかし，民事再生，会社更生の場合は，共益債権は，必ず100パーセント弁済を受けられるのだろうか。

　(v)　預貯金債権の特則　　譲渡制限特約があっても，債権譲渡の効力は妨げられないが，改正法には，大きな例外がある。改正第466条の5第1項は，譲渡制限特約付の預貯金債権が譲渡された場合，債務者は，悪意の譲受人に対して，特約を対抗することができると規定する。すなわち，改正前と同様，譲渡制限特約付の預貯金債権が譲渡された場合には，譲受人が悪意である場合には，譲渡の効力自体が生じない。

　預貯金債権に特則が設けられた理由は，以下の通りである。すなわち，譲渡制限特約の効力を変更すると，改正前の制度を前提に組み立てられて

いる金融機関のシステム変更のために膨大なコストが発生すること，特に，入金，出金が繰り返され，債権額が変動する普通預金の場合，特約により譲渡の効力は妨げられないとすると法律関係が複雑化するために，円滑な払戻業務に支障が生じかねないこと，預貯金債権は直ちに資金化できるので，資金調達のために譲渡する必要性は乏しいことなどである。

### 3.5.4　債権譲渡と債務者

#### (1)　債権譲渡の対抗要件—— 2 つの対抗要件

　債権譲渡は，債務者の意思とは無関係に行われ，それによって，債権は，譲渡人から譲受人に移転する。しかし，それでは，債務者としては，債権者が誰か確知することができず，二重払いを強いられる危険がある。そこで，民法は改正前後を通じて，第 467 条第 1 項をもって，債務者に対する対抗要件として通知・承諾を定めている。

　ところで，同条同項を見ればわかるように，通知・承諾は，債務者以外の第三者（以下「第三者」という）に対する対抗要件でもある。しかし，同じく債権譲渡の対抗要件であっても，債務者に対する対抗要件と第三者に対する対抗要件では，その意味が異なる。すなわち，債務者に対する対抗要件は，通常の物の譲渡における対抗要件とは異なり，譲受人が債務者に対して債権譲渡の事実を主張して権利を行使するための要件である。これに対して，第三者に対する対抗要件は，通常の物の譲渡における対抗要件と同じく，譲渡された債権の帰属を決する意味を有する。

#### (2)　債務者に対する対抗要件

　I.　通知・承諾

　(i)　要　　件　　債務者に対する対抗要件には，通知と承諾があるが，第三者に対する対抗要件とは異なり，確定日付ある証書による必要はない（後述 3.5.5 参照）（図 30）。

　通知にあっては，通知をするのは譲渡人 A である。A が通知をしてくれないからといって，譲受人 C が通知をしても，債権譲渡の対抗要件としての効力は有しない。債務者である B の身になると，譲渡人 A による通

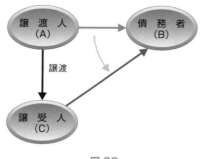

図 30

知は，譲渡したという自分に不利なことの通知であるから信用できるが，
譲受人Cによる通知は，自分に有利なことだから信用できないというわ
けである。ただし，譲受人が譲渡人の代理人として通知することは可能で
ある（最判昭和46年3月25日判時628号44頁）。

　また，債権譲渡の対抗要件としての承諾は，日常生活において「承諾」
という言葉が意味するところとは異なり，債権譲渡の事実を知っているこ
とを表示することであり，観念の通知である。承諾は，債務者から譲渡
人・譲受人どちらになされてもよい。

　（ⅱ）　効　　果　　通知・承諾がない間は，譲受人は自分が債権者であ
ることを債務者に主張することはできないので，債務者は，譲受人からの
請求を拒める。この理は，債務者が譲渡の事実について悪意であっても異
ならない。しかし，逆に，債務者の側から譲渡の事実を認めて，譲受人の
請求に応じることは差し支えない。前述したように，債務者に対する対抗
要件は，債務者保護のためであり，それがなくても，譲受人への債権の帰
属自体が否定されることはないからである。

　（ⅲ）　抗弁の対抗　　改正第468条第1項は，対抗要件が具備されても，
「債務者は，対抗要件具備時までに譲渡人に対して生じた事由をもって譲
受人に対抗することができる」と規定する。「対抗要件具備時」については，
改正第466条の6第3項において，改正第467条の規定による譲渡人の通
知または債務者の承諾の時と定義されている。すなわち，債務者は，債権
譲渡の対抗要件である通知・承諾が具備されても，それまでに譲渡人に対

して法律的に主張できたことは，譲受人に対しても主張できるということである。このことは，債務者は，自己のあずかり知らないところで行われた債権譲渡によって，法律上の不利益を受けることはないことを意味している。

　なお，この理を，改正前第468条第2項は「譲渡人が譲渡の通知をしたにとどまるときは，債務者は，その通知を受けるまでに譲渡人に対して生じた事由をもって譲受人に対抗することができる」と規定していた。改正前は，債権譲渡の対抗要件である承諾には，異議をとどめない承諾（改正前第468条第1項）と異議をとどめた承諾があった。異議をとどめた承諾の場合には，通知と同じく，債務者は譲受人に対して抗弁を対抗できるが，異議をとどめない承諾の場合は，抗弁は切断された。改正法では，異議をとどめない承諾が廃止されたので，それに伴い，改正前第468条第2項は，改正第468条第1項のように文言が改められた。

　ところで，3.5.3.(3)で説明したように，譲渡制限特約は，改正前とは異なり，譲渡の効力は妨げないが，弁済先を固定する効果を与えられた。すなわち，債務者は，譲渡制限特約について悪意あるいは善意重過失の譲受人に対しては，同人が債権譲渡の対抗要件を具備して以後も，弁済を拒み，譲渡人に弁済することができるので，対抗要件具備後に生じた抗弁も対抗することができる。しかし，債務者が特約による弁済先固定の効果を主張できなくなってしまったら，債務者は，それ以降に生じた抗弁を譲受人に対抗することはできない。改正第468条第2項は，そのことを規定している。同条同項は，「前項」とか「同項」が，やたらでてきて，非常に読みにくい条文であるが，頑張って，読み解いてほしい。

　それでは，譲渡人に対して主張することのできた事由には，どのようなものがあるか。譲渡の目的となった債権の不存在や消滅，あるいは，同時履行の抗弁権などのように債権に密接にくっついてその効力を制限する事由が挙げられる。たとえば，図30で，CがAから譲り受けた債権が売買代金債権であり，BはAに対して同時履行の抗弁権を有していたとする。この場合，AがBに対して売買目的物を引き渡してくれない以上，Bは，Cに対しても，同時履行の抗弁権を主張して，弁済を拒絶できる。

なお，改正第468条第1項にいう「対抗要件具備時までに譲渡人に対して生じた事由」にあっては，抗弁事由発生の基礎が対抗要件具備の時点で存在していればよく，抗弁事由自体が発生している必要はない。たとえば，譲渡債権を発生させた契約の解除による債権消滅の抗弁を考えた場合，解除原因（債務不履行）自体は，通知後に生じたものであっても，債務者は，解除をもって譲受人に対抗できると解すべきである。というのは，譲渡債権が双務契約から生じており，将来の債務不履行によって解除が可能であるという事態も，「対抗要件具備時までに譲渡人に対して生じた事由」と解し得るからである。

### ❖ 異議をとどめない承諾の廃止

　本文で述べたように，債務者は，自己の与り知らないところで行われた債権譲渡によって，譲渡前より不利な地位におかれることはない。これが原則である。この理を定めているのが，改正第468条第1項（改正前第468条第2項）であり，この理は，譲受人がこれらの事由は存在していないと信じていても同じである。しかし，このことは，譲受人の地位をきわめて不安定にする。そこで，民法は，異議をとどめない承諾という制度を設けて，この不安定を除いた。すなわち，改正前第468条第1項本文は，債務者が異議をとどめない承諾をした場合には，「譲渡人に対抗することができた事由があっても，これをもって譲受人に対抗することができない」と定めていた。たとえば，債務者（B）は譲渡人（A）に対して100万円の債務を負担していたが，すでに，30万円弁済して債務残額は70万円になっていた。しかし，この場合，Bが，債権譲渡に対して異議をとどめない承諾をすると，Bは，譲受人（C）に対して，そのことを主張することはできず，100万円全額支払わなければならなくなる。

　しかし，有価証券と異なり，債権は転々流通を前提とはしていない。そのような存在に対して，取引の安全のために，債務者を犠牲にしてまで，抗弁切断のために異議をとどめない承諾という制度が必要か否かは疑わしい。さらに，現実には，債務者が「異議をとどめず承諾します」と一札を入れただけで，異議をとどめない承諾の効果が生じるとされていた。そこで，改正法においては，異議をとどめない承諾を廃止した。異議をとどめない承諾を廃止しても，抗弁の放棄はできるのだから，抗弁の切断をする場合には，債務者に抗弁の放棄の意思表示をしてもらえばよい。とはいっても，債務者が「譲渡人に対する一切の抗弁は放棄します」と一札を入れれば，一切の抗弁が切断されるというのでは，元の木阿弥である。

(iv)　相殺の対抗

　債権が譲渡された場合，A・B間に債権の対立があったら，Cは，Bからの相殺を甘受しないといけないかという問題がある（図31）。改正前に

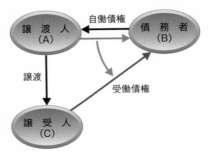

図31

おいては，この問題は，(iii) で説明した改正前第468条第2項の「その通知を受けるまでに譲渡人に対して生じた事由」の解釈に委ねられており，債権譲渡の通知前にA・B間に債権の対立があった場合が議論の対象であった。これに対して，改正法は，相殺の対抗について新たに1か条を設けた。改正第469条であり，同条により，債務者が譲受人に対して相殺を対抗できる範囲は大幅に拡大された。

❖ 改正前の議論

　この問題について，最判昭和50年12月8日民集29巻11号1864頁は，差押えと相殺（3.3.4参照）と同様に無制限説に立ち，受働債権の弁済期が自働債権の弁済期よりも先に到来するものであっても，Bが債権譲渡の通知を受けた時点において，Aとの間に債権・債務の対立があれば，相殺できると判示した。しかし，同判決の事案は，譲受人（C）は，譲渡人（A）の取締役兼従業員という立場にあった者であり，両者は密接な関係を有していたので，事案としては，かなり特殊であったために，同判決をどこまで一般化できるか疑問が投げかけられていた。

　そこで，改正前においては，差押えと相殺について無制限説に立ったとしても，以下の理由から，債権譲渡と相殺については，制限説にとどめるべきだというのが多数説であった。すなわち，債権譲渡という私的取引が入っている場合には，差押えの場合とは異なり，譲受人の取引の安全も考えないといけないこと，債務者は，債権譲渡の場合には，譲渡禁止特約により譲受人の出現を防

止することで，相殺の利益が確保できるのに対して，差押えの場合には，差押債権者の出現を防止する手段はないこと，また，差押えにあっては，差押債権者は第三債務者からの相殺を対抗されても，差押債務者の別の財産にかかっていくことができるのに対して，債権譲渡の場合には，相殺を対抗された譲受人は，そのリスクを全面的に負担しないといけないので，債権の譲受人の方が差押債権者より保護されるべきであることなどである。

　改正法においては，債務者は，対抗要件具備前に，譲渡人との間で債権・債務の対立があった場合だけでなく，2. で述べるように，対抗要件具備後に譲渡人に対して債権を取得した場合にも，相殺を対抗できるようになった。

　1.　**対抗要件具備時より前に取得した債権を自働債権とする相殺（改正第469条第1項）**　差押えと相殺と同様に，債権譲渡と相殺についても，明文をもって無制限説が採用された。したがって，債務者は，対抗要件が具備される前にもっていた債権であれば，受働債権との弁済期の先後を問わず，同債権を自働債権とする相殺を譲受人に対抗することができる。

　2.　**対抗要件具備後に取得した債権を自働債権とする相殺**　改正法は，以下の場合に，債務者が対抗要件具備後に取得した債権を自働債権とする相殺を認めた。ただし，対抗要件具備後に他人から取得した債権による相殺はできない。

　①　**対抗要件具備時より前の原因に基づいて生じた債権（改正第469条第2項第1号）**　改正法は，差押えと相殺の場合（改正第511条第2項）と同様に，債権譲渡と相殺の場合にも，対抗要件具備後に取得したものであっても「対抗要件具備時より前の原因に基づいて生じた債権」であれば，当該債権を自働債権とする相殺を認める。

❖「対抗要件具備時より前の原因に基づいて生じた債権」とは？ ══════
　差押えと相殺の場合と同様に，どのような債権が「対抗要件具備時より前の原因に基づいて生じた債権」に該当するかは解釈に委ねられている。
　たとえば，対抗要件具備前に締結された賃貸借契約に基づいて対抗要件具備後に発生した賃料債権が該当することは異論がなかろう。また，対抗要件具備前に債務者の委託を受けて保証人となった者が対抗要件具備後に保証債務を履行したことにより取得した事後求償権も該当しよう。

では，対抗要件具備後に締結された売買契約に基づく売買代金債権ではあるが，この売買契約は，対抗要件具備前に締結されていた売買基本契約に基づいて締結されたものであった場合は，どうだろうか。この売買契約がどこまで売買基本契約によって拘束されているかによって，売買代金債権が「対抗要件具備時より前の原因に基づいて生じた債権」に該当するか否かは異なってこよう。

---

　②　①の他，譲受人の取得した債権の発生原因である契約に基づいて生じた債権（改正第469条第2項第2号）　　3.5.7で述べるように，改正法は，債権未発生の時に行われた債権譲渡，すなわち，将来債権の譲渡を明文で認めた（改正第466条の6）。すると，債権譲渡時には，未発生なだけではなく，債権発生の原因さえない債権の譲渡を行うことができる。たとえば，Aが，今後，Bと締結する売買契約に基づいて取得する売買代金債権をCに譲渡し，対抗要件具備後に，Bと売買契約を締結した。すると，Cは，この契約に基づいて発生したBに対する売買代金債権を取得するという具合に。このとき，AがBに引き渡した商品に契約不適合があったために，Bが，Aに対して，損害賠償請求権を取得したとしよう（図31）。この場合，BがAに対して取得した損害賠償請求権は，対抗要件具備時より前の原因に基づいて発生したものではないので，改正第469条第2項第1号には該当しないが，譲受人であるCの取得した売買代金債権の発生原因である契約に基づいて発生した債権である。したがって，同条同項第2号により，Bは，この債権を自働債権，CのBに対する売買代金債権を受働債権とする相殺ができる。

　改正第469条第2項第2項は，将来債権が譲渡された場合，譲渡された債権の債務者は，自働債権が対抗要件具備時より後の原因に基づいて生じたものであっても，譲渡された債権の発生原因である契約に基づいて生じたもの——自働債権と受働債権の間に牽連性がある——である場合に，相殺を認めたものである。

　このように，改正法は，改正前の状況とはうってかわって，債権譲渡と相殺の範囲を差押えと相殺よりも拡大した。その理由として，差押えがあった場合は債務者と債権者の間の取引関係は終了するのが通常である。これに対し，債権譲渡，特に，将来債権の譲渡は，企業が平常時において，

債権を引き当てとして，融資を得るために行われるので，債権譲渡があっても，譲渡人と債務者間の取引関係は継続することが想定されている。そこで，取引関係が継続する以上，取引過程で生じる債務者の相殺に対する合理的な期待は保護する必要があるからと説明されている。

　債権譲渡の規定は，企業が有する債権を資金調達のために用いることを推進する目的で改正された。そのためには，債権譲渡が行われても，債務者には，債権譲渡前と同じ保護が与えられるべきであるというわけである。その意味で，改正法は，改正前に比して，債権譲渡については，譲受人の保護（取引の安全）よりも債務者の保護を重視している。しかし，債務者が譲受人に対抗できる事由に関する改正第468条第1項は，改正前と変わらない。これについては，3.5.7で，もう少し考えたい。

## 3.5.5　債権譲渡と第三者

### （1）　第三者に対する対抗要件

　3.5.4（1）で述べたように，債権譲渡の対抗要件中，第三者に対する対抗要件は，物権変動の対抗要件と同じく，譲渡された債権の帰属を決定する基準を意味する。

　それでは，なぜ，通知・承諾が第三者に対する対抗要件とされたのであろうか。日本民法は，物権変動について，公示しなければ，その変動を第三者に対抗できないという対抗要件主義を採用している（第177条，第178条）。そして，不動産については公示方法として登記制度を設け，登記を経ない物権変動は第三者に対抗できないとしている（第177条）。

　さて，日本民法は，債権譲渡についても同じく，対抗要件主義を採用しているが，債権譲渡の公示方法としては債務者を用いることにした。すなわち，債権譲渡の情報を債務者に与えることで，債務者を債権の帰属に関する「情報センター」にし，債務者を通じて債権譲渡が公示されるという制度を作った。そこで，債務者への通知または債務者の承諾によって債務者に譲渡の認識を与えることが債権譲渡の第三者に対する対抗要件とされたわけである。したがって，不動産の二重譲渡の場合には，先に公示方法である登記をした方が優先するように，債権の二重譲渡の場合には，通

知・承諾によって先に債務者に譲渡の認識を与えた方が優先するということになる。

　ところで，第467条第2項によると，第三者に対する対抗要件は，債務者に対する対抗要件とは異なり，単なる通知・承諾では足りず，**確定日付のある証書**によることが要求されている。それは，なぜであろうか。ここで，「確定日付」ある証書とは，日付を遡らせることのできない証書であり，具体的には民法施行法第5条に列挙されている。このうち，債務者の作成した承諾書に公証人に確定日付を付してもらう（同法第5条第1項第2号）承諾あるいは内容証明郵便による通知（同法同条同項第6号）が，債権譲渡の第三者対抗要件として，もっとも普通に行われている。

　さきほど，譲受人間の優劣は，債務者に対して債権譲渡の認識を与えた順番，すなわち，通知・承諾の先後によって決せられると述べた。しかし，通知・承諾に何らの様式を要求しないと，譲渡人と譲受人と債務者の3人が共謀すれば，債務者が譲渡の認識を得た日を遡らせることが可能となる。たとえば，12月1日に，C（第一譲受人）が，B（債務者）に対して，A（債権者）のBに対する債権の帰属を問い合わせたところ，Bは，「債権は未だAの元にある」と言ったので，それを信じて譲り受けた。しかし，後になって，Aが，Dに，同一債権を譲渡して，A・B・Dが共謀して，通知・承諾のあった日時，つまり，Bが債権譲渡の認識を得た日を11月30日だったと偽ったら，Cが害されてしまう。そこで，通知・承諾のあった日時＝債務者が譲渡の認識を得た日時を遡らせることができないように，通知・承諾は確定日付ある証書によることを要求した。

　以上が，第467条の立法趣旨である。この立法趣旨に忠実に従うと，確定日付は，債務者が譲渡の認識を得た日時，すなわち，通知の到達時または承諾時に要求されることになる。大審院も，かつてはこのように解していた（大連判明治36年3月30日民録9輯361頁）。しかし，現在は，大連判大正3年12月22日民録20輯1146頁以来，通知または承諾の行為が確定日付ある証書によればよいとされている。したがって，内容証明郵便による通知をしても，到達時が確定日付ある証書で証明されるわけではないが，債権譲渡の第三者対抗要件を具備したと認められる。これは，立法趣旨には

反するが，債権譲渡を容易にしようという考慮に基づく。というのは，前述したように，確定日付ある証書による通知のほとんどが内容証明郵便で行われている現状にあっては，立法趣旨に忠実に解釈すると，債権譲渡について第三者対抗要件を具備するのがきわめて困難になるからである。

## (2) 優劣判断基準

以下，わかりやすくするために，債権譲渡について通知が競合した場合だけを扱う。通知と承諾の競合，承諾の競合の場合については，各自，考えられたい。

I. 確定日付ある証書による通知がある譲渡と単なる通知がある譲渡の競合

通知の先後にかかわらず，確定日付ある証書による通知がある譲渡が優先する。

❖ **債権譲渡の不安定性** ═══════════════════════════════════

第467条第2項は，規定上は第三者に対する対抗要件を定めているので，二重譲受人の間での優劣を決するだけのように読める。しかし，この規定によって，債権の帰属が決定される以上，債務者との関係でも，帰属が決定した譲受人だけが債権者として扱われることになる。

たとえば，AがBに対する債権を，CとDに譲渡した。Cに対する譲渡は普通郵便で，Dに対する譲渡は内容証明郵便で通知されたが，普通郵便の方が，早くBに到達したとする。この場合，CとDの間ではDが優先するので，Dは，Bとの関係でも唯一の債権者として扱われる（図32）。

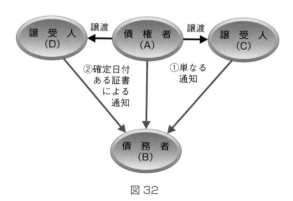

図32

しかし，ここで気をつけなければならないのは，確定日付ある証書による通

知を備えたＤが優先するのは，通知時に，なお，債権が存在する場合に限定されるということである。したがって，Ｂが，単なる通知を備えたＣに弁済した後になって，確定日付ある証書による通知を備えたＤが出現しても，Ｄは，Ｂに対して，弁済を請求することはできない。第三者に対する対抗要件における「対抗」とは，同一債権につき両立し得ない法律上の地位を取得した者の間で言えることである。そして，Ｄが出現する以前にあっては，単なる通知を備えたＣであっても，債務者に対する対抗要件は具備しているので，Ｂは，Ｃからの請求に応ずる義務があるからである。

（1）で述べたように，第467条第2項で，第三者に対する対抗要件として通知・承諾が確定日付ある証書によることを要求したのは，後の譲受人が譲渡人，債務者と共謀して，当該譲渡について債務者が債権譲渡の認識を得た日を遡らせて，先の譲受人が害されるのを防ぐ趣旨であった。

ところで，今，図32の例で，Ｃに対する譲渡の通知は，Ｄに対する譲渡の通知よりも後にＢに到達していたとしよう。この場合，Ａ・Ｂ・Ｃが共謀して，Ｃに対する通知がＤに対する通知の前に到達していたとうそをついても，Ｃは，確定日付ある証書による通知を具備していない以上，確定日付ある証書による通知を具備したＤに劣後する。それでは，このうそに加えて，Ｄに対する譲渡の通知がＢに到達した時には，Ｂは，すでに，Ｃに弁済していたとうそをついたらどうなるだろうか。Ｄとしては，このＡ・Ｂ・Ｃ共謀のからくりをあばかない以上，負けてしまう。つまり，単なる通知を経たにすぎないＣは，通知は，Ｄの確定日付ある証書による通知より前に到達していたと1つしかうそをつかないと負けるが，2つうそをつくと勝つというわけである。

しかし，これは止むを得ないとされる。この事態を防止しようとすれば，債権譲渡の対抗要件たる通知・承諾は，債務者に対する対抗要件も確定日付ある証書によるものに限ると言わなければならなくなる。しかし，それでは，改正前第467条第1項が空文となってしまい，解釈論としては無理である。結局，債権譲渡とはこのように不安定なものだということを認識するより他はない。

## II．確定日付ある証書による通知がある譲渡の競合

立法趣旨に忠実に，通知の到達時＝債務者の認識時について確定日付が要求されていたら，優劣は，確定日付の先後によることになり，問題はない。しかし，（1）で述べたように，確定日付は到達時に要求されていないために，確定日付と到達時が分離することになる。そこで，優劣判定基準をめぐって，学説は，確定日付の先後によるという確定日付説と到達

の先後によるという到達時説に分かれていた。前者は，確定日付のもつ対抗要件としての画一性を重視し，後者は，債務者の譲渡に対する認識を根幹として組み立てられた債権譲渡の対抗要件制度の構造を重視するものである。それぞれ，メリット，デメリットがあるが，判例は，最判昭和49年3月7日民集28巻2号174頁以来，到達時説をとっており，学説も，これを契機に到達時説が多数説となった。

III. 確定日付ある証書による通知の同時到達

（i）債務者対譲受人　競合する譲渡について確定日付ある証書による通知が同時に債務者に到達したら，到達時説に立つ限り，二重譲受人間で優劣を決することはできない。この場合，最判昭和55年1月11日民集34巻1号42頁は，譲受人の一人から弁済の請求を受けた債務者は，単に，同順位の譲受人が他に存在することを理由に弁済を拒むことはできないとして，譲受人の一人からする債務者に対する譲受債権全額の請求を認めた。すなわち，債務者に対する関係では，早いもの勝ちというわけである。

（ii）譲受人相互の関係　債務者は同順位の譲受人の一人に弁済すれば免責される。そこで，弁済を受けなかった譲受人は，弁済を受けた譲受人に対して，分配請求できるか否かが問題となる。

最判平成5年3月30日民集47巻4号3334頁は，債務者が債権者不確知を理由に供託したために，同順位の譲受人と差押債権者が供託金還付請求権の帰属を争った事件において，「公平の原則に照らし，被差押債権額と譲受債権額に応じて供託金額を案分した額の供託金還付請求権をそれぞれ分割取得する」と判示した。

同判決によって，同時到達のうち，供託がなされた場合については解決した。しかし，供託がなされずに，同順位の譲受人の一人に弁済された場合は，未だ，未解決といわなければならない。公平の観点からは，同順位の譲受人は，弁済を受けた譲受人に対し分配請求権を有するというのが望ましいとはいえる。特に，このような債権の多重譲渡は，譲渡人が倒産状態に立ち至った時に行われ，債権の私的執行的様相を帯びることを勘案すれば尚更である。また，独り占めを許すと，結局は，強引な譲受人が勝つということにもなりかねない。しかし，かといって，弁済を受けた勤勉な

譲受人を，消滅時効が完成するまで他の譲受人からの分配請求にさらすというのも適当ではない。さらに，分配請求を認めた場合，分配請求権の根拠をどこに求めるかも，未だ，判然とはしていない。

### 3.5.6　債権譲渡の対抗要件の簡略化

3.5.1 で紹介したように，債権を証券化する場合には，譲渡人の倒産のリスクを回避するために，特別目的会社へ債権を譲渡するにあたっては第三者対抗要件を具備する必要がある。しかし，小口・大量の債権を証券化する場合には，個々の債務者に対して確定日付ある証書による通知・承諾をするというのは非現実的である。さらに，通常，証券化にあっては，債権譲渡後にあっても，譲渡人が取立てを継続するので，債務者に譲渡の認識を与える実際上の必要もない。

そこで，証券化に代表されるような小口・大量の債権譲渡に対応するために，簡略化した第三者対抗要件制度が求められ，1998 年（平成 10 年），「債権譲渡の対抗要件に関する民法の特例等に関する法律」（以下「債権譲渡特例法」という）により，法人が行う金銭債権の譲渡について，債権譲渡登記制度が設けられた。なお，同法は，2004 年（平成 16 年）に，動産譲渡登記制度の新設に伴い，「動産及び債権の譲渡の対抗要件に関する民法の特例等に関する法律」（以下「動産・債権譲渡特例法」という）と改正され，現在にいたっている。

動産・債権譲渡特例法によれば，債権譲渡登記ファイルに譲渡の登記がなされると，確定日付ある証書による通知がなされたものとみなされる。この場合，当該登記の日付が確定日付とされる（動産・債権譲渡特例法第 4 条第 1 項）。民法の債権譲渡の対抗要件は，債務者の債権譲渡に対する認識を根幹として組み立てられているので，第三者対抗要件にあっても，その具備に際しては，債務者を巻き込む必要があった。これに対して，債権譲渡登記は，債務者を巻き込まないので，サイレント方式とよばれる。なお，債務者に対する対抗要件については，民法が定めるそれに比べれば，簡略化されたとはいえ，債務者に譲渡の認識を与えて初めて譲渡を対抗できるという基本構造に変更はない（動産・債権譲渡特例法第 4 条第 2 項）。

ところで，前述したように，民法が定める第三者対抗要件にあっては，債務者を巻き込む必要があるので，債務者不特定の債権については，民法が定める第三者対抗要件を具備することは不可能であった。この点，当初，制定された債権譲渡特例法も，債権譲渡登記にあっては，債務者名の記載を必須事項としていたために，債務者不特定の債権譲渡について債権譲渡登記を具備することはできなかった。この点は，同法制定当初から批判の強かったところであり，今回，動産・債権譲渡特例法への改正を機に，債務者不特定の債権の譲渡についても，債権譲渡登記が可能となった。

### 3.5.7　将来債権の譲渡

#### (1)　将来債権譲渡の有効性

　前述したように，近年，債権譲渡担保や債権の証券化のように，債権を用いた資金調達手段が活発に用いられるようになった（3.5.1 参照）。それらにあっては，現在および将来の多数の債権が包括的に譲渡される。改正前の民法には，将来債権が譲渡可能である旨の明文の規定はなかったが，判例は，古くから，将来債権の譲渡の有効性自体は認めていた（たとえば，大判明 43 年 2 月 10 日民録 16 輯 841 頁，大判昭 9 年 12 月 28 日民集 13 巻 1261 頁）。しかし，将来債権の包括的譲渡については，かつては，譲渡が可能な範囲を制限的に解していたが（最判昭 53 年 12 月 15 日判時 916 号 5 頁），その後，最判平成 11 年 1 月 29 日民集 53 巻 1 号 151 頁は，将来債権の譲渡を広く認めるに至っている。そこで，改正第 466 条の 6 第 1 項は「債権の譲渡は，その意思表示の時に債権が現に発生していることを要しない」と，明文をもって，将来債権の譲渡の有効性を認めた。改正法によれば，**将来債権譲渡**とは，債権譲渡の意思表示の時に未発生の債権を譲渡することである。

　しかし，将来債権譲渡にあっては，発生した債権を譲受人が取得する時期一つとっても，譲渡の意思表示時説と債権発生時説が対立しており，未だ，議論は収束していない。そこで，改正第 466 条の 6 第 2 項は，将来債権譲渡がなされた場合，「譲受人は，発生した債権を当然に取得する」と規定するにとどめ，将来債権譲渡の法的メカニズム――譲受人は，いつ，どのようなプロセスで債権を取得するか――については解釈に委ねること

にした。

　また，将来債権譲渡の対抗要件について，最判平成13年11月22日民集
55巻6号1056頁は，譲渡契約時に行われた確定日付ある証書による通知
を第三者対抗要件として認めた。そこで，改正第467条第1項は，同判決
を踏襲し，「債権の譲渡（現に発生していない債権の譲渡を含む。）は，
……」と規定することにより，将来債権の譲渡についても，既発生の債権
の譲渡と同様の方法によって対抗要件を具備することができる旨，規定し
ている。

### (2)　将来債権の譲渡後に付された譲渡制限特約の効力

　将来債権の譲渡契約が締結された後に，対象となる債権の原因契約が締
結され，当該契約において譲渡制限特約が付された場合，譲渡制限特約は，
将来債権の譲受人に対してどのような効力をもつのか。この場合，譲渡契
約が締結された時点においては，債権の原因契約は締結されていないので，
譲受人は悪意になりようがない。そこで，特約の効力は譲受人には及ばな
い（改正第466条第3項）と考えることもできる。

　しかし，改正第466条の6第3項は，このような考えを採用しなかった。
同条同項は，対抗要件具備時までに「譲渡制限の意思表示がされたときは，
譲受人その他の第三者がそのことを知っていたものとみなして，」改正第
466第3項の規定を適用すると規定し，債務者は，譲受人に対して，特約
を対抗できるとする。このような規定になったのは，債務者は，特約を付
した時点では債権譲渡が行われていたことを知らないので，自己の与り知
らないところで行われた債権譲渡のために，特約を対抗できないとするの
は，その保護に欠けると考えられたからである。これに対して，対抗要件
具備後に特約が付された場合には，譲渡人は譲渡債権の処分権を失ってい
るので，譲受人は特約を対抗されることはない。

　❖ 改正第466条の6第3項の適用範囲 ═══════════════════

　　改正第466条の6第3項は，文理上は，将来債権の譲渡であれば，適用があ
　ると解釈される。しかし，一口に将来債権の譲渡といっても，さまざまな場合
　が考えられる。たとえば，既に締結されている賃貸借契約に基づいて将来発生
　する賃料債権が譲渡された場合には，譲渡時における特約に対する譲受人の善

意・悪意を認定することができる。しかし，改正第466条の6第3項を文理解釈すると，譲受人は，特約に対して善意無重過失であっても，特約を対抗されてしまう。同条の適用範囲については，今後の展開を待ちたい。

### ❖❖ 将来債権の譲渡と抗弁の対抗

　本文でも述べたように，将来債権の場合，債権の発生原因である契約自体が締結される前に，債権譲渡が行われ，対抗要件が具備されることがある。すると，「譲渡人に対して生じた事由」は，すべて，対抗要件具備後に発生するので，改正第468条第1項を機械的に適用すると，廃止されたはずの異議をとどめない承諾をした場合と同様，債務者は，譲受人に対して，何も対抗できなくなってしまう。譲渡された債権が将来債権であるとの一事をもって，このような事態が生じるのは，果たして，妥当であろうか。

　改正法は，将来債権譲渡と相殺については，条文（改正第469条第2項第2号）を新設しているのに対して，その本家ともいうべき抗弁の対抗を規定する改正第468条第1項は，改正前第468条第2項を，そのまま引き継いでいる。しかし，債権を引き当てとする金融方法の活用を促すべく将来債権の譲渡を明文をもって認めた改正法においては，抗弁の対抗についての規定を根本的に見直すべきだったのではないだろうか。

　債権譲渡は，債権を同一性を失わずに移転させる制度である。契約に基づく債権の内容は，私人間の合意によって形成されるものであり，その内容は千差万別である。債権とは，そのような存在であり，そのような存在として譲渡の対象となる。たとえば，双務契約から発生した債権であれば，将来の債務不履行によって解除が可能であるという属性をもつ。このような債権発生原因となった契約自体に基づく債権の属性を譲受人に主張できるのは，債権を同一性を失わずに移転させるという債権譲渡という制度自体に由来するものであり，改正第468条第1項が定める抗弁の対抗以前の問題ではないだろうか。そのような視点から改正法を見ると，債権譲渡と相殺については条文を新設しながら，抗弁の対抗については改正前の規定のままというのは，バランスが悪いと言わざるを得ない。債権譲渡における抗弁の対抗とは何を意味するのか？その問いは，債権を同一性を変じずに移転するという債権譲渡とは何か？というより根源的な問いに連なる。そして，この問いは，改正第469条第2項第2号は差押えと相殺に類推適用されるか否かという解釈論にも波及してくる。というのは，債務者により相殺を対抗されるのは，債権譲渡の場合には譲受人である債権者であるのに対して，差押えの場合には差押債権者である第三者だからである。

### 3.5.8　債務引受と契約上の地位の移転

#### (1)　履行引受と債務引受

##### I.　履行引受

　BがAからの300万円の借金に苦しんでいる。このとき，長年の友人であるCが，このBの借金の肩代わりを申し出，Bもわらをもつかむ思いで，この申し出を受けたとしよう。すなわち，B・C間において，第三者であるCが，債務者であるBに代わって，債務を弁済することを約束する契約が締結された。このとき，債権者であるAは，Cによる弁済を拒否できるだろうか。

　3.1.6（2）ですでに説明したように，原則として，第三者弁済は可能である。改正第474条第2項によれば，Cのような弁済をするについて正当な利益を有する者でない第三者は債務者の意思に反して弁済することはできないが，今の例では，Bは，Cの借金の肩代わりの申し出を受けているので，Bの意思に反しないことは明らかである。また，改正第474条第3項によれば，弁済をするについて正当な利益を有する者でない第三者は債権者の意思に反して弁済することはできないが，第三者が債務者の委託を受けて弁済する場合は，債権者がそのことを知っていたときには，債権者の意思に反しても弁済できる。今の例では，BとCの間にCがBの債務を弁済する契約があるので，そのことをAが知っている場合には，Cは，Aの意思にかかわらず弁済できる。

　逆に，Cが借金の肩代わりを引き受けたにもかかわらず，Aに弁済しなかった場合には，Bは，Cに対して，自分の債務をAに支払うように請求することができる。しかし，**履行引受**にあっては，次に述べる債務引受とは異なり，Cは，Aに対して，債務を負担することはないので，Aは，Cに対して，債務の弁済を請求することはできない。

##### II.　債務引受

　それでは，Cが，BのAに対する債務の債務者になることはできないのだろうか。このように，債務が，その同一性を維持しつつ債務者が交替することを，**債務引受**という（図33）。債務引受は，債務者の交替による

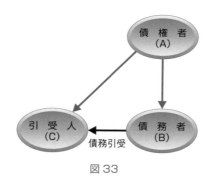

図33

更改（改正第513条第2号）とは異なり，債務引受の前後を通じて，債務
の同一性は維持されている。

　ところで，債務は経済的にはマイナスであるから，債権とは異なり，そ
れだけを切り離しては経済的価値はない。しかし，現在の複雑な取引関係
にあっては，債権，債務とも，単体でポツンと存在することはなく，さま
ざまな経済関係と結びついている。たとえば，CがBから300万円借金
しているときに，BがAから300万円の自動車を買ったとする。この場合，
Cは，BのAに対する代金債務を引き受けることによって，自分のBに
対する債務の弁済に充てると，A・B・C間の債務関係は，簡単に決裁す
ることができる。あるいは，さらに進んで，BのAに対する債務は，運
転資金としての借金だったり，原材料の仕入代金だったりと，Bの経営し
ている一つの営業の中に取り込まれているものだとする。この場合，Bの
営業が健全で全体としてプラスである限り，債務は，単体としてはマイナ
スであっても，営業の一構成要素にしかすぎない。したがって，この営業
がCに譲渡される場合には，Cは，営業の要素であるプラスを譲り受け
るとともに，マイナスである債務も引き受けるというのがもっとも常識的
に考えられることである（商第17条，第18条参照）。このことは，単体と
してはマイナスである債務の引受も，現在の取引関係においては，重要な
作用を営むものであることを示している。

　日本民法は，かつては，フランス民法とともに，債権譲渡については規
定しているが，債務引受については規定していなかったが，判例（たとえ

ば，大判大正 10 年 5 月 9 日民録 27 輯 899 頁，大判大正 14 年 12 月 15 日民集 4 巻 710 頁）・学説とも，かなり早い時期から債務引受が可能であることを認めている。そこで，改正法においては，明文をもって，債務引受を規定した（改正第 470 条〜改正第 472 条の 4）。

さて，前述したように，債務引受——Ｃが，ＢのＡに対する債務の債務者になること——は可能である。なお，債務引受には，Ａは，従来通り，Ｂに対しても債権をもち，それと並んで，Ｃに対しても債権を取得する**併存的債務引受**と，逆に，Ｂは債務を免れ，Ｃだけが債務者になる**免責的債務引受**がある。

(i) 併存的債務引受

1. **要件** 併存的債務引受が，債権者・債務者・引受人の三面契約でなされることについては問題はない。そこで，改正法は，併存的債務引受は，債権者と引受人との間の契約でできること（改正第 470 条第 2 項），債務者と引受人との間の契約でできること（改正第 470 条第 3 項）を規定している。

保証契約が主たる債務者の意思に反しても締結できる（第 462 条第 2 項）のと同様に，債権者と引受人の間での併存的債務引受契約は，債務者の意思に反する場合でもよい。また，併存的債務引受にあっては，債務者が 1 人増えるだけなので，債務の引き当てとなる一般財産は増加こそすれ，減少することはない。したがって，債務者と引受人間の契約によって行うことができる。しかし，この場合は，契約当事者ではない債権者に新たに債権が帰属することになるので，この場合の併存的債務引受契約は，第三者のためにする契約とみることができる。そこで，併存的債務引受の効力が生じ，第三者である債権者が債権を取得するには，債権者の受益の意思表示が必要であり（改正第 470 条第 3 項，第 537 条第 3 項），また，第三者のためにする契約に関する規定にしたがう（改正第 470 条第 4 項）。

2. **効果** 併存的債務引受があると，債権者は，債務者に対する債権と同じ内容の債権を引受人に対しても取得することになる。そこで，両債権の関係をどのように見るかが問題となる。同一内容の給付義務を負う二人の債務者があり，一方が弁済すれば他方も債務を免れるという関係

にあることから，判例は，連帯債務の関係に立つという（最判昭和41年12月20日民集20巻10号2139頁）。しかし，改正前の連帯債務は，債務者の一方に生じた事由が他の債務者に影響を及ぼす絶対的効力事由が多く，連帯債務と解すると，債務引受によって債務者が増えると，かえって，債権者に不利になることもありえた。しかし，今回の改正においては，連帯債務の絶対的効力事由は大幅に削減された（第6章6.3参照）。そこで，このような心配は無用になったので，両債務の関係は連帯債務となる（改正第470条第1項）。

3. **引受人の抗弁等**　引受人は，併存的債務引受が効力を生じた時に債務者が主張できた抗弁を債権者に対抗することができる（改正第471条第1項）。また，債務者が債権者に対して，債務の発生原因となった契約の取消権または解除権を有するときは，引受人は，これらの権利を行使することはできないが，保証人と同様に，これらの権利の行使によって債務者がその債務を免れるべき限度で，債権者に対して債務の履行を拒むことができる（改正第471条第2項　改正第457条第3項参照）。

(ii)　**免責的債務引受**　**免責的債務引受**にあっては，債務者は債務を免れ，引受人だけが債務者となるので，債務の移転が生じる。すなわち，免責的債務引受こそ，債権譲渡の対をなす概念である。しかし，以下に述べるように，債権者・債務者・引受人の利益状況は，債務者・譲渡人・譲受人のそれと同じではないので，債権譲渡と完全にパラレルに扱われるわけではない。

1. **要　　件**　免責的債務引受にあっては，債務者の交代に伴い，債務の引き当てとなる一般財産に変動が生じる。そこで，併存的債務引受とは異なり，債権者の意思を無視しては行えない。しかし，債権者・債務者・引受人の三面契約に限られるわけではなく，改正法は，債権者・引受人間の契約（改正第472条第2項）および債務者・引受人間の契約（改正第472条第3項）ですることができると規定する。

債権者・引受人間の免責的債務引受にあっては，弁済をするについて正当な利益を有する者でない第三者による弁済，債務者の交替による更改等とのバランス上，債務者の意思に反してできるかという問題がある。改正

法では，債権者は債務者の意思にかかわらず免除ができることから，債務者の意思に反していても，債権者・引受人間での免責的債務引受は可能だとしている。しかし，債務者が免責的債務引受がなされたことを知らないと誤って弁済するおそれもあることから，債権者・引受人間の免責的債務引受は，債権者が債務者に免責的債務引受契約をした旨を通知した時に，効力が生ずると規定している（改正第472条第2項）。

　債務者・引受人間でも免責的債務引受をすることはできる。しかし，前述したように，免責的債務引受により，債務の引当となる一般財産に変動が生じるので，債権者の意思を無視して行うことはできない。そこで，この場合は，債権者の承諾が必要である（改正第472条第3項）。

　**2.　効　果**　　免責的債務引受では，債務者は債務を免れ，引受人は，債務者が債権者に対して負担する債務と同一の内容の債務を負担する（改正第472条第1項）。両債務は，債務者の交替による更改とは異なり，同一の債務である。したがって，免責的債務引受では，債務者から引受人に債務が移転するが，債権譲渡とは異なり，改正法では，対抗要件は規定されていない。しかし，前述したように，その効力は，債権者・引受人間の免責的債務引受では債権者による債務者への通知に，債務者・引受人間の免責的債務引受では債権者の承諾に係らしめられている。したがって，債務者・債権者が知らない間に免責的債務引受が効力を生じることはない。

　**3.　引受人の抗弁等**　　免責的債務引受の引受人は，免責的債務引受の効力が生じた時に債務者が主張できた抗弁をもって債権者に対抗できる（改正第472条の2第1項）。

　また，債務者が債権者に対して，債務の発生原因となった契約の取消権または解除権を有するときは，免責的債務引受がなければこれらの権利の行使によって債務者がその債務を免れることができた限度で，引受人は債権者に対して債務の履行を拒むことができる（改正第472条の2第2項）。

　**4.　担保の移転**　　免責的債務引受では，債務は同一性を保ったまま移転するので，債権譲渡の場合と同様に，法定担保権は，そのまま存続する。

　これに対して，約定担保権の場合は，被担保債権の債務者が誰であるかは設定者の利害に重大な影響を及ぼすので，債権譲渡の場合とは異なり，

当然には，移転しない。

　まず，引受人自身が担保権を設定していた場合は，免責的債務引受が効力を生ずるのと同時またはその前に，引受人に対して意思表示をすることで移転の効力が生じる（改正第472条の4第1項）。免責的債務引受では，引受人は，常に，契約当事者となるので，その承諾は不要である。これに対して，引受人以外の者が担保権を設定していた場合は，その者の承諾を得ないといけない（同条同項但書）。

　以上の規律は，元の債務者の債務に保証人が付いていた場合に準用される（改正第472条の4第3項）。

### (2)　契約上の地位の移転

　くりかえしになるが，債権譲渡，債務引受が認められたということは，債権，債務が当事者から切り離された財産として扱われるようになったということを意味する。さて，**契約上の地位の移転**とは，契約当事者としての地位を第三者に移転させることである。

　かつて，契約上の地位の移転については，契約上の地位を構成する債権譲渡，債務引受に分解して，それぞれの要件を要求するという立場が支配的であった。これに対して，最近は，債権譲渡＋債務引受という具合に分析的にとらえるのではなく，契約上の地位が一体として移転するという具合に総合的にとらえる考え方がでてきた。このような考え方は，債権，債務のように，契約上の地位自体を財産として扱うことを指向しているといえよう。

　契約上の地位の移転の例としては，賃貸不動産の譲渡に伴う賃貸人の地位の移転を挙げることができよう。最判昭和46年4月23日民集25巻3号388頁は，不動産の賃貸人の地位の移転は，賃貸不動産が譲渡されれば，旧所有者と新所有者間の合意だけで生じ，賃借人の同意は不要であると判示した。その理由として，同判決は，賃貸人の義務は，賃貸人が誰かによって履行方法が異なるものではないし，賃貸人の地位の移転は，むしろ，賃借人に有利であることを挙げている。

　わが国においては，未だ，契約上の地位の移転については，その理論構

成は不十分であるといわざるを得ないが，実務上の重要性に鑑みて，今回の改正において規定が新設された。改正第539条の2である。契約上の地位の移転は，債権譲渡，債務引受の延長線上にあるものであるが，契約が対象なので，契約総則に置かれた。

改正第539条の2は，契約上の地位は，地位を移転することについての譲渡人・譲受人間の合意と契約の相手方の承諾により，移転すると規定している。しかし，同条は，契約の相手方の承諾を要しない場合があることまで否定しているわけではない。改正第605条の3においては，前述した賃貸不動産の所有権の移転に伴う賃貸人の地位の移転については，賃借人の承諾を要しないことが明文化されている。

# 第4章

# 債務不履行

## 4.1　現実的履行の強制と損害賠償

　前章では，債権が任意に実現される場合について説明した。債権のほとんどは，任意的実現によって消滅するという運命をたどる。しかし，時として，弁済期が到来しているにもかかわらず，債務が履行されないことがある。とりあえず，このような状態を「債務不履行」とよぶことにする。このとき，債権者は債務者に対して法的に何ができるかが，本章で扱う問題である。

　たとえば，Aは，その所有する建物を5,000万円でBに売却する契約を，9月1日に締結し，履行期を10月1日と定めた。しかし，10月1日に，Bが，Aに対して，代金を提供したのに対して，Aは，移転登記や引渡しをしようとしない。この場合，Bは，Aに対して，何を請求できるだろうか。

　まず，債権者は，①債権について現実的履行の強制──今の例では，建物のBへの移転登記と引渡し──を求めることができる（改正第414条）。あるいは，②当該債権が双務契約から発生するものである場合には，契約を解除して，債務不履行に陥っている債務者との契約関係を解消してしまうことができる（改正第541条）。このように，解除は，債権者をして，自らの債務から解放する制度である。これに対して，債権者は，現実的履行の強制を請求する場合には，自分の債務を履行しなければならない。そして，③債務の不履行によって損害が生じている場合には，債権者は，①あるいは②とともに，債務者に対して，損害賠償を請求することができる

（改正第 415 条）。②の解除については債権各論に譲り，本章では，①の現実的履行の強制と③の損害賠償を扱うことにする。

## 4.2　債権の効力

### 4.2.1　債権の効力の諸段階

　4.1 で述べたように，債務者が債務を任意に履行しないとき，債権者は，国家の力によって，債権の内容を強制的に実現させることができる。これを現実的履行の強制という（強制履行ともいう）。ところで，債権者は，債務者が債務を任意に履行しないからといって，いきなり国（具体的には執行裁判所）に対して「債務者が債務を履行しないので，現実的履行の強制をお願いします！」と言っても，国は動いてはくれない。現実的履行の強制は，国家権力の生の発動であり，債務者の自由を侵害するものである。したがって，国が現実的履行の強制に乗り出すためには，間違いなく債権が存在していることが必要である。そこで，強制執行手続（現実的履行の強制は，執行法の観点からは，強制執行とよばれる）は，債権の存在を公権的に明らかにする手続を前提として，初めて，開始されるという構造になっている。ここで，債権の存在を明らかにし，強制執行の根拠となる文書のことを債務名義といい，その代表としては，確定した勝訴判決が挙げられる（民執第 22 条第 1 号）。

　以上，述べたところから，債権の効力には，判決手続で，実体法上の権利の存否を判定してもらえる効力（これを「訴求力」という）と，確定判決を債務名義として，その内容を執行手続で実現してもらえる効力（これを「執行力」という）があることがわかる。また，訴求力の前提として，債権者が債務者に対して，任意の履行を請求できる効力（これを「請求力」という）がある。請求力は弱い効力ではあるが，これにより，債権者の請求は，適法な権利の行使と評価される。

　なお，執行力のうち，たとえば，ある家を引き渡せという具合に，債権の内容をそのままの形で強制的に実現する効力のことを貫徹力という。こ

れに対して，金銭債権の場合，現実的履行の強制は，債務者の財産を差し押えて，換価し，その換価代金を債権者に交付するという方法をとり，原則として，債務者の全財産が，差押えの対象となる。そこで，金銭債権については，現実的履行の強制により債権の内容を実現する効力のことを掴取力という。

### ❖ 履行請求権，そして，その限界

改正第412条の2第1項は，「債務の履行が契約その他の債務の発生原因及び取引上の社会通念に照らして不能であるときは，債権者は，その債務の履行を請求することができない」と履行請求権の限界について規定する。従来，民法は履行請求権の根拠規定をもたなかったが，同条同項により，裏からではあるが，履行請求権の存在について規定することになった。

改正第412条の2第1項によれば，履行不能か否かは，「契約その他の債務の発生原因及び取引上の社会通念に照らして」判断される。そこで，履行不能は，目的物の滅失という物理的な不能の場合に限定されるものではなく，債務の発生原因となった契約に関する諸事情や取引上の社会通念を考慮して債務者に履行を期待することが相当でない場合にも拡張されることが明文をもって認められることになった。その具体例については，各自，考えられたい。

ところで，改正第412条の2第1項が定める履行請求権とは何なんだろうか。従来，履行請求権は，請求力として債権に内在する権利と理解されていた。改正前においては，原始的不能の契約において債権は発生しないとされていた。また，後発的不能については，不能が債務者の責めに帰すべき場合には，履行請求権が債権の同一性を保って填補賠償請求権に転形し，債務者の責めに帰すべからざる場合には，債権は消滅するとされていた。ここで，填補賠償とは，履行に代わる損害賠償，債務が履行されたのと等しい地位を回復させるに足るだけの損害賠償をいう（4.3.2（3）参照）。したがって，請求力は債権に内在する権利と理解することができた。

しかし，改正法においては，原始的不能の契約も有効とされたので，請求力のない債権が出現することになった。また，原始的不能の契約において，債務者に帰責事由がないとされた場合には，債権者は，損害賠償請求権も取得しない（4.3.2（2）参照）。このように契約は有効である以上，請求力だけでなく，損害賠償請求権も発生しない場合であっても，債権は成立しているのだろうか。同様に，後発的不能の契約において，不能が債務者の責めに帰すべからざる事由によるものであった場合には，履行請求権が消滅するだけでなく，損害賠償請求権も発生しない。危険負担が，反対債務の消滅構成から履行拒絶構成へと改正された改正第536条の下では，いったんは発生した債権は，消滅するのだ

ろうか，それとも，存続するのだろうか。

　以上，述べたことが実際の法解釈にどのような影響をもたらすのかは不明である。しかし，今般の債権法改正は，それが，意図されたものか否かはわからないが，債権概念の変容を迫る，あるいは，その終焉を導くものになるかもしれない。今後の展開を見守っていきたい。

---

## 4.2.2　効力が欠如した債権

　債権であれば，通常は，4.2.1 で述べた請求力，訴求力，執行力が備わっている。しかし，すべての債権にこの効力が備わっているわけではない。

### （1）　訴求力のない債権——自然債務

　訴求力のない債権の例として，カフェー丸玉事件がある（大判昭和 10 年 4 月 25 日法律新聞 3835 号 5 頁）。

　Yは，カフェー（現在でいえば，ホステスがお酒の相手をしてくれるバーやクラブに相当するところである）で知り合った女給（現在でいえばホステス）Xの歓心を買おうと，「Xが独立して店をもつときには 400 円の援助をしてあげよう！」と約束した。現在では，400 円は大した金額ではないが，当時は，相当の金額であった。そこで，Xは，Yに対して，400 円を請求したところ，Yが支払いを拒絶したので，Xは，その支払いを求めて，訴訟を提起した。なお，もし，この約束が口頭によるものであったならば，書面によらない贈与契約は解除することができる（改正第 550 条）ので，Yは，この贈与契約を「やーめた！」と言えばいいだけである。しかし，この事件では，Yは，この約束を書面にしていた。

　さて，この事件で，大審院は，Xの請求を棄却したが，その際，このような約束は「裁判上の請求権を付与する趣旨」ではなく，「Yが自ら進んで履行するときは債務の弁済たることを失はざらも，Xに於てこれが履行を強要することを得ざる特殊の債務関係」であるとした。

　このように，カフェー丸玉事件では，大審院は，訴求力のない債権を認めた。訴求力がない債権は，強制執行には進めないので，執行力もない債

権ということになる。このような債権では，債権者は，債務者に対して裁判外では請求できるが，債務者が任意に履行しなければ，債権者としては，なす術がない。しかし，債務者が任意に債務を履行すれば，債権者は，その給付を受け取って保持する権利は認められている（これを「給付保持力」という）ので，債務者は，履行した後になって，債権者に対して，その履行したものを，不当利得として返還請求することはできない。したがって，債権の効力には，先述した，請求力，訴求力，執行力に加えて，給付保持力がある。

　さて，訴求力のない債権は，自然債務とよばれることがある。今，説明したカフェー丸玉事件は，特殊な状況下で，訴求力のない債権を認めた例であるが，訴求力のない債権は，当事者の合意によっても作られる。すなわち，当事者間に訴えを起こさないという合意（不訴求特約）がある場合である。また，法律上，訴求力が認められない場合もある。たとえば，消滅時効が援用された債権，破産手続で免責された債権，公序良俗違反の契約による債権などである。しかし，公序良俗違反の契約による債権の場合，履行した債務者が返還請求できないのは，債権の給付保持力によるのではなく，不法原因給付の規定（第708条）によるものであり，したがって，請求力すらも認められないのではないかと考えられる。このように，同じく，訴求力がなく給付保持力だけがあるように見える債権であっても，その存在理由はさまざまである。したがって，自然債務は，訴求力がない債権の類型をまとめて表現するという程度の意味しかなく，道具概念としては機能していないといわざるを得ない。

## （2）　執行力のない債権

　裁判で請求することは認められ，勝訴判決を得ることはできても，強制執行は認められない債権もある。すなわち，訴求力はあるが，執行力のない債権である。当事者が執行しないとの特約（不執行の特約）をした債権や夫婦の同居義務が，その例として挙げられる（4.2.3をあわせて参照）。特に，金銭債権の場合，執行力がないということは，債務者の一般財産が債務の引当になることがない，債務者は，債務について，その一般財産を

もって責任をとることがないことを意味する。そこで，このような債務は，「責任なき債務」とよばれる。なお，「責任なき債務」に対比される概念として，「債務なき責任」とよばれるものがある。その例としては，他人の債務のために自分の不動産に抵当権を設定した者（物上保証人）や抵当不動産の第三取得者が挙げられる。また，相続における限定承認（第922条）のように，債務も責任もあるが，責任が一定範囲に限定される場合もある。

### 4.2.3　現実的履行の強制の態様

（1）　改正第414条の位置づけ

　現実的履行の強制のための制度設計をめぐっては，相反する2つの要請を考慮に入れる必要がある。すなわち，一つは，債権を権利として認める以上は，債務者を強制して，その内容を実現してやらなければ意味をなさない。そこで，強制力を用いても，できるだけ債権の保護を厚くすべきであるという要請であり，もう一つは，債務者の人格を尊重し，債務者の人格に強制力を加えることは避けるべきであるという要請である。この要請のどちらに重点をおくべきと考えるかは，時代によっても，場所によっても異なる。たとえば，フランス民法は，債務者の人格を尊重すべきであるという思想が非常に強く主張された時代に制定された。そのため，フランス民法では，その実現に際して債務者自身に対する拘束を伴うような債権については，現実的履行の強制はできず，損害賠償のみが可能であるとされた。これに対して，時代が下り，19世紀後半のドイツにおいては，前者の要請が強く，およそ，債権は現実的履行の強制ができるのが原則であると考えられた。

　さて，4.2.1で述べたように，日本法にあっては，債権は，原則として，執行力がある，すなわち，債権者は，不履行に際して，現実的履行の強制を求めることができるとの立場がとられている。これに対して，旧民法は，フランス民法と同様な立場をとっていたが，改正前民法は，第414条第1項において，この立場と決別すべく，すべての債権について現実的履行の強制が可能であるとの原則を宣した。すなわち，起草者は，同条同項にあ

る「強制履行」を現実的履行の強制の意味で用いていた。ただ，債権は原則として執行力があるとはいっても，債権の性質によっては，現実的履行の強制が許されないものがあることは認めていた（改正前第414条第1項但書）。そして，第2項，第3項は，それらのうちの特別なものに関する規定であり，現実的履行の強制ではなく，損害賠償として位置づけていた。

しかし，その後，わが国における圧倒的なドイツ民法学の隆盛を背景として，改正前第414条の解釈は，ドイツ法に傾斜していった。すなわち，前述したように，ドイツ法的思考の下では，債権が執行力を有するのは当然であった。そのため，改正前第414条にある「強制履行」を現実的履行の強制の意味で用いると，第1項は当然のことを規定した無意味な規定になってしまう。そこで，通説・判例は，同条の「強制履行」は強制執行の一方法である「直接強制」を意味するものとの前提に立った解釈論を展開した。そのため，改正前第414条は，実体法である民法の規定であるにもかかわらず，強制執行の具体的手続について定めた規定として理解されるようになってしまった。

そこで，改正第414条は，債権は現実的履行の強制ができる旨の原則的規定だけにし，具体的な手続については，「民事執行法その他強制執行の手続に関する法令の規定に従い，直接強制，代替執行，間接強制その他の方法による履行の強制を裁判所に請求することができる」と規定し，手続法に委ねた。なお，現実的履行の強制がなされても，債権者に損害があれば，債権者は，債務者に対し，損害賠償請求ができる。同条第2項は，当然のことを規定した注意的規定である。

## (2) 現実的履行の強制方法

改正第414条第1項が規定する現実的履行の強制方法は，以下の通りである。現実的履行の強制を行うためには，事実として債務不履行があったことは必要であるが，債務者に帰責事由があるかどうかは問わない。この点で債務者に帰責事由を要求する損害賠償とは異なる。

### I. 直接強制

**直接強制**とは，債務者の意思にかかわらず，国家機関が直接に債務内容

を実現する方法である。したがって，人格尊重の観点から，直接強制は引渡債務については認められるが，行為債務については認められない。同じく引渡債務であっても，直接強制の方法は，引渡しの対象となった物によって異なり，金銭債務と非金銭債務に大別することができる。

　金銭債務の場合には，原則としては，直接強制だけが認められ，4.2.1で述べたように，債務者の財産を差押えて，換価し，その換価代金を債権者に配当（交付）するという方法をとる。強制執行の方法としてもっとも重要なものである。手続の具体的な進め方は，差押えの対象となる財産の種類（現金，不動産，動産，債権など）によって異なり，種類ごとに民事執行法に規定されている。（民執第43条〜第167条）。

　非金銭債務の場合には，原則として，引渡しの対象となった物の占有を執行官が剥奪して，これを債権者に引き渡すという方法をとる（民執第168条〜第170条）。

❖ 損害軽減義務

　不特定物売買の場合，目的物の引渡しをしてもらえない買主は，通常は，訴訟，さらには，強制執行に進んで，売主から目的物を引き渡してもらうよりも，むしろ，契約を解除して，別の人から同じ物を入手する方を選ぶであろう。市場で容易に入手できる不特定物の場合には，履行の強制の意味は小さいことから，種類債権の場合，現実的履行の強制を認める意味があるのかという疑問が生じる。そこで，債務不履行があった場合，債権者にも「損害軽減義務」があると考え，代替物を市場で容易に入手できる債権者は，履行の強制に固執するべきではなく，適時に代替取引をして，損害の軽減に努めるべきであるとの見解がある。この見解によれば，損害軽減義務を怠った債権者には強制履行が認められず，また，損害賠償も制限されることになる。この問題は，現実的履行の強制を債権の効力として位置づける日本法のあり方，したがって，日本法における債権法の構造自体にも関わるものである。

II.　代替執行

　行為債務のうち，第三者が代わって行っても債権の目的を達することができるもの（代替的作為義務）については，第三者に履行させて，その費用を債務者から取り立てるという方法により強制執行を行う。これを「代替執行」とよぶ（民執第171条）。同様に，たとえば，建物を建築しないと

いう不作為債務に違反して建築された建物を取り壊す場合のように，不作為債務に違反して生じた結果を除去するにも，代替執行を用いることができる。また，たとえば，汚水を排出しないような設備を設置させる，将来の損害に備えて担保を提供させるというような，不作為義務違反を予防すべく，「将来のため適当な処分」ができることも定めている（民執第171条第1項第2号）。

### III. 間接強制

　債務者が履行するまで，あるいは，不履行をやめるまで，一定の金銭を支払わなければならないという形で債務者に圧迫を加えて履行を強制する方法である（民執第172条）。債務者本人がするのでなければ，債務の本来の趣旨に沿うことにならないという行為を目的とする債務（不代替的作為債務）の場合には，現実的履行の強制は間接強制によるしかない。しかし，不代替的作為債務の場合には，間接強制も許されないものもある（改正第414条第1項但書）。たとえば，夫婦の同居義務（第752条）のように，債務者の自由意思に反して強制することが，社会通念上許されない債権や，文筆家が創作する債務のように，債務者の自由意思を圧迫して強制したのでは，債務の本旨にかなった給付が実現できない債権である。これらの場合には，債権者は，損害賠償や契約解除などによって，債務者の責任を追及するしかない。

❖ **間接強制の補充性**

　民事執行法は，間接強制の補充性にたち，直接強制，代替執行が可能な債務については間接強制を用いることはできないと規定していた。すなわち，同法は，第171条で代替執行について定め，ついで，第172条において，作為又は不作為債務のうち，代替執行ができないものについては，間接強制ができる旨，規定していた。

　しかし，2003年（平成15年）の民事執行法の改正により，物の引渡債務については直接強制と間接強制が，行為債務のうち代替的作為・不作為義務については代替執行と間接強制が認められるようになった（民執第173条）。さらに，2004年（平成16年）の改正では，直接強制しか認められない金銭債務についても，扶養義務に基づく金銭債務に限っては間接強制を用いることができるようになった（民執第167条の15，第167条の16）。このように，現在，間接強制の補充性は否定されている。

IV. 意思表示の擬制

不代替的作為債務であっても，債務者の意思表示を目的とする債務にあっては，重要なのは，債務者に意思表示をさせることではなく，意思表示の効果を生じさせることにある。そこで，この場合には，意思表示を命じる判決をもって，債務者の意思表示に代えることができる（民執第177条第1項）。

## 4.3　損害賠償

### 4.3.1　「債務不履行」の意味

4.1で述べたように，債務者が本来の債務を履行しないとき，債権者は，現実的履行の強制ができるし，双務契約なら解除もできる。しかし，現実的履行の強制をしても，あるいは，契約の解除をしても，なお，債権者は，債務者の不履行によって損害を受けている場合がある。また，そもそも，履行不能により，債権者が本来の債務の履行をしてもらえない場合もある。そこで，民法は，第415条において，債権者は，債務者の債務不履行によって損害を受けている場合には，当該損害の賠償を請求できる旨の規定をおいている。

ところで，4.2.3で述べた現実的履行の強制は，客観的事実としての債務不履行があれば，それだけで請求できる。これに対して，本節で扱う損害賠償については，客観的事実としての債務不履行があっても，それについて債務者に帰責事由がない場合には，債務者は免責される。この理を，改正第415条第1項但書は，債務の不履行が「債務者の責めに帰することができない事由によるものであるときは。この限りでない」と規定している。

さて，債務不履行の態様には，①約束の期日に履行がなされないという「履行遅滞」，②履行がそもそも不可能な「履行不能」，③その他，履行はされるにはされたが，どこか不完全なものだったとか，履行に際して債権者に損害を与えた場合のような「不完全履行」（不良品だったとか，一部壊

れていたとか等々）という3類型が存在するとされる。この3類型は，ドイツの学説にならって，日本に導入されたものであり，債務不履行を「債務者がその債務の本旨に従った履行をしないとき」と「債務の履行が不能であるとき」と規定する日本民法（改正第415条第1項）とは合致しない。しかし，この3類型は整理のために用いるには便利であるので，以下では，この3類型に従って説明することにする。

### 4.3.2　損害賠償の要件

損害賠償の要件は，以下の通りである。

（1）　客観的事実としての債務不履行

I. 履行遅滞

**履行遅滞**とは，債務者が履行しようと思えばできるのに，履行すべき時期が到来しても履行しないことである。履行期がいつ到来するかについては，3.1.2（1）で説明したように，改正第412条が定めている。

履行遅滞が問題となるのは，主に，引渡債務についてである。引渡債務の場合には，給付内容が明確であることが多いので，「債務の本旨に従った履行」であるかどうかの判断は，弁済期までに履行がなされたか否かに集約されることになるからである。これに対して，行為債務の場合には，外見上は，履行期までに履行がなされていても，それが「債務の本旨に従った履行」であるかどうかが問題となるので，不完全履行の問題として論じられることになる。

II. 履行不能

2.2.1（2）で述べたように，改正法においては，原始的不能，後発的不能を問わず（改正第412条の2第2項），債務の履行が不能である場合には，損害賠償請求権が発生するとしている。

**履行不能**も，主に，引渡債務に関して問題となる。履行不能には，売買目的物が滅失した場合のように物理的不能だけでなく，取引が法律によって禁止された場合のような法律上の不能や，取引通念上の不能も含まれる。取引通念上の不能の例としては，売買の目的物である指輪を東京湾に落と

してしまった場合などが挙げられる（改正民法412条の2第1項）。

### III.　不完全履行

　I.で述べたように，引渡債務の多くがそうであるように，給付内容が明確である場合には，履行不能・履行遅滞という基準によって，債務不履行の存否を判断することができる。しかし，これらの基準によっては判断できないようなさまざまなタイプの不履行が存在する。**不完全履行**とは，これらのタイプの不履行の総称としてとらえることができる。

　不完全履行は，医師の診療債務に典型的に見られるように，給付内容を確定するのが難しい行為債務について問題となることが多い。しかし，引渡債務についても問題とならないわけではない。この場合，①履行期に引き渡された目的物が約束された品質を備えていなかった場合のように，損害が引き渡された物自体にとどまる場合と，②たとえば，小鳥の売買で，引き渡された小鳥が病気であったため，買主が買っていた他の小鳥にも病気が伝染した場合のように，損害が，引き渡された物にとどまらず，債権者の財産にまで拡大してしまった場合がある。あるいは，③家具屋が，売った家具は，無事に，買主の家に届けたが，家具を搬入する際に，買主の家の壁を傷つけた場合のように，引き渡す債務は履行されたが，履行に際して，債権者の財産に損害を与えた場合もある。当該不履行が「債務の本旨に従った履行」がなされない場合に該当すると判断される場合には，第415条により，債務者に損害賠償責任が生じる。

❖ **引き渡された目的物が約束された品質を備えていない場合** ══════

　　改正法は，売買契約において「引き渡された目的物が種類，品質または数量に関して契約の内容に適合しないものであるとき」に，買主に追完請求権（改正第562条）と代金減額請求権（改正第563条）を認めている。したがって，この場合は，買主は，売主に対し，改正第415条が定める損害賠償請求に加えて，目的物の修補，代替物の引渡し又は不足分の追完あるいは代金の減額を請求することができる。なお，追完請求や代金減額請求に関する規定は，売買以外の有償契約にも準用されている（改正第559条）。

─────────────────────────────────

　前述したように，債務不履行の存否は，結局のところ，当該不履行が「債務の本旨に従った履行をしない」ときに該当するか否か，すなわち，

「債務者のなすべきこと」と現実に行われた債務の履行の態様または結果との間に食い違いがあったか否かによって決定される。しかし、履行遅滞、履行不能にあっては、「債務者のなすべきこと」が明確なため、「債務者のなすべきこと」が何であったのかということが問題となることはないのに対して、不完全履行の場合には、この問題が前面にでてくる。そして、この問題は、債務発生原因の解釈によって導かれる。そこで、債務発生原因が契約の場合には、まず、個々の契約の解釈として、それでも明らかにならない場合には、規範的な判断として、当該契約によって意図された目的を最もよく達成するような義務が信義則（第1条第2項）に基づいて認められるべきことになる。

### ❖❖ 債務不履行責任の再構成

債務不履行については、債務の構造を分析し、債務不履行責任を再構成しようとする見解も有力である。この見解は、債務者の義務を、債権者に対してなすべく義務付けられている行為をなすべき義務（給付義務）と、信義則に根拠が求められるそれに付随する義務に分けて考える。後者の名称・内容は、学説によりさまざまであるが、たとえば、付随義務と安全保護義務に分ける見解がある。この見解によれば、付随義務とは、給付義務とは別の給付の実現などに関わる義務であり、安全保護義務とは、債権者・債務者間において相互に相手方の生命・身体・財産などを侵害しないよう配慮すべき義務である。前に挙げた不完全履行の例は、給付義務違反（①②）、安全保護義務違反（③）として整理できる。

このように債務不履行責任を再構成しようとする見解は、債務構造の分析により、種々の義務違反を体系的に整理することができ、3類型に属さない債務不履行のタイプを認めることができるとする。しかし、日本法においては、債務不履行の存否は、前述したように、「債務の本旨に従った履行」がなされたか否か、「債務の履行が不能」であるか否かに帰着する（改正第415条第1項）ので、わざわざ各種の義務を定立した上で、その不履行により損害賠償責任が生じるという論理をとる必要はないと考える。

## (2) 債務者の責めに帰することができない事由

### I. 成立要件から免責要件へ

改正前第415条は、債務不履行による損害賠償の見出しの下、「債務者がその債務の本旨に従った履行をしないときは、債権者は、これによって

生じた損害の賠償を請求することができる。債務者の責めに帰すべき事由によって履行をすることができなくなったときも，同様とする」と規定していた。このように，改正前は，条文上は，履行不能についてのみ債務者の「責めに帰すべき事由」（帰責事由）を要求していた。しかし，これは，履行不能にあっては，債務者に帰責事由がない場合には危険負担の問題となる（改正前第534条以下）ことを明らかにするためであり，実質上，履行不能についてだけ帰責事由を要求する趣旨ではなかった。通説・判例も，債務不履行責任一般に帰責事由を要件として要求していた。

　これに対して，改正第415条第1項は，第一文で，客観的事実としての債務不履行があれば，債務者は，損害賠償責任を負うが，但書で「その債務の不履行が……（中略）……債務者の責めに帰することができない事由によるものであるときは，この限りでない」と規定を改めている。

　改正前においては，帰責事由は損害賠償責任の成立要件ではあったが，債務不履行の場合，当事者間には，もともと債権債務関係があったわけだから，帰責事由の立証責任は，債務者にあると解されていた。すなわち，債権者が不履行の事実を立証すると，責任を免れようとする債務者は，自分には帰責事由がないことを立証しなければならない。この点，もともとは関係のなかった人に対して損害賠償請求をする不法行為にあっては加害者の故意過失の立証責任が債権者たる被害者にあるのとは異なる（第709条）。

　今回の改正においては，帰責事由は，損害賠償責任の成立要件ではなく，免責事由として規定された。すなわち，損害賠償責任は，客観的事実としての債務不履行があれば成立するが，債務者は，不履行が「債務者の責めに帰することができない事由」によるものであるときは，免責される。

　II.「債務者の責めに帰することができない事由」とは？

　改正第415条第1項但書によると，債務者が損害賠償責任を免責されるためには，債務の不履行が「契約その他の債務の発生原因及び取引上の社会通念に照らして債務者の責めに帰することができない事由」によるものでなければならない。

　ここで「その他の債務の発生原因」と書かれているのは，契約以外の債

務発生原因（事務管理・不当利得・不法行為）から生じた債務については，その発生原因に照らして免責事由の有無が判断されるという趣旨である。実際上は，不履行における免責が問題となるのは契約から生じた債務がほとんどである。

さて，かつての通説・判例は，改正前第415条にある「責めに帰すべき事由」を「故意・過失または信義則上これと同視すべき事由」と言い換えていた。ここで，「信義則上これと同視すべき事由」として最も重要なものは，債務者が履行にあたって使用する者（たとえばA商店の従業員B），いわゆる「履行補助者」の故意・過失を指す。しかし，今日では，履行補助者については，その問題の位置づけ自体をめぐって再検討がなされているので，4.3.3で説明することにする。

しかし，改正前においても，不法行為（第709条）におけると同様な意味での過失がなければ債務不履行責任は生じないという考え方——一般に，「過失責任主義」とよばれる——は強く批判されており，債務者は，自らが履行すると約束した債務を履行しなかったときに，不法行為におけると同じ意味での過失がなければ，責任を負わないという考え方は取られていなかった。判例も，文言上は「過失」という言葉を用いてはいても，過失責任主義に基づいて帰責事由を判断してはいなかった。

それでは，「債務者の責めに帰することができない事由」（以下，「免責事由」という）とは何か。免責事由の内容を分析するに際しては，フランス民法における「結果債務」「手段債務」という債務分類方法（第2章2.3.3）が有益な視座を与えてくれる。

既に説明したように「結果債務」とは，たとえば，一定期日に特定物を引き渡す債務のように，もっぱら特定の結果の実現に向けられた債務をいう。この場合，結果が不達成なら，不可抗力などの免責事由がなければ，債務者は，債務不履行責任を負う。これに対して，「手段債務」というのは，医者の診療債務のように，結果の実現そのものではなく，それにいたるまでに注意深く最善を尽くして行為することを内容とする債務である。したがって，診療債務の場合，治療にもかかわらず患者の病気が回復せず，死亡したという場合に，それが，当然に債務不履行になるということはない。

むしろ，医者として最善を尽くせば，たとえ，死亡したとしても債務不履行にはならないであろう。すなわち，この場合，何が債務不履行の事実であるかは，当然には明らかではなく，契約の解釈により，「債務者のなすべきこと」が，まず，認定されなければならない。このように，債務不履行の判断のプロセスは，一口に債務といっても2つに分けられ，日本の判例も，結果債務・手段債務に応じた態度をとっている。

　すなわち，「結果債務」たる引渡債務については，客観的に履行不能・履行遅滞があると，債務者は，履行のプロセスにおいてきちんと行ったか否かは問題とせず，損害賠償責任を負う。例外的に，免責されるのは，「免責事由」として，不可抗力に代表されるように，特別な外部的事情のある場合である（第419条第3項の反対解釈）。これに対して，「手段債務」たる行為債務の場合には，債務者は，いかなる内容の債務を負っているか，どの程度の行為をすれば要求された債務を履行したことになるかを特定し，それと債務者の現実の行為の間に食い違いがあると債務不履行責任を負う。つまり，そこでは，「債務の本旨に従った履行」か否かということと免責事由の不存在は表裏一体ということになり，免責事由は，債務不履行の独自の要件としての意味を失っている。

### ❖ 第415条の改正の経緯

　今回の改正において最も争われたのは，第415条についてであった。すなわち，過失責任主義を廃止すべきか否か，また，契約から生じた債務における免責事由は，契約において定められたリスク分配の内容によってのみ決定されるべきかについて激しい議論が戦わされた。

　まず，過失責任主義については，そもそも，それが何を意味するかについて，論者間において見解の一致をみているわけではない。また，本文で述べたように，債務不履行における過失責任主義が不法行為におけるそれと同一のものとして理解されていたかは，甚だ疑問と言わざるを得ない。第415条をめぐる見解の対立は，結局のところ，契約から生じた債務における免責事由の存否は，契約において定められたリスク分配の内容によってのみ決定されるべきか否かにあったと考えられる。

　この対立は，不履行があった場合，契約において当事者が合意した免責事由が存在しない以上は，免責は一切認めないとすべきか否かの基本的スタンスに由来するのではないだろうか。免責を認めない立場を取るアメリカ法は，契約

において免責事由を定めておかなければ，約束の不履行自体によって，即，損害賠償責任が発生するとする絶対責任の原則をとる。これに対して，改正前第415条は，それを過失責任主義と呼ぶかどうかは別として，契約において免責事由を定めていなくても，免責される場合があるとの立場をとっているのではないだろうか。

　今般の債権法改正において，絶対責任の原則へのパラダイム・シフトが企図されていたか否かはわからないが，少なくとも，改正第415条1項は，条文上は，改正前と断絶しているとは思われない。したがって，改正第415条1項は，改正前第415条が定める「帰責事由」の内容に実質的変更を加えるものではないと解する。

### ❖❖ 原始的不能における帰責の根拠

　改正第412条の2第2項は，原始的不能の場合であっても，「第415条の規定によりその履行の不能によって生じた損害の賠償を請求することを妨げない」と規定する。改正法においては，同条同項の前提ともいうべき規定，すなわち，原始的不能の契約は有効であるとの規定はおかれていない。法制審議会の事務局の説明によれば，原始的不能の契約は有効であるとの前提に立ち，有効な契約責任の「最も代表的な法的効果として」第415条に基づく損害賠償を示すことにすぎないという。しかし，このような解釈は自明であろうか。

　というのは，原始的不能の契約は有効としても，そもそも，契約成立時に履行ができない以上，なぜ，「履行に代わる損害賠償」である填補賠償を請求できるのかという疑問が浮かぶ。この疑問は，たとえば，改正第412条の2第2項は，原始的不能の契約は無効ではあるが，債務者の損害賠償責任については，第415条を準用したと解することで解決できる。

　さらに，後発的不能の場合には，損害賠償の帰責の根拠は，債権成立時には履行できた債務が履行できなくなったことにある。しかし，原始的不能の場合には，この帰責の根拠は，あてはまらないからである。それでは，帰責の根拠をどこに求めるべきなのだろうか。履行を約束したことなのだろうか。その場合，何が免責事由となるのだろうか。疑問を提起しておきたい。

## (3) 履行に代わる損害賠償

　履行に代わる損害賠償とは，債務が履行されたのと等しい地位の回復を目的とする損害賠償であり，填補賠償ともよばれる。改正前の民法には，いかなる場合に填補賠償請求権が発生するかの規定はなかったが，通説は，

填補賠償請求権は債権が履行請求権から同一性を保って転形したもの——このような考え方を「債務転形論」という——と考えられていたので，両請求権が同時に存在することはなかった。しかし，改正法においては，以下に述べるように，両請求権が同時に存在する場合を認めた。

I. 履行不能の場合（改正第 415 条第 2 項第 1 号）

履行不能の場合には，履行請求権は存在しないので，改正前においても，填補賠償請求権は認められていた。

II. 債務者がその債務の履行を拒絶する意思を明確に表示したとき（改正第 415 条第 2 項第 2 号）

債務者の履行拒絶は，履行期前のものであっても履行期後のものであってもよい。この場合，債権者は，履行請求権と填補賠償請求権の双方を有しており，いずれを行使してもよい。しかし，言わずもがなであるが，双方を請求することはできない。

なお，債務が契約によって生じたものである場合には，債務者の履行拒絶は解除権の発生原因になる（改正第 542 条第 1 項第 2 号，第 3 号）。したがって，改正第 415 条第 2 項第 3 号にある「債務の不履行による契約の解除権が発生したとき」にも該当する。

III. 債務が契約によって生じた場合であって，契約が解除され，あるいは，債務不履行による契約の解除権が発生したとき（改正第 415 条第 2 項第 3 号）

契約が解除された場合であっても，債権者は損害賠償請求をすることは妨げられない（改正第 545 条 4 項）。この場合，解除によって，履行請求権は存在しなくなるので，填補賠償請求権だけが残ることになる。これに対して，解除権が発生したにとどまる場合には，債権者は，履行請求権と填補賠償請求権の双方を有しており，いずれを行使してもよい。もちろん，双方を行使することは認められない。


## (4) 責任能力

債務不履行の要件の一つとして，通説は，債務者の責任能力を要求している（不法行為について定める第 712 条，713 条参照）。その理由は，かつて

の通説は，帰責事由を故意過失など債務者の主観的要件と置き換えていた
ために，不法行為と同列に論じていたからである。しかし，今日，この点
に対しては批判が強い。

　債務不履行責任において責任能力の有無が問題になるのは，契約締結時
には行為能力がなかったため法定代理人が契約を締結したが，履行は制限
行為能力者が単独で行った場合とか，契約締結時には行為能力・意思能力
があったが後にこれを失った場合である。しかし，有効に負担した債務の
履行に関して，債権者に債務者の能力のリスクを転嫁すべきではない。さ
らに，免責事由について（2）のように考える以上，債務不履行の要件と
して責任能力を要求するのは妥当ではない。

## (5)　損害の発生と因果関係

　債務不履行による損害賠償責任が発生するためには，損害の発生と，そ
の損害と債務不履行の間に事実上の因果関係，すなわち，「あれなければ，
これなし」の関係があることが必要である。

　ところで，かつての通説は，損害とは，債務不履行がなかったならばあ
ったであろう債権者の仮定的な利益状態と債務不履行があったことによる
現在の利益状態との差額としてとらえていた。この考え方は「差額説」と
よばれている。また，差額説にあっては，損害賠償の範囲について，
4.3.5（2）で検討するように，相当因果関係説が通説であった。この理論
枠組みにおいては，損害は，相当因果関係によって画された「金〇〇円」
という具合に金銭で表され，損害賠償の範囲の問題と損害の金銭的評価の
問題は連動せざるを得ないことになる。

　これに対して，最近の通説は，債務不履行によって発生した不利益な事
実そのもの（たとえば，債権者が傷害を負った事実，引渡債務の目的物を得ら
れなかったという事実）を損害としてとらえる（以下，「損害事実説」という）。
したがって，ある損害が損害賠償の範囲に含まれるかという問題と損害の
金銭的評価の問題が切り離されることになる。

### 4.3.3 履行補助者の過失

債務の履行のために債務者が使用する者を履行補助者とよんでいる。この履行補助者の行為によって債務不履行が生じた場合に，債務者がどのような責任を負うかが問題となる。この問題は，古くから議論されているが，債務の履行にあたって履行補助者を用いるのが常態化している今日においては，特に，重要性が高まっている。さて，従来の通説は，4.3.2（2）で説明したように，履行補助者の過失を「信義則上，債務者の故意・過失と同視すべき事由」として，債務不履行の要件である帰責事由の中に位置づけていた。

### （1） 学 説

#### I. 伝統的通説

従来の通説は，履行補助者を「債務者の手足として使用する者」（真の意味での履行補助者）と「債務者に代わって履行の全部を引き受けてする者」（履行代行者）に分けた上で，次のような扱いをする。すなわち，真の意味での履行補助者については，債務者は，自由に使用できるが，その故意・過失については，常に，責任を負う。これに対して，履行代行者については以下に述べる3つの場合があるとする。①履行代行者の使用が法律または契約で禁じられているのに債務者が使用した場合は，そのこと自体が債務不履行だから，履行代行者に故意・過失がなくても，債務者は全責任を負う。②履行代行者の使用が許可されている場合は，債務者は，履行代行者の選任監督に過失がある場合にだけ責任を負う。③どちらでもない場合は，債務者は「真の意味での履行補助者」の場合と同様の責任を負う。

#### II. 近時の有力説

近時の有力説は，次のように，従来の通説を批判する。すなわち，従来の通説は，履行補助者を「真の意味での履行補助者」と「履行代行者」に分けるが，この分類は不明確である。また，上記①は債務者自身の債務不履行の問題に他ならないし，上記②は不法行為における使用者責任（第715条）に比べて債務者の責任が軽い，と。

近時の有力説は，この批判を前提として，履行補助者の過失の問題は，他人の行為による債務不履行責任という債務不履行の一つの類型として位置づけられるべきだとして，履行補助者を，債務者自身が指揮・命令できる相手（被用者的補助者）と請負人に代表されるように債務者の指揮命令等に従わず独立して事業を行う者（独立補助者）に分類する。被用者的補助者は第715条の被用者にあたる者であり，被用者的補助者については，債務者は，債務不履行がその者の債務の履行に際しての「責めに帰すべき事由」によるときは，第715条とは異なり，選任監督上の過失を問題とせずに責任を負う。これに対して，独立補助者は，請負人に代表されるように，不法行為の規定にあっては，被用者から除外されている者である。独立補助者についても，債務者は，当該債務の履行（債務者の履行全般ではなく）に従事させたときは，同様の要件で責任を負うとする。すなわち，債務不履行にあっては，不法行為とは異なり，独立補助者の行為についても，債務者は責任を負う場合があるということに，履行補助者の法理の存在理由があるわけである。

Ⅲ. 新たな展開

最近，従来の通説と近時の有力説のいずれをも批判する見解が現れている。この見解は，債務者が履行補助者を使うことが許されている場合，その債務の内容は，①信頼できる履行補助者への履行の依頼までなのか，あるいは，②履行補助者が債務の本旨に従った履行をすることまで及んでいるのかを契約の解釈を通じて明らかにし，それに応じて責任を負うべきであるという。

この見解によれば，①の場合には，信頼できる履行補助者を選任することで債務者の債務は果たされていると解されるので，信頼できる履行補助者を選任した以上，履行補助者の行為に起因する債務不履行については，債務者は責任を負わない。選任監督上の過失について，債務者は責任を負うが，これは，債務者自身の過失であり，履行補助者の過失ではない。これに対して，②の場合には，債務の履行過程における履行補助者の行為は債務者自身による履行行為の一部として評価されるので，履行補助者の行為に起因する債務不履行についても，債務者自身による債務不履行の場合

と同様の判断がなされる。

　このように，新たな展開においては，履行補助者の過失という問題を独立に立てる意義は乏しいことになる。しかし，それによって，直ちに，履行補助者に関する分類が不要になるわけではない。すなわち，債務不履行の類型における履行遅滞・履行不能・不完全履行という３分類と同様に，履行補助者に関する分類も，事実上，頭の整理のためには有用であるからである。

（2）　判　　例

　判例上，履行補助者として問題となったものの多くは，最近にいたるまでは，主として，賃借人の妻・同居人・賃借人からの転借人などが履行補助者にあたるかどうかに関するものである。判例は，いずれも肯定しているが，これらは賃貸借の問題として考えられるべきことである。なお，最判昭和58年5月27日民集37巻4号477頁は，次に述べる安全配慮義務（4.3.4（1）参照）に関して履行補助者の行為を問題にしたものであるが，そこでは義務の確定と履行補助者の行為に対する債務者の責任の問題が重ねあわされた形で議論されている。

## 4.3.4　契約上の義務の拡大

（1）　性質面での拡大──安全配慮義務

　I. 法的性質

　**安全配慮義務**とは，相手方の生命・健康等を危険から守るように配慮する義務である。日本民法には安全配慮義務に関する規定は存在しないが，学説は，かなり以前からドイツ法を参考にして，この義務の存在を承認しており，判例においても，最高裁昭和50年2月25日民集29巻2号143頁をリーディング・ケースとして，承認されるに至った。

　まず，リーディング・ケースである最判昭和50年2月25日を見ることにしよう。事案は，自衛隊の車両整備工場で作業中，同僚の自衛隊員の運転する車両に頭部を轢かれて死亡した自衛隊員Aの両親が，事故の4年後，国に対して，損害賠償訴訟を提起したものである。

この事件においては，国と自衛隊員の関係は，私人間の契約関係ではなく，公法上の関係のため，契約責任の追及は困難であるとともに，不法行為による損害賠償請求権の消滅時効期間は3年（改正前第724条）のため，不法行為責任を追及することもできなかった。しかし，最高裁は，次のように判示して，原告の請求を認めた。すなわち，国家公務員は，法律上，職務専念義務および法令・上司に従う義務を負い，国は公務員に対して給与支払義務を負うが，国の義務は，この給付支払義務にとどまらず，「公務員の生命及び健康等を危険から保護するよう配慮すべき義務」を負っている。そして，この義務を安全配慮義務とよび，「安全配慮義務は，ある法律関係に基づいて特別な社会的接触の関係に入った当事者間において，当該法律関係の付随義務として当事者の一方又は双方が相手方に対して信義則上負う義務として一般的に認められるべきものであ」り，その違反による損害賠償請求権の消滅時効期間は10年（改正前第167条1項）である，と。

❖ 判例の立場

判例は，安全配慮義務を「特別な社会的接触の関係に入った当事者間」において「当該法律関係の付随義務」として認められる義務としてとらえている。そこで，最判昭和58年5月27日民集37巻4号477頁は，前掲最判昭和50年2月25日と同じく，自衛隊員が交通事故により死亡した事案ではあるが，国の安全配慮義務違反を否定した。事案は，自衛隊員Aが，上司であるBの運転するジープに同乗中，Bの運転の誤りにより，対向車と衝突して死亡したものである。最高裁は，このようなケースでは，国の安全配慮義務は，車両の整備や運転者の選任・監督について働くべきものであるとして，「運転者において道路交通法その他の法令に基づいて当然に負うべきものとされる通常の注意義務」を安全配慮義務から除外した（4.3.3（2）参照）。

ところで，判例は，前述したように，安全配慮義務を「特別な社会的接触の関係」に基づく信義則上の義務とする一方，私法上の雇用関係のように契約関係がある場合にも，同様の安全配慮義務を認める（最判昭和59年4月10日民集38巻6号557頁）。しかし，このように広範な射程をもつ存在である安全配慮義務の性質については，学説上，一致を見ているわけでは

ない。たとえば，4.3.2（1）III. ❖❖ で言及した債務の構造として，給付義務，付随義務，安全保護義務を区別する見解にあっては，安全配慮義務と安全保護義務の異同が問題となる。ただ，契約の解釈から契約上の債務を導く学説が指摘するように，一口に安全配慮義務といっても，以下の3つを区別して考えるのが有用である。すなわち，「生命及び身体等を危険から保護すべき義務」が，①保育寄託契約や宿泊契約のように，契約の解釈として当然生じる場合，②雇用契約や私立学校の在学契約のように，契約の規範的解釈として生じる場合，③国との公法上の法律関係にある者に対する国の義務や下請人の労働者に対する元請人の義務（最判平成3年4月11日判時1391号3頁）のように，契約関係にない場合でも，その法律関係の解釈として生じる場合である。このように区別すると，安全配慮義務の独自性は③にのみ認められることになる。

II. 有用性

I. で述べた②③に分類される安全配慮義務が問題となるような紛争は，従来は，不法行為の問題として処理されてきた。それがなぜ，債務不履行責任として構成されるようになったのだろうか。その理由は，時効期間と証明責任の2点において原告（被害者）側に有利になるからであるといわれる。

すなわち，I. でも述べたように，改正前においては，不法行為に基づく損害賠償請求権の消滅時効期間は3年（改正前第724条）であるのに対して，債務不履行に基づく損害賠償請求権の消滅時効期間は10年であった（改正前第167条）。また，一般に不法行為の場合には過失の立証責任は債権者（被害者）側にあるが，債務不履行では，債務者が帰責事由のないことを証明しなければならない。しかし，後者については，安全配慮義務の内容を具体的に特定し，その義務に違反した事実を立証する責任は債権者側にあるので（最判昭和56年2月16日民集35巻1号56頁），立証の負担は不法行為の場合と大差がない。

以上より，判例において安全配慮義務が認められた実質的な意義は，不法行為による損害賠償請求権が3年の短期消滅時効にかかっている場合であっても，損害賠償請求を認めることができたことにある。しかし，今回

の改正により，生命身体の侵害に対する損害賠償請求権の消滅時効期間は，不法行為，債務不履行ともに，主観的起算点から5年，客観的起算点から20年と同じになった（不法行為については改正第724条，改正第724条の2，債務不履行については改正第166条，改正第167条）。したがって，消滅時効という観点からすると，安全配慮義務理論の使命は終わったといえよう。今後も，安全配慮義務理論が生き続けるのか，判例・学説の展開に注目したい。

## (2) 時間面での拡大

### I. 契約締結前の義務

(i) 契約交渉の不当破棄　たとえば，不動産の売買契約では，当事者が初めて接触してから，契約が締結されるまで，時間の経過を伴うのが普通である。では，当事者間で契約の締結に向けて交渉や準備が行われ，話がかなり進んだところで，一方が，突然，気が変わったと言って，一方的に交渉を打ち切ったとする。最高裁では，このような契約交渉の不当破棄について，「契約準備段階における信義則上の注意義務違反を理由とする損害賠償責任がある」と認めた例がある（最判昭和59年9月18日判時1137号51頁）。現在，契約交渉の不当破棄を行った当事者が損害賠償責任を負う場合があることは，一般に，認められている。

さて，この責任の根拠について，ドイツ法においては，民法の構造上，不法行為に求めることは困難なため，契約締結上の過失の法理に求められている。これに対して，日本法においては，この責任の根拠は，不法行為に求めることが可能である以上，少なくとも，契約締結上の過失の法理に求めるのは適当ではない。しかし，そこで想定されている義務のレベルは，一般の社会生活上の義務というよりも，一定の契約関係に入った当事者の信頼関係を根拠にしている以上，不法行為責任に根拠を求めることにも躊躇を覚える。結局のところ，契約責任でも不法行為責任でもない信義則上の特別な責任とすべきであろうか。

(ii) 情報提供義務　たとえば，リスク等をきちんと説明されないままに，金融商品を購入したところ，リスクが顕在化してしまい，損害を被っ

てしまう人は後を絶たない。このような場合，金融商品を購入した者は，販売した者に対して，「ちゃんと説明してくれていれば，こんな商品は買わなかったのに！」と主張して，その責任を追及できないだろうか。契約を締結するか否かを判断するために必要な情報は，当事者が自分で収集するのが原則である。しかし，当事者間の情報や専門知識に格差がある場合にまで，この原則を貫くのは不当である。そこで，情報を有する者は，相手方に対して，契約を締結するか否かに関する判断に影響を及ぼすべき情報を提供すべき信義則上の義務を負う場合があるとされている。(i) と同様に，この場合の義務の根拠についても争いがあるが，**最高裁平成 23 年 4 月 22 日民集 65 巻 3 号 1405 頁**は，不法行為責任であると判示した。

II. 契約終了後の義務

契約がすべて履行された後も，当事者がなんらかの義務を負うことがある。たとえば，眺望の良さを売り物にしたリゾート・マンションを販売した業者が，売買契約終了後，隣接地に眺望を妨げるようなビルを建築した場合などである（大阪地判平成 5 年 12 月 9 日判時 1507 号 151 頁）。この義務については，ドイツの学説を参考にして，「契約の予後効」という概念が検討されることがある。しかし，これについては，多様な問題を「契約の予後効」という概念で一まとめにする意味はないと批判されている。

## 4.3.5　損害賠償の効果

### (1)　損害賠償の方法

債務不履行による損害賠償の方法は，金銭賠償を原則としている（第417 条）。損害賠償の方法としては，原状回復，すなわち，債務不履行がなかったのと同じ状態に戻させる方法もあるが，わが国においては，便利だからという理由で，金銭賠償の方法が採用された。確かに，金銭で損害賠償を支払うという方法は便利ではあるが，(3) で述べるように，具体的にいくら支払うべきかという損害の金銭的評価という難問を抱え込むことになった。

## (2) 損害賠償の範囲

### I. 第416条の位置づけ——相当因果関係説

損害賠償の範囲について定める第416条は，II. で述べるように，改正により，第2項の文言に若干の変更が加えられた。しかし，改正前後を通じて，その構造に変更は加えられていない。

4.3.2（5）で述べたように，かつての通説は，損害賠償の範囲について「**相当因果関係説**」に立ち，第416条は「相当因果関係説」を表していると考えていた。それでは「相当因果関係説」とは何だろうか。

ドイツ民法では，損害賠償の原則として**完全賠償主義**が採用され，原則として，債務不履行と事実的因果関係のあるすべての損害が賠償の対象となるとされた。4.3.2（5）で説明した損害概念の「差額説」はこれを受けたものである。

しかし，「風が吹けば桶屋が儲かる」式に，債務不履行と事実的因果関係のある損害は無限に発生し得る（たとえば，マイホームを購入したところ，家の引渡しが半年遅れたため，その間，借家住まいを余儀なくされ，家賃がかかった。しかも，隣家の騒音が激しく，勉強がはかどらなかったため，子どもは中学受験に失敗してしまった。それを契機に夫婦仲がまずくなり，ノイローゼになった夫は会社にいかなくなったため，会社をリストラされた……）。そのため，完全賠償主義では，損害賠償の範囲があまりに広がりすぎるので，因果関係に「相当因果関係」という概念を持ち込むことによって，損害賠償の範囲に歯止めをかけた。

さて，日本の民法学界は，明治期の末頃から，ドイツの「相当因果関係説」を導入して第416条の説明をするようになった。一般的に，この頃から，ドイツ民法学の影響が強くなったこと等の事情により，「相当因果関係説」は通説的地位を占めるようになった。しかし，今日，「相当因果関係説」に対しては，2つの方向から批判が加えられている。

一つは，今，述べたように，ドイツにおける「相当因果関係説」は完全賠償主義を前提としているのに対して，II. で説明するように，第416条は，そもそも，予見可能性によって損害賠償の範囲を制限するという立場（**制限賠償主義**）に立っている。したがって，日本法の下では，前提を異

にするドイツの学説である「相当因果関係説」を導入する必要はないというものである。もう一つは，判例は，現在でも，損害賠償の範囲を画するに際して「相当因果関係」という用語を用いてはいる。しかし，その概念はあいまいであり，裁判官が賠償すべきだと考えた損害を，債務不履行と「相当因果関係」がある損害だとよんでいるにすぎないというものである。

そして，有力な学説は，従来，「相当因果関係」とよばれているものを，事実的因果関係，損害賠償の範囲，損害の金銭的評価という三段階に分けて分析し，第416条は，損害賠償の範囲を画するルールとして理解されるべきであると主張する。

### II. 第416条の趣旨

第416条は，1854年のイギリスのハドリー対バクセンデール事件判決（Hadley v. Baxendale）をもとにしたものであり，日本民法では，数少ないイギリス法に由来する条文である。ただ，同事件で確立されたルールは，18世紀後半のフランスの学説の影響を受けたものであるといわれている。

さて，第416条第1項は，債務不履行によって「通常生ずべき損害」（通常損害）については，それが発生している限り，特に予見可能性を問題とせずに，損害賠償の範囲に入ると規定する。これに対して，第2項は，「特別の事情によって生じた損害」（特別損害）については，「特別の事情」が予見可能であれば賠償の範囲に入ると規定している。

第2項は，I. で述べたように，改正により若干文言が変わった。すなわち，改正前第2項は，「特別の事情」を，「予見し，又は予見することができたとき」であったのに対し，改正第2項は「予見すべきであったとき」となった。これは，改正前の「予見し，又は予見することができたとき」は，予見していたか否か，予見できたか否かという事実の有無を問題としているというのが素直な読み方ではあるが，通説・判例は，規範的な評価を含む概念として理解していた。そこで，その点を表現するために，「予見すべきだった」という表現に改められたわけである。

### III. 通常損害・特別損害

II. で述べたところから明らかなように，通常損害と特別損害を区別する意味は，予見可能性を立証する必要性の有無にある。すなわち，通常損

害であれば，予見可能性の立証は不要であるのに対して，特別損害であれば，債権者の方で，「特別の事情」の予見可能性を立証する必要がある。

抽象的には，通常損害とは，その種の債務不履行があれば，通常発生するものと社会一般の観念に従って考えられる範囲の損害である。たとえば，返還すべき物を滅失させた場合にはその物の市場価格，売買目的物が給付されなかった場合には同種の物を買うために余計にかかった費用，賃貸借の目的物の返還が遅れた場合には，その間の賃料相当額である。これに対して，特別損害は，特別の事情によって生じた損害であり，たとえば，売主が目的物を引き渡さなかったために，買主が儲けそこなった転売利益である。

ただし，両者の区別は具体的には微妙である。たとえば，今，転売利益の喪失は特別損害だと述べたが，買主が商人の場合には，転売するのが当然であるとして，通常損害になることもあろう。結局のところ，両者の区別は，契約当事者の属性（商人か否か），目的物の種類・性質（不動産か動産か，特定物か不特定物か，代品の購入が可能か），その他の契約内容に照らして，事案ごとに判断されることになる。なお，特別損害であっても，債権者が「特別の事情」の予見可能性の立証に成功すれば，賠償の範囲に含まれるので，損害賠償請求訴訟を提起した債権者としては，通常損害として請求する場合にも，予備的に「特別の事情」を主張・立証する必要はあると思われる。

### ❖ 損害事実説

「損害事実説」によれば，損害とは債務不履行によって発生した不利益な事実を指すが，(3) I. ❖ で述べるように，そこでの損害が，どこまで抽象化されたものであるのかが不明である。たとえば，価格が上昇傾向にある物の引渡債務の履行不能における損害をその物を得られなかったことととらえ，損害の金銭評価の基準時を口頭弁論終結時にとった場合には，そもそも転売利益の喪失自体が損害項目に上がってこなくなる。

### IV．予見可能性

くりかえしになるが，ここでの「予見可能性」は，「予見すべきであったこと」である。したがって，予見可能性の有無は，事実の評価ではなく，

規範的な評価の問題である。

　予見可能性については，①予見の主体と②予見時期の問題があり，改正後においても，解釈に委ねられたままである。これらについて，判例は，①債務者について，②履行時を基準にしている（大判大正7年8月27日民録24輯1658頁）。これに対しては，①両当事者について，②契約締結時を基準とすべきであるとの批判が強い。前者の考えの方が後者の考えよりも賠償の範囲は広くなる。後者の考えは，契約締結時の両者の合意による利益・リスク分配を尊重するのに対して，前者の考えは，契約締結後の各当事者の自己中心的な行動（機会主義的行動）を抑止し，契約を守ることを強調する。すなわち，両者の違いは，契約観の違いにまで遡るものといえよう。

## （3）　損害の金銭的評価

### I.　はじめに

　4.3.2（5）で述べたように，「差額説」は，損害賠償の範囲の問題，損害の金銭的評価の問題，いずれをも第416条の問題として処理している（後述 II. 参照）。これに対して，「損害事実説」は，損害の金銭的評価の問題を損害賠償の範囲の問題から切り離し，第416条は後者だけを扱っているとする。

❖ **損害賠償の範囲の問題と損害の金銭的評価の問題** ══════════════

　実際上，この2つの問題が常に明確に区別できるかは疑問である。たとえば，100万円の物を引き渡す債務の履行不能において，代替品を130万円で購入した場合，差額30万円は通常損害であると見られるが（損害賠償の範囲の問題），同時にそれは損害算定時を代替品購入時としたということもできる（損害の金銭評価の問題）。また，買主が，その物を時価で転売する契約を締結しており，転売予定時の時価が130万円だった場合，転売利益30万円は予見可能であれば特別損害となると見ることもできれば（損害賠償の範囲の問題），他方で，損害算定時を転売時としたと見ることもできる（損害の金銭評価の問題）。

　このように損害賠償の範囲の問題と損害の金銭的評価の問題を明確に区別できない理由は，「損害事実説」における損害が，抽象的な事実——たとえば，今，挙げた引渡債務の履行不能の事例にあっては，物の引渡しを得られなかったという事実——であるのに対して，第416条では，損害賠償の範囲を定める

にあたって，損害について，通常損害・特別損害という具合に抽象度が一段下がったところを問題にすることにあると思われる。

---

## II. 判例の状況

損害の金銭的評価がもっとも争われるのは，価格が変動する物について損害が生じた場合である。損害は，通常，その価格によって評価されるが，価格が変動する場合，いつの時点の価格で評価すべきかが問題となる。「差額説」および判例は，基準時の問題も第416条の問題として処理してきたのに対して，「損害事実説」は，基準時の問題を第416条から切り離して処理しようとしている。基準時の問題に関して，特に，議論されてきたのは，いったん上昇した価格が後で下落した場合，いわゆる中間最高価格の問題についてであり（図34），不法行為の事案についての富喜丸事件（大連判大正15年5月22日民集5巻386頁）がリーディング・ケースである。

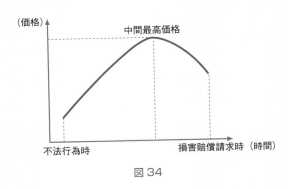

図34

（i）履行不能の場合　　まず，富喜丸事件について説明しよう。

同事件では，沈没した富喜丸という船の損害を金銭評価するにあたり，第一次世界大戦の影響で船の価格が大きく変動したため，その基準時が争われた。大審院は，基準時は不法行為時を原則とするが，中間最高価格での処分について予見可能性があれば，その時点を基準時とすることも可能であるとした。これを債務不履行に置き換えれば，基準時は債務不履行時を原則とするが，その後の価格上昇による転売利益に関しては，第416条を用いて処理するということを意味する。つまり，大審院は，基準時の問

題にも第416条が適用されることを肯定したわけである。

その後，最判昭和37年11月16日民集16巻11号2280頁，最判昭和47年4月20日民集26巻3号520頁は，価格上昇が続いている土地の売買の履行不能の事例において，基準時は履行不能時を原則とするが，価格上昇という「特別の事情」について予見可能性があれば，上昇した価格で請求できると判示した。ここで注意すべきは，これらの判例が上昇した価格での請求を認めた理由は，債権者が保有し得たであろう不動産がそれだけの価値をもつからであり，価格上昇と転売利益獲得の可能性とは切り離されていることである。

(ii) 履行遅滞の場合　　種類物の引渡債務が履行遅滞で解除された事案では，解除時が基準時とされることが多い（最判昭和28年10月15日民集7巻10号1093頁，最判昭和28年12月18日民集7巻12号1446頁）。最高裁は，債務転形論の下，履行請求権が損害賠償請求権に転化する解除時を基準時としているといえる。ただし，最高裁には履行期を基準時とするものもある（最判昭和36年4月28日民集15巻4号1105頁）。

III. 学説の状況

最近の学説は，基準時の問題を第416条から切り離して処理しようとする点では共通しているが，その処理の仕方については見解の一致を見ていない。まず，大きく分けて，基準時は，実体法上決めることができるので，債権者は，基準時についても主張・立証しなければならないという立場と，基準時は裁判官の裁量に委ねられているとして，法解釈の外に放逐する立場がある。前者の立場によれば，債権者は，損害額の主張・立証をしなければならないのに対して，後者の立場によれば，債権者は損害さえ主張・立証すればよく，損害額の主張・立証は不要ということになる。なお，前者の立場も，特定時点を基準時の原則として，いくつかの場合に例外を認める考えと，いくつかの時点が基準時になりえ，債権者は，そのうちの有利な時点を選択できるとするものがある。

なお，近時の民事訴訟法の改正において，損害額算定における裁判官の裁量を認める条文が新設された（民訴第248条）。ただし，この規定は，損害額は当事者が立証すべきことを前提として，「損害の性質上その額を立

証することが極めて困難であるとき」に限って，裁判官が相当な損害額を
認定できると定めたものである。

## 4.3.6　その他の問題

### (1)　賠償額の減額事由

　4.3.5で述べたような方法で求められた賠償額につき，減額がなされる
ことがある。減額事由として挙げられるのは，不法行為の場合と同じく，
過失相殺と損益相殺そして中間利息の控除である。

#### I.　過失相殺

　改正前第418条は，「債務の不履行に関して債権者に過失があったとき
は，裁判所は，これを考慮して，損害賠償の責任及びその額を定める」と
規定していた。ここで，「債務の不履行に関して」とは，不履行の発生に
関する過失だけではなく損害の発生・拡大に関して過失があった場合も含
むとされている。そこで，改正第418条は，「債務の不履行又はこれによ
る損害の発生若しくは拡大に関して債権者に過失があったときは，裁判所
は，これを考慮して，損害賠償の責任及びその額を定める」と改められた。
これが過失相殺であり，公平の要請から認められるものである。不法行為
においても，同様の趣旨から，過失相殺が認められている（第722条第2
項）。

　第722条第2項との違いは，条文上は，①賠償額のみならず，責任の有
無についても，過失相殺を認めている点，②「損害賠償の責任及びその額
を定める」となっていて，過失相殺が裁判所の裁量ではなく，義務となっ
ている点である。しかし，不法行為と債務不履行とで区別する合理的な理
由は見出しがたいとの批判が強いが，改正において，両者の過失相殺規定
の表現を揃えることは見送られた。

#### II.　損益相殺

　たとえば，建物の建築請負契約が注文者の責めに帰すべき事由により履
行できない場合，請負人は，当該契約を解除して，得られなかった報酬相
当額を損害賠償として請求できるが，仕事を免れたことによって支出しな
いですんだ材料費等のコストは賠償額から控除される。このように債権者

が債務不履行によって損害と同時に利益も得た場合に，その利益分を賠償額から控除することを損益相殺という。条文にはないが，公平の理念により解釈上認められている。

損益相殺の一種として，重複填補の調整の問題がある。すなわち，債務者から損害賠償を受ける債権者が，第三者からも支払いを受ける場合に，どのような支払いを賠償額から控除すべきかという問題である。特に，社会保障給付や保険金の扱いが問題となるが，不法行為について判例が発達している（たとえば，最大判平成5年3月24日民集47巻4号3039頁）ので，そちらに譲る。

III. 中間利息の控除

たとえば，医療過誤により，患者に重大な後遺症が残ったために，患者が，もう働けなくなったとしよう。この時，患者は医師に対して，医療契約上の債務不履行による損害賠償として，将来にわたって得られるはずであった賃金相当額を請求できる。しかし，賃金は，本来は，将来にわたって支払われるものであるために，その全額を，一時金として，現在，受けとると，患者（債権者）は，それを運用することによって，賃金相当額以上の金額を取得できることになってしまう。そこで，このような場合には，運用益を損害額から控除する必要がでてくる。その作業が中間利息の控除である。

従来，中間利息の控除については，その方法は判例に委ねられていたが，今回の改正において，明文をもって規定された。すなわち，改正第417条の2である。同条第1項は，将来取得すべき利益の賠償について，利益を取得すべき時までの中間利息を控除するときは，「その損害賠償の請求権が生じた時点における法定利率」によると規定した。同様に，第2項は，将来負担すべき費用の賠償について，費用を負担すべき時までの中間利息を控除するときも，同様とする。改正第417条の2は，不法行為に基づく損害賠償にも準用されており（改正第722条第1項），詳細は不法行為法で学んでほしい。なお，第2章 2.3.4（5）で述べたように，今回の改正において，法定利率は変動制に改められた（改正第404条）。

## (2) 賠償者代位

**賠償者代位**とは，損害賠償をした債務者が債権者の地位に代わって入るということである。

たとえば，AがBから名画を借りて自宅に飾っていたところ，泥棒に盗まれてしまった。AのBに対する名画返還債務が履行不能になってしまったので，Aは，Bに対して，名画の価額を損害賠償として支払った。その後，泥棒が逮捕され，盗まれた名画も無事見つかった。この場合，第422条によると，Bは，Aから，債権の目的物の価額全額の支払いを受けた以上，この名画の所有権は自動的にBからAに移転する。Bの二重利得を避ける趣旨であり，ある意味では，(1) II. で説明した損益相殺と裏返しの関係に立つものである。ただし，この場合，名画はBの元に戻るのが，もっとも素直な解釈である。そこで，Bが，Aに対して，いったんは支払いを受けた賠償金を返して，名画を返してほしいと言った場合には，その請求は認められるべきであると解されている。

## (3) 代償請求権

**代償請求権**は，厳密には損害賠償に関するルールではないが，損害賠償に関連するルールである。たとえば，建物の賃貸借で，建物が，賃借人，賃貸人双方の責めに帰すべからざる事由によって，滅失したとする。この場合，賃借人が火災保険をかけていた場合，賃借人は，建物返還義務を免れて保険金も得られるのに対して，賃貸人は建物を失う。そこで，公平の観点から，保険金を賃貸人に移転するのが望ましいと考えられている。このように，履行不能が生じたときに，不能が生じたのと同じ原因から債務者が目的物の代償と考えられる利益を取得した場合に，公平の観点から，債権者がこうむった損害の限度で，その利益の償還を債権者が請求できる権利を代償請求権という。

条文にはなかったが，学説においては，解釈上，古くから認められており，判例にもこれを認めたものがある（最判昭和41年12月23日民集20巻10号2211頁）。そこで，この法理を明文化すべく，改正第422条の2が新設された。

なお，先の例で，もし，建物の滅失が賃借人（債務者）の責めに帰すべき事由による場合に，代償請求権が認められるか否かについては，判例・通説は肯定するが（前掲最判昭和41年12月23日），賃貸人（債権者）は塡補賠償請求権を有することを理由にして否定する考えも有力である。改正第422条の2は，代償請求権が成立するためには履行不能が債務者の責めに帰すことができない事由によるものであることが必要か否かについては解釈に委ねた。

## （4）　損害賠償額の予定

### I.　意義と目的

　たとえば，家屋の建築請負契約で，完成期日を7月1日とし，もし，遅れれば，一日について一万円支払う契約をした。このように当事者があらかじめ債務不履行の場合の損害賠償額を約定することを，**損害賠償額の予定**という。この約定があれば，債権者は，債務不履行の事実さえ証明すれば，損害の発生を立証しなくても，損害賠償額の予定で定められた賠償額を得られる（改正第420条第1項）。したがって，債務者としては，損害が生じていないことや，実際の損害額が損害賠償額の予定で定められた額よりも小さいことを立証して，減額請求することはできない。また，債権者としても，実際の損害額が損害賠償額の予定で定められた額よりも大きいことを立証して増額請求をすることはできない。

　以上，述べたところからわかるように，損害賠償額の予定がなされる第一の目的が損害賠償に関する紛争を避ける趣旨にあることはいうまでもない。しかし，これに加えて，たとえば，予想される損害よりも多めの額を約定した場合には，債務者の履行を確保するという機能を果たす。また，債務者のリスク計算を容易にすることも可能である。たとえば，新幹線が遅れた場合，乗客の損害は，人によってさまざまではあるが，一律に定めておくことにより，債務者であるJRとしてはリスク計算が可能になり，旅客運賃の算定が容易になる。

　ところで，損害賠償額の予定があっても，債務者は，自己に責めに帰すべき事由がないことを理由に免責されるだろうか。かつての有力説は，損

害賠償額の予定は，債務不履行から生じる「一切の紛争」を避けるために なされるものであるとの理由から，この問題に対して，肯定的な態度をと っていた。これに対して，近時は，損害賠償額の予定は，通常，債務者に 損害賠償責任が発生する場合を念頭において契約されるものであるとして， 債務者は，帰責事由がないことを立証すれば免責されるとする見解が有力 である。

　なお，第420条第2項は，損害賠償額の予定があっても，履行の請求や 解除は妨げられないと規定する。しかし，これは，あくまでも解釈規定で あるので，たとえば，「履行が遅れたら本来の給付に代えて100万円支払 う」という約定のように，履行請求や解除を排除する趣旨が明確であれば， その趣旨に従うことになる。

### II. 損害賠償予定額の増減

　改正前第420条第1項後段は，裁判所は，損害賠償額の予定で定められ た額を増減できないと定めていた。しかし，契約自由の原則が認められて いる以上，当事者が合意によって定めた損害賠償額の予定が当事者を拘束 するのは当然であり，改めて規定する必要はない。

　他方で，特別法によって，損害賠償額の予定に制限が加えられている場 合がある（例：消費者契約法第8条第1項第2号，9条，利息制限法第4条， 割賦販売法第6条）。また，予定された額があまりに高額あるいは低額であ ると，公序良俗違反として全部または一部が無効とされることもある（第 90条）。そこで，改正では，改正前第420条第1項後段を削除した。

　なお，損害賠償額の予定のある当事者間で債務不履行が生じたが，債権 者にも過失がある場合，過失相殺できるか否かが問題となる。近時の学説 および判例は，過失相殺を認める。

### III. 違 約 金

　違約金は，損害賠償額の予定である場合と，違約罰である場合がある。 違約罰とは，債務不履行に対する制裁であり，債務不履行による損害賠償 とは別に，債務不履行をした当事者が支払わなければならないものである。 第420条第3項は，どちらか明確でない場合には，損害賠償の予定と推定 した。したがって，違約罰であることが明確な場合には，債務不履行をし

た当事者は，損害賠償も支払わなければならない。

（5）　金銭債務についての特約

　金銭債務は履行不能にならないという特殊性があるが，それに加えて，改正前第419条は，金銭債務の不履行の場合の損害賠償について以下のような特則をおいている。この特則の建付け自体は，改正後も維持されている。

　すなわち，改正第419条第1項は，損害賠償額は，原則として法定利率を基準にして定められること，ただし，約定利率が法定利率を超えるときには，約定利率によることを定める。今回の改正では法定利率について変動制が採用されたために，基準になる法定利率は，「債務者が遅滞の責任を負った最初の時点における法定利率」と規定された（改正第419条第1項）。

　また，金銭債務の不履行にあっては，債権者は，債務不履行の事実を立証すれば，損害の立証をする必要はなく（第419条第2項），逆に，立証しても，それ以上の賠償を得ることはできない。さらに，不可抗力も免責事由とはならない（同条第3項）。

　このような特則がおかれた理由として，金銭は用途が多様であるため，金銭債務の不履行による損害を判断するのは難しいし，現実の損害は思わぬ高額になることもあるので，そのすべてを債務者に賠償させるのは適当ではないことなどが挙げられる。ただし，故意による債務不履行については，損害の立証があれば賠償を認めるべきだとする見解が有力である。

# 第5章

# 債権の第三者に対する効力

## 5.1　はじめに

　第1章で説明したように，「債権」は，「特定の人（債権者）が他の特定の人（債務者）に対して，一定の行為を請求できる権利」と定義される。この定義からは，債権は，債務者に対する権利であり，一見すると，第三者とはかかわりをもたない，もてないという帰結が導かれそうである。

　しかし，今日，**第三者による債権侵害**については，債権者に対して，一定の保護を与えるべきであると考えられている。また，債権者は，**債権者代位権**（第423条）・**詐害行為取消権**（第424条）（「債権者取消権」とよばれることもある）を行使することによって，債務者と第三者の関係に介入することができる。すなわち，金銭債権以外の債権であっても，最終的には損害賠償債権として金銭債権に転化するので，すべての債権は，結局のところ，債務者の財産を競売に付して換価し，配当を得ることによって実現される。このことは，債務者が全債務を弁済するのに十分な財産をもたないときは，債権者は，債権の回収ができないおそれがあることを意味する。そこで，債権者は，債務者の財産状態に関心をもち，債務者が財産を減らさないように，さらには，できるならば，増やすように望むことになる。しかし，財産をどのように使うかは，その所有者である債務者の自由であり，債権者といえども，その使い道に口を挟むことはできない。これが原則である。しかし，民法は，一定の要件のもとで，債権者が債務者の財産の使い道に口を挟むことを認める。これが，債権者代位権（第423条）と

詐害行為取消権（第424条）である。

　そこで，本章においては，債権を実現あるいは保護するために，債権者が，第三者と関わりをもつことが認められる場合である債権者代位権・詐害行為取消権および第三者による債権侵害について説明することにする。

## 5.2　責任財産の保全

　**債権者代位権**（423条）・**詐害行為取消権**（424条）は，通常，**責任財産保全**のための制度と言われる。

　5.1で述べたように，金銭債権はもちろん，非金銭債権であっても最終的には金銭債権である損害賠償債権に転化するので，債務者が任意に履行しない場合，債権者は，債権の実現を図るために，債務者の財産に対して強制執行することになる。すなわち，債務者の財産を競売で換価して，そこから自分の債権の満足を得るわけである。このように，債権者は，債務者の財産——正確には，担保権の対象となっている財産および差押禁止財産（民執第131条，第152条など）を除いた一般財産とよばれる債務者の財産——を引当にして自分の債権の満足を得る。債務者の一般財産は債権者の債権の引当になっており，このような観点から一般財産を見た場合，これを「**責任財産**」とよぶ。

　ところで，債務者は，本来，財産管理権を有しており，自分の財産をどうしようが勝手なはずである。しかし，時として，債務者の自由にさせておくと，債権者が害される場合がある。たとえば，Aの債務者であるBがCに対して100万円の売掛代金債権を有しているのに，それを行使しないで，ひたすら，時効にかかるのを待っている（図35）。あるいは，もっと悪質になると，どうせ，強制執行にあって債権者にもっていかれるの

図35

ならとばかり，自分の不動産を人にただでくれてやる。そうなると，債務者の責任財産が危うくなるので，債権者としてはたまったものではない。このような場合，例外的に，債権者に対して，債務者の財産管理権に対する干渉を認めたのが，債権者代位権と詐害行為取消権である。すなわち，債権者代位権によって，債務者の責任財産の減少をくい止め，維持し，詐害行為取消権により，債務者の責任財産から流出した財産を，もう一度，責任財産に取り戻して，債務者の財産内容を回復する。このように，債権者取消権・詐害行為取消権は，責任財産を保全するための制度である。では，何のために責任財産を保全するかというと，将来の強制執行の準備のためである。

　以上が，債権者代位権・詐害行為取消権について，通常，説かれるところである。しかし，債権者代位権は，責任財産の保全以外にも，債権内容の実現あるいは強制執行手続代替の機能を営むことが多いので，その制度趣旨をめぐって争いがあった。また，詐害行為取消権については，その機能が責任財産の保全にあるということは争いはなかったが，執行法や倒産法との整合性をめぐって議論があった。今回の改正により，債権者代位権は1か条だった条文が7か条に，詐害行為取消権は3か条だった条文が14か条に増えた。しかし，今回の改正は，債権者代位権・詐害行為取消権の有り様をがらっと変えたものではない。

## 5.2.1　債権者代位権

### (1)　はじめに

　債権者代位権（改正第423条〜改正第423条の7）とは，債権者Ａが，債務者Ｂに対してもつα債権を「保全するため」に，Ｂが第三者Ｃに対してもつβ権利をＢに代わって行使する権利である。ここで，α債権を被保全債権，β権利を被代位権利とよぶ（図36）。

❖ **債権者代位権の制度趣旨の問題** ━━━━━━━━━━━━━━━━
　債権者代位権は，旧民法財産編第339条を経てフランス民法第1166条につながる制度である。同条の起源は明らかではないが，フランス民法にこのような制度がおかれたのは，不動産の引渡しまたは給付を求める債権およびその他

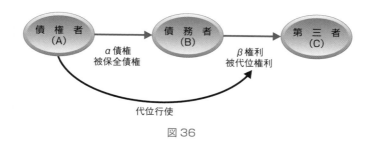

図36

の財産権に対する執行方法がまったく欠けていたために，その欠陥を補うためだといわれる。しかし，代位行使される権利は債権であることが多いため，簡易で有効な債権差押手続（saisie-arrêt）が完備されると，債権者代位権は用いられることが少なくなったといわれる。

　さて，旧民法において，ボアソナードは，債権者代位権を強制執行と密接に関連する債権回収機能を営む制度として構想していた。たとえば，Ａは，ＢのＣへの取り立て権能を代位して，ＣからＢに対して100万円支払わせた上で，それに強制執行するという方法を考えていた（図36）。しかし，わが国では，強制執行手続については，非常に完備したドイツ法が継受された。すなわち，Ａが，Ｂに対する債権について，ＢのＣに対する債権から弁済を受ける場合には，Ｂに対する債務名義を基にして，ＢのＣに対する債権を差し押さえた上で，Ｃから取り立てたり，転付命令を得ることが可能になった。このように，債権者代位権は，債権執行の手続と競合するようになったために，同じ目的をもつ2つの制度を併存させておくのは制度の効率という観点から疑問であり，立法論的には，後者に一本化すべきであるとの指摘がなされた。

　しかし，以下に述べるように，現在，債権者代位権は，解除権や取消権のように，強制執行の目的とはなりえない権利についても用いることができ，さらに，強制執行にあっては債務名義が必要であるのに対して，債権者代位権では不要であることから簡易な債権回収手続としての機能を果たしている等のメリットがある。そこで，債権者代位権のさまざまなメリットをどのように評価し，債権者代位権を理論上どのように位置づけるかという問題がでてくることになる（後述（7）参照）。

---

（2）　要　　件

　債権者代位権行使の要件は，改正第423条の条文に沿って整理すると以下のようになる。ただし，債権者代位権の現実の機能に沿って緩和された

り，例外が設けられた要件も多い（後述（6）参照）。

| 被保全債権 | 金銭債権<br>履行期の到来<br>強制執行により実現できる<br>ものであること | （改正第 423 条第 2 項）<br>（改正第 423 条第 3 項） |
|---|---|---|
| 債 務 者 | 無資力であること<br>権利を行使していないこと | |
| 被代位権利 | 一身専属的でないこと<br>差押えを禁じられていない<br>こと | （改正第 423 条第 1 項但書）<br>（改正第 423 条第 1 項） |

I．債権保全の必要性

　改正第 423 条第 1 項本文は，債権者代位権行使の要件として，「自己の債権を保全するため」を挙げる。したがって，いわずもがなではあるが，「自己の債権」すなわち被保全債権が有効に存在していなければならない。ただし，詐害行為取消権とは異なり，債権者代位権にあっては，被保全債権が被代位権利よりも，先に成立している必要はない。

　さて，債権保全の必要性に関する要件は，以下のように理解されている。

　すなわち，まず，被保全債権である「自己の債権」は金銭債権であり，「保全するため」，つまり，保全の必要性とは，代位権を行使しないと債務者の責任財産が減少し，その結果，債権者が「自己の債権」について完全な弁済を受けられなくなること，すなわち，債務者が無資力であることを意味するとされる。そこで，保全の必要性は無資力要件とよばれることもある。無資力要件は，条文上は，要求されていないが，債務者の財産管理権に干渉できないはずの債権者による干渉を許す正当化のための要件として課されるものであり，判例は，古くから，債権者代位権行使の要件として無資力要件を挙げている（大判明治 39 年 11 月 21 日民録 12 輯 1537 頁）。

II．被保全債権の要件

　(i)　金銭債権　　I．で述べたように，金銭債権でなければならない。

　(ii)　履行期の到来　　履行期前には債権は行使できない以上，債権者代位権を行使するためには，被保全債権が履行期にあることは当然である。しかし，第 423 条第 2 項但書は，保存行為については，履行期前であって

も，債権者代位権の行使を認めている。保存行為とは，債務者の財産の減少を防ぎ現状を維持する行為である。例としては，時効中断や未登記不動産についての保存登記，第三債務者（図36のC）破産の場合の債権届出などが挙げられる。

❖ **裁判上の代位**
　改正前は，履行期前の債権者代位権の行使として，裁判所の許可を得てする裁判上の代位が認められていた（改正前第423条第2項本文，旧非訟第85条〜第91条）。しかし，ほとんど利用されず，他方，民事保全制度が整備されているので，今回の改正で裁判上の代位は廃止された。

　(iii)　執行力のある債権　　被保全債権は，執行力のある債権，すなわち，強制執行により実現することができるものでなければならない（改正第423条第3項）。債権者代位権は，責任財産を保全し，強制執行の準備のための制度だからである。

Ⅲ. 被代位権利の要件

　改正第423条第1項但書は，「債務者の一身に専属する権利及び差押えを禁じられた権利」は，代位行使の対象とならないと規定している。

　(i)　一身専属権　　学説上，一般に，一身専属権には，「行使上の一身専属権」と「帰属上の一身専属権」（第896条但書）がある。改正第423条第1項但書は前者の意味の一身専属権に関わるものであり，権利を行使すべきかどうかを債務者の意思に任せるべき権利だとされる。

　さて，権利を行使すべきかどうかを債務者の意思に任せるべき権利の典型例としては，離婚請求権や親権のような親族法上の権利を挙げることができる。しかし，これらの権利は財産的価値がないので，このような権利を代位行使しても，そもそも責任財産の保全には役立たない。

　他方で，相続法上の権利には，遺産分割請求権や相続回復請求権あるいは遺留分侵害額請求権（改正第1046条）（改正前は遺留分減殺請求権（改正前第1031条））のように責任財産の保全に役立つものが多い。これらの権利の行使は，本来，債務者の意思に任せるべきものではあるが，無資力状態に陥っている債務者に対してまで債権者を犠牲にして完全にその意思に

任せていいかという問題がある。最判平成13年11月22日民集55巻6号1033頁は，遺留分減殺請求権について，遺留分権利者が「これを第三者に譲渡するなど，権利行使の確定的意思を有することを外部に表明したと認められる特段の事情がある場合を除」いて，代位行使の対象とならないと判示した。また，慰謝料請求権についても，被害者自身が行使しない限り代位行使の対象とはならないが，被害者が権利行使し，具体的な金額が確定すれば，その代位行使は可能であるとされる（最判昭和58年10月6日民集37巻8号1041頁）。

(ii) 差押えを禁じられた権利　たとえば，民事執行法上の差押禁止債権（民執第152条）や年金受給権（国年第24条）などは，政策上，債務者の責任財産を構成せず，代位行使できないとされてきた。改正第423条第1項但書は，これを明文化した。

被代位権利については，(i)(ii)を除くという以外に制約はない。したがって，取消権・解除権あるいは相殺，消滅時効の援用，いずれも代位行使が認められている（判例）。また，代位権の代位行使も判例は認めている。

Ⅳ. 権利の不行使

債権者代位権を行使するためには，債務者がその権利を行使していないことが必要である。この要件は規定上は明らかではないが，代位権の当然の要件とされている（最判昭和28年12月14日民集7巻12号1386頁）。なお，債権者代位権が行使された場合の債務者の権利の帰趨については，(5)で述べる。

(3) 代位行使の方法

債権者代位権は，詐害行為取消権とは異なり，裁判外でも行使することができる。そして，債権者は，債務者の代理人としてではなく，自己の名で権利を行使する。したがって，訴訟の際に原告になるのは債権者である。しかし，債権者が行使するのは，あくまでも債務者の権利であるから，代位権行使の相手方は，債務者（被代位権利の権利者）に対して対抗できる一切の事由，たとえば，同時履行の抗弁権，契約の無効，相殺等を債権者に主張できる（改正第423条の4）。

さて，判例によれば，被保全債権，被代位権利ともに金銭債権の場合に，債権者が代位行使できるのは，被保全債権の金額に限られる（最判昭和44年6月24日民集23巻7号1079頁）。改正第423条の2は，これを明文化し，「被代位権利の目的が可分であるときは，自己の債権の額の限度においてのみ，被代位権利を行使することができる」と規定した。たとえば，債務者の1億円の債権を行使する場合であっても，被保全債権が5,000万円なら，債権者は，5,000万円分しか請求できない。債権者代位権の責任財産保全機能からすると代位行使される債権全額の行使を認めるべきであるという批判も傾聴に値する。しかし，（4）で述べるように，債権者代位権は債権回収機能も営むので，この機能からすると当然ということになる（後述（7）参照）。

## （4）　代位債権者の請求の内容

　（3）で述べたように，代位債権者が行使するのは，あくまでも，債務者の権利である以上，債権者は，債務者が第三者に請求できる以上のことを請求することはできない。これが原則である。したがって，たとえば，被代位権利が移転登記請求権である場合には，「債務者に登記を移せ！」と請求することになる。しかし，被代位権利が物の引渡請求権である場合には，判例は，代位債権者への引渡しを請求できるとする。せっかく訴訟で勝訴しても，債務者が引き取りを拒否すると実効性がなくなるからである。改正第423条の3第1文は，動産および金銭について，その旨を明文化するとともに，第2文において，「相手方が代位債権者に対しその支払又は引渡しをしたときは，被代位権利は，これによって消滅する」と規定する。すなわち，有効な弁済となるのである。

　さて，被代位権利が動産の引渡請求権の場合には，代位債権者は自己への引渡しを求めることはできるが，引き渡された動産は，あくまでも，債務者の財産であり，債務者の責任財産を構成する。したがって，代位債権者は，当該動産を債務者の意思に関わらず，被保全債権の弁済に充てたかったら，その物に強制執行する他はない。すると，他の債権者は平等の立場で執行に参加することになる。

ただし，これには例外がある。引き渡された物が金銭であった場合でも，代位債権者は当該金銭を自分の物とすることはできず，当該金銭を債務者に返還する義務がある。しかし，判例は，代位債権者は，自分の債務者に対する債権を自働債権，受け取った金銭の債務者への返還債務を受働債権とする相殺を認めている（大判昭和10年3月12日民集14巻482頁）。その結果，代位権者は，事実上，優先弁済を受けることが可能になる。これは責任財産の保全という債権者代位権の目的から逸脱することから，これをどのように評価するかが問題となっていた。改正過程では，相殺を禁止する提案がなされたが，最終的には，禁止規定はおかれなかった。

## (5) 効　　果

　問題は，以下に述べるように，2つある。一つは，債権者代位権が行使された場合に債務者の権利行使は制限されるか否か，もう一つは，代位訴訟の判決の効果は債務者に及ぶか否かである。

### I. 債務者の権利行使の制限

　改正前の非訟事件手続法第88条第3項は，履行期前の裁判上の代位の申請が許可されたときは，裁判所は代位行使許可を債務者に告知しなければならず，告知を受けた債務者は権利の処分ができなくなると定めていた。そこで，通説・判例は，履行期後の裁判外の代位でも，債権者がこれを債務者に通知するか，債務者がこれを知った後には，債務者は権利の処分ができなくなると解していた（最判昭和48年4月24日民集27巻3号596頁）。したがって，たとえば，債権者が被保全権利である金銭債権の取立てにかかった場合には，債務者は，当該債権の弁済を受けたり，譲渡することはできなくなる。この見解は，債権者代位権が責任財産保全制度であることを強調し，その正当な目的を達成できるように，代位権行使のプロセスおよびその結果をなるべく尊重しようとするものである。

　しかし，これに対して，以下のような反対説があった。すなわち，債権者代位権は，債権者が，責任財産保全のために，債務者が行使しない権利を同人に代わって行使する権利である以上，債務者自身の権利行使を認めないとするのは，債務者の財産管理権に対する過剰な介入である。あるい

は，債権者代位権の行使により債務者の権利行使が阻止されるとすると，債権者代位権の行使を受けた第三債務者は，代位権の行使が適法ならば債権者に，不適法ならば債務者に履行しなければならなくなる。そのため，この判断を誤った第三債務者は，二重弁済を強いられるのに等しくなる，と。

改正第 423 条の 5 は，反対説を容れて，代位債権者が被代位権利を行使した場合も，債務者は被代位権利の処分を制限されず，相手方も債務者に対して被代位権利の履行ができると規定した。

II. 代位訴訟の判決の効力

判決の効力は訴訟当事者にのみ及ぶのが原則である。しかし，通説・判例（大判昭和 15 年 3 月 15 日民集 19 巻 586 頁）は，債権者代位権の行使としての訴訟は，責任財産保全の目的を有する以上，その結果は，債務者も含めて確定されなければならないとして，法定訴訟担当の一場合（民訴第 115 条第 1 項第 2 号）として，訴訟当事者ではない債務者にも判決の効力が及ぶことを認めていた。これは，改正後も維持されている。

なお，改正第 423 条の 6 は，債務者の手続保障の観点から，代位訴訟を提起した債権者は，「遅滞なく，債務者に対し，訴訟告知しなければならない」と規定した。訴訟告知を受けた債務者は，債権者の提起した代位訴訟に参加することができるが，二重起訴の禁止（民訴 142 条）が及ぶので，債務者は，第三債務者を被告とする別訴を起こすことはできない。


(6)　債権者代位権の「転用」

I. 非金銭債権を被保全債権とする債権者代位権の行使

債権者代位権は責任財産の保全を目的とする制度であるとの理由から，被保全債権は，金銭債権——元来の金銭債権と金銭債権である損害賠償請求権に転化したもの——であることが必要だとされてきた。

しかし，判例は，戦前から，一定の場合に，非金銭債権を被保全債権とする債権者代位権の行使を認めてきた。この場合，債権者代位権は，責任財産の保全のためではなく，被保全債権の直接の実現のために用いられることから，債権者代位権の転用とよばれている。債権者代位権の転用は，

責任財産の保全とは無関係だから，債務者の無資力要件は要求されない。
その代表は，①自己の登記請求権を被保全債権として債務者の登記請求権
を代位行使する場合と，②自己の賃借権を被保全債権として債務者たる所
有者の妨害排除請求権を代位行使する場合である。

(i)　自己の登記請求権を被保全債権とする債務者の登記請求権の代位行使

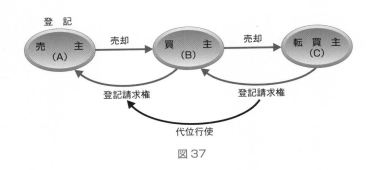

図37

大判明治43年7月6日民録16輯537頁より認められている（図37）この
場合，Cが，自分への売主Bではなく，Bへの売主であるAに対して，
所有権に基づいて，「自分に登記を移せ！」（中間省略登記）という請求は
認められていない。そこで，Cが，Aから自分の所へ登記をもってくるに
あたり，債権者代位権を用いる。すなわち，Cは，自らのBに対する登
記請求権に基づいて，BがAに対してもっている登記請求権を代位行使
することによって，登記を，まず，Bにもってくる。そして，次に，自分
のBに対する登記請求権を行使して，Bから自分のところへ登記をもっ
てくる。

債権者代位権の転用に対しては，批判的な学説もある。すなわち，債権
者代位権の転用は便法であり，直接的な請求権を認めることによって問題
の解決を図るべきだ，と。しかし，直接的な請求権に関する法理論が未だ
熟していない状況においては，転用を認めたからといって，債務者，第三
債務者の地位が不当に損なわれるわけではない以上，転用は認めてもよい
と考えられる。改正作業においても，当初は，転用について一般的要件を
定めることが提案された。しかし，適切な要件設定が困難であることから，

一般的要件規定の新設は見送られ，具体例として，この転用事例を明文化した改正第 423 条の 7 をおくにとどめた。

改正第 423 条の 7 は，登記・登録をしなければ権利の得喪及び変更を第三者に対抗できない財産を譲り受けた者（C）は，譲渡人（B）が第三者（A）に対して有する登記（登録）手続請求権を行使しないときは，その権利を代位行使することができると規定する。この場合，相手方の主張できる抗弁に関する改正第 423 条の 4，債務者の処分権限に関する改正第 423 条の 5 および訴訟告知に関する改正第 423 条の 6 が準用されている。

(ii) 自己の賃借権を被保全債権とする債務者たる所有者の妨害排除請求権の代位行使

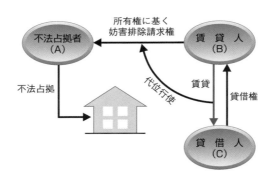

図 38

たとえば，C は，B から，その所有に係る家屋を賃借した。しかし，その家屋は A が不法占拠しているにもかかわらず，賃貸人 B は何もしてくれない。C は賃借権をもってはいるが，判例上，賃借権に基づく妨害排除請求権が認められるには，賃借権に対抗力がなければならない（二重賃借人につき最判昭和 28 年 12 月 18 日民集 7 巻 12 号 1515 頁，不法占拠者につき最判昭和 30 年 4 月 5 日民集 9 巻 4 号 431 頁）（図 38）。この場合，C は，未だ家屋の引渡しを受けていないので，通常，その賃借権に対抗力はないし（借地借家法第 31 条），また，占有訴権もない。これに対して，所有者である B は，不法占拠者に対して，所有権に基づく妨害排除請求権を有する。そこで，

判例は，Cが，Bに対する賃借権を保全するために，BのAに対する妨害排除請求権を代位行使することを認めた（大判昭和4年12月16日民集8巻944頁）。これによって，Cは，家屋の明け渡しを受けることが可能になる。

この点，改正第605条の4は，判例が認めていた対抗力のある賃借権に基づく妨害排除請求権を明文化した。すなわち，対抗要件を具備した不動産の賃借人は，①その不動産の占有を第三者が妨害しているときは，その第三者に対する妨害の停止の請求を，②その不動産を第三者が占有しているときは，その第三者に対する返還の請求をすることができる，と。対抗力のない賃借権について妨害排除請求権が認められるか否かは，解釈に委ねられているが，認められるとすると，もはや，債権者代位権を用いる必要はなくなる。

II. 金銭債権を被保全債権とする債権者代位権の行使

金銭債権を被保全債権とする債権者代位権の行使であるが責任財産の保全を目的としない場合がある。

(i) 共有不動産に関する特殊な事案（最判昭和50年3月6日民集29巻3号203頁）（図39）

事案は，簡略化すると以下の通りである。

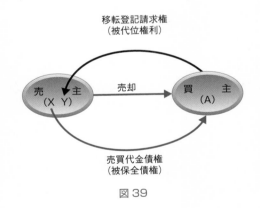

図39

X・Yは，その共有に係る不動産をAに売却した。しかし，Yが，Aに対する移転登記手続に協力しないために，Xは，Aから売買代金を支払っ

てもらうことができない。そこで，Ｘは，Ａの同時履行の抗弁権を消滅させて，Ａに対する売買代金債権を実現するために，売買代金債権の債務者であるＡがＹに対してもっている登記移転請求権を代位行使して，Ｙに移転登記を求めた。

この事案における被保全債権は，確かに，金銭債権であるが，最高裁は，「債務者たる買主の資力の有無を問わず」，Ｘによる債権者代位権の行使を認めた。この事案において，債権者代位権を行使したＸの意図は，Ａに対する売買代金債権の実現であり，債務者の責任財産の保全にはない。そこで，被保全債権が金銭債権ではあるが，無資力要件が要求されなかったものであり，その意味で，この事案は転用事例（I.）と共通する。

(ii) 責任保険契約者の保険会社に対する保険金請求権を被代位権利とする事案（最判昭和49年11月29日民集28巻8号1670頁）

事案は，以下の通りである（図40）。

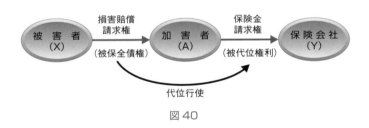

図40

交通事故の被害者であるＸが，加害者であるＡが責任保険契約を締結していた保険会社Ｙに対して，Ａに対する損害賠償請求権を被保全債権として，ＡがＹに対して有する保険金請求権を代位行使した。なお，Ｘが債権者代位権を行使したのは，その当時，任意保険の場合には，被害者から保険会社に対する直接請求が認められていなかったためである。この事件において最高裁は，被保全債権は金銭債権であることを理由に，無資力要件を要求し，Ｘの請求を斥けた。

しかし，責任保険にあっては，被保全債権である損害賠償請求債権と被代位権利である保険金請求権の間には，前者は後者によってまかなわれるという密接な関連があることから，この判決に対しては批判が強い。しか

し，この判決の事案は，I.（i）（ii），II.（i）とは異なり，代位行使される権利が行使されないと被保全債権が実現しないという関係にはない。そのため，この判決において無資力要件を外してしまうと，債権者代位権は，文字通り，債権執行手続と並ぶ，かつ，同手続より簡易な債権回収手続となり，債権者代位権の位置づけに大きな変容を迫られることになる。

## (7) 債権者代位権の位置づけ

以上，説明したように，通常，債権者代位権は責任財産保全のための制度であると説かれるが，現実には，それだけでは説明できない機能を営んでいる。そこで，改正前は，現実に営んでいる機能を前提として，債権者代位権を位置づけし直そうとの試みがなされていた。この試みは，簡易な債権回収機能を債権者代位権の機能として正面から積極的に認めようとする方向性をもつものであった。改正後も，債権者代位権が現実に営んでいた機能は維持されることになったが，改正法は，簡易な債権回収機能を債権者代位権の機能として正面から認めたわけではない。債権回収機能は，債権者は第423条の3によって受領した金銭を債務者に返還すべき債務があることを前提に，被保全債権との相殺が禁じられていないことによるものである（（4）参照）。

❖ **包括担保権説**

この試みの中で精緻な理論を展開するのが「包括担保権説」である。「包括担保権説」は，次のように説く。債権者は債務者の総財産に対して一種の「包括担保権」を有し，その実行方法として，債権者代位権がある。一般には，債権者代位権の行使には無資力要件が必要であるが，被保全債権が代位行使される権利によって担保される関係が密接であればあるほど，無資力要件は不要である（（6）II.（ii）参照），と。

「包括担保権」とは，フランス慣習法に由来する概念ではあるが，その意味するところは，未だ，明確ではない。しかし，結局のところ，債務者の総財産が債権者の債権の引き当てになっているということと同じではないだろうか。そうだとすると，「包括担保権」から債権者の優先弁済権を導くのは，論理の飛躍があるように思える。確かに，同説によれば，通説が例外的な地位におしとどめた債権者代位権の債権回収機能を債権者代位権の中心的機能として正当化することはできる。しかし，債権者代位権の行使が「包括担保権」の行使で

あるなら，なぜ，債権者が自己の担保権を行使するに際して無資力要件が課されるのか，理論上，説明できない。また，「包括担保権説」では，債権者代位権の債権回収機能以外の機能は，すべて，例外的地位に押しやられてしまうために，責任財産保全を目的とする従来の説明以上に，説明できる範囲が狭くなってしまう。

　結局のところ，理論的にきれいな説明をするには立法を待つしかなさそうであった。確かに，立法によって債権者代位権を制度として純化すれば，理論的にはすっきりする。しかし，その場合，従来，債権者代位権が営んできた機能のうち，切り捨てられるものがでてくる。明治時代のように白地に立法するのとは異なり，改正となると，このような，ある意味で「既得権」的なものをどのように処理するか——たとえば，代替方法を準備して，結果的には，残るようにするのか，あるいは，全く切り捨ててしまうのか——という問題が残る。そして，改正法も，結局は，「白地」からの立法はできなかったということである。

## 5.2.2　詐害行為取消権

（1）　はじめに

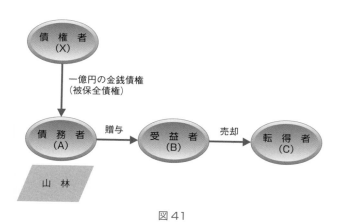

図41

　たとえば，XはAに対して1億円の債権をもっている。Aの財産といえば，先祖伝来の山林だけだ。Aとしては，どうせ，もっていても，借金のかたにとられるだけだというので，この山林をBに贈与してしまった。

この場合のBを受益者という。そのBが，さらに，Cに売却してしまった。この場合のCを転得者という（図41）。

　さて，Xとしては，こんなことをされては，Aに対する1億円の債権回収のためにAの財産に強制執行しようとしても，肝心の財産がなければ，強制執行は空振りに終わってしまい，自分の債権の満足を得られない。そこで，このような場合に，Aの下から流出した財産——今の場合はAの唯一の財産である山林——を，AB間の贈与を取り消すことでAの下に取り戻す。これが詐害行為取消権（改正第424条）（債権者取消権ともいう）である。何のために取り戻すかというと，今，述べたように，取り戻した財産に強制執行するためである。詐害行為取消権は，債務者の責任財産の保全を目的とする制度であり，取消権を行使することによって強制執行の準備をするわけである。なお，債権者代位権とは異なり，詐害行為取消権の場合，取消しは裁判所に請求しなければならない（改正第424条第1項本文）。

　詐害行為取消権と似た制度に破産法上の否認権（破第160条以下）がある。破産法上の否認権も，危機的状況下にある債務者が処分した財産を取り戻して，破産財団を豊かにして，それだけ債権者への配当を増やそうという制度である。しかし，破産法上の否認権は，裁判所から破産手続開始決定を受けた債務者に対してしか使えない。お金がないから破産するとはいうものの，破産手続というのも，結構，費用がかかるものである。そこで，実際上，詐害行為取消権は，この費用を節約するために行使されることが多いという。

　詐害行為取消権は，5.2.1で述べた債権者代位権とは異なり，その存在理由については疑いをもたれていない。すなわち，差押えや仮差押え，あるいは，処分禁止の仮処分は，それを用いることによって，債務者が行おうとしている財産処分を事前に阻止することは可能である。しかし，いったん行われた処分の効果を否定することはできない。確かに，破産法上の否認権を用いれば，同様な効果を挙げることはできるが，前述したように，否認権を行使するには，債務者について破産手続という重い手続を開始しなければならない。

さて，詐害行為取消権は，直接には，フランス民法第 1167 条（2016 年改正により 1341-2 条になった）の action paulienne に由来する制度であるが，同制度は，ローマ法上の actio Pauliana（パウルス訴権）に遡ることができる。債権者代位権とは異なり，詐害行為取消権と同様の制度は，ドイツ法にも，英米法にも存在する。このように詐害行為取消権は，制度趣旨は明瞭であるが，（3）で述べるように，その法的性質をめぐっては，議論があり，どの説も「帯に短し，たすきに長し」状態であったところ，改正法は，この点について，一応の決着をつけた。

## (2) 要　　件

### I. 債権者側の要件──被保全債権

　5.2.1 （2）I. で述べたように，債権者代位権の場合には，被保全債権は，被代位権利より先に成立している必要はない。しかし，詐害行為取消権の場合には，取り消しの対象となる詐害行為がなされた時に，被保全債権が成立していることが必要である。というのは，詐害行為の前に債権をもっていた債権者の場合には，詐害行為が行われると，それだけ自分の債権の引き当てとなる財産が減って，債権回収が危うくなるので，保護する必要がある。これに対して，すでに詐害行為が行われた後に債権を取得した債権者の場合には，減少した状態の責任財産を前提に債権を取得しているので，詐害行為によって害されることはないからである。この点は，従来より異論のないところであり，改正第 424 条第 3 項により，明文化された。また，被保全債権は，強制執行により実現できるものでなければならないことも，従来より異論のないところであり，この点も，改正第 424 条第 4 項により，明文化された。

　さて，詐害行為取消権の制度趣旨は責任財産の保全にあるので，被保全債権としては金銭債権が想定される。金銭債権以外の債権も，終局的には，損害賠償債権という金銭債権に転化するが，詐害行為取消権を行使するためには，被保全債権は，詐害行為時に，金銭債権であることを必要とするか，あるいは，特定物債権であってもよいかという問題がある。この問題を扱ったのが，最大判昭和 36 年 7 月 19 日民集 15 巻 7 号 1875 頁である。

事案は簡単にすると以下の通りである（図42）。

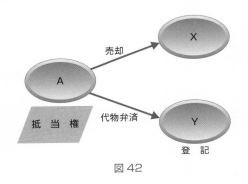

図42

　Xは，Aより不動産（価格10万円以上）を購入した。この不動産には，Yの抵当権（被担保債権額8万円）がついていたので，Xは，この抵当権を抹消し，自己への移転登記と引き換えにAに残金3万円を支払うと約束していた。ところが，Aは，Yに，代物弁済としてこの不動産の所有権を移転し，移転登記を了してしまった。そこで，Xは，A・Y間の代物弁済の取消しを求めて提訴に及んだ。

　最高裁は，特定物引渡債権といえども，「窮極において損害賠償債権に変じうるのであるから，債務者の一般財産により担保されなければならないことは，金銭債権と同様だから」，「特定物引渡請求権といえどもその目的物を債務者が処分することにより無資力となった場合には，該特定物債権者は右処分行為を詐害行為として取り消すことができる」と判示した。

❖ **金銭債権である必要性**

　このような二重譲渡の事案では，Y（第二譲受人）への移転登記により，X（第一譲受人）の債権は履行不能になるので，詐害行為取消権行使時には，取消債権者の債権は金銭債権たる損害賠償債権になっている。したがって，同判決は，取消債権者の債権は，詐害行為取消権行使時までに，金銭債権となっている必要があるか否かについては答えていない。詐害行為取消権は，強制執行の準備としての責任財産の保全を目的とするものであるということを強調すれば，遅くとも，詐害行為取消訴訟の口頭弁論終結時までには，金銭債権になっている必要があると解されることになる。

なお，同判決において，最高裁は，Yに対して，価格賠償を命じたため，取消債権者であるXは，自己への移転登記を請求できるか否かについてはふれていない。その点については，（4）で述べる。

II. 債務者側の要件

　改正第424条第1項は，取消しの対象となる詐害行為について，「債務者が債権者を害することを知ってした行為」と規定するとともに，但書で，受益者が，「その行為の時において債権者を害することを知らなかったときは」取消権は成立しないと定めている。そこで，取消権の対象となる行為は，①「債務者」の②「行為」であること，③債権者を害する行為であること，④債務者が債権者を害することを知ってした行為であることが必要であり，⑤受益者が善意であれば取り消せない。債務者側の要件①②③④のうち，①②③が客観的要件，④が主観的要件である。

　しかし，一口に債権者を害する行為（③）といっても，その害する程度はさまざまである。また，債務者が債権者を害することを知っている（④）といっても，単に知っているという場合もあれば，債権者を害してやろうという害意までもっている場合もあるという具合に，悪意の程度もさまざまである。そこで，改正前においては，詐害行為取消権の成否を判断するにあたっては，客観的要件と主観的要件は別々にではなく，相関的に判断されていた。他方，2004年（平成16年）に改正された破産法は，否認権に関する規定（破第160条〜166条，170条）を整備し，否認の対象となる行為とそうでない行為の区別を明確化した。これらの規定の影響を受けて，改正法は，詐害行為取消権の対象となる行為についての一般的要件を定めるとともに（改正第424条），個別的要件を定めた類型をいくつかおいた（改正第424条の2〜424条の4）。

❖2004年の破産法改正

　詳細は破産法に譲るが，2004年（平成16年）に改正された破産法では，責任財産の状態に変動をもたらさない行為である弁済，担保の供与，相当の対価での売却に関する否認権について改正が加えられた（(ii) 3. 参照）。前二者のように一部の債権者だけに優先的な弁済を得させる行為は偏頗行為とよばれるところ，偏頗行為については，改正前の破産法では，改正前民法の詐害行為取消権と同様に，他の詐害行為類型とともに故意否認の対象とされていた（改正

前破産法第72条)。これに対して，改正破産法では，偏頗行為は故意否認の対象から除外されるとともに，新規借入れのための担保の供与は否認の対象から除外されることになった（第160条第1項，第162条第1項）。

### (i) 一般的要件

### 1. 客観的要件

① 「債務者」の行為であること——その1　債務者以外の者が行った行為は，取消しの対象とはならない。たとえば，物上保証人となって自己の不動産に抵当権を設定することを債務者に約した者による当該不動産を譲渡する行為や債務者の財産を譲り受けた受益者による当該財産を譲渡する行為は，取消しの対象とはならない。

❖ 取消しの対象になりうる場合 ════════════════

これに対して，たとえば，資力の十分にある者（第三債務者）に対して甲債権を有する債務者がいたとする。そこで，特定の債権者に弁済を受けさせるために，債務者がこの債権者と共謀して同人の乙債権のために公正証書を作成し，同人が，それを元に，甲債権に対して強制執行をかけて，乙債権の満足を得た場合を考えてみよう。本来，強制執行は債権者の行為であるから，取消しの対象とはならない。しかし，このような場合，債権者は自らが開始した強制執行手続によって債権の満足を得たとはいうものの，実質的には，債務者が弁済を行ったのと紙一重である。また，(ii) で述べるように，偏頗行為である弁済も一定の要件を満たした場合には，取消しの対象になる。そこで，今のような場合にも，債務者の行為ではないから取消しの対象とはならないという結論が妥当か否かは一考に価すると思われる。

② 債務者の「行為」であること——その2　単なる事実行為は取消しの対象にはならない。ただし，この点については，改正第370条但書に注意しなければならない。

改正前第424条第1項は，詐害行為取消権の対象について債務者の「法律行為」と規定していた。しかし，取消しの対象は「法律行為」に限られるわけではなく，たとえば，弁済，催告あるいは時効中断のための債務承認なども取消しの対象となると解されていた。そこで，改正第424条第1項は，詐害行為取消権の対象を債務者の「法律行為」から「行為」へと改

めた。

　さて，改正第 424 条第 2 項によれば，債務者の行為であっても「財産権を目的としない行為」は，取消しの対象とはならない。婚姻，離婚，養子縁組などが，その例である。たとえば，債務者が浪費癖のある女性と婚姻したからといって，債権者が，その婚姻を取り消すわけにはいかない。これらの行為にあっては，その性質上，債務者の意思は最大限に尊重されるべきだからである。しかし，同じく身分法上の行為であっても，離婚に伴う財産分与請求権，慰謝料請求権あるいは相続放棄，遺産分割請求権のように，その行使が，ただちに，債務者の責任財産の増減に影響を与えるものがある。これらの行為についても，債務者の意思は尊重すべきであるが，他方，債権者が債務者の責任財産から満足を得る期待利益を全く無視してよいかという問題がある。

　この点，判例（最判平成 11 年 6 月 11 日民集 53 巻 5 号 898 頁）は，共同相続人間で法定相続分と異なる遺産分割がなされた事案について，遺産分割協議は，「その性質上，財産権を目的とする法律行為である」と判示した。また，離婚に伴う財産分与（第 768 条）については，最判昭和 58 年 12 月 19 日民集 37 巻 10 号 1532 頁が，「民法 768 条 3 項の趣旨に反して不相当に過大であり，財産分与に仮託してされた財産処分であると認めるに足りるような特段の事情」がない限り，原則として，取消しの対象とならないと一般論を示し，続いて，最判平成 12 年 3 月 9 日民集 54 巻 3 号 1013 頁が，例外的に特段の事情にあたる場合を肯定した。

　③　債権者を害する行為であること　　「債権者を害する」とは，当該行為によって，債務者が債務超過となること，責任財産が減少し債権者が完全な満足を得られなくなる状態に陥ることである。すなわち，債務者が無資力となることが必要である。なお，すでに債務超過に陥っている債務者が，さらに責任財産を減少する行為を行った場合も同様である。

　たとえ，債務者が財産を第三者に贈与しても，弁済のために充分な資力があれば，債権者が債務者の財産管理権に口を出して取り消す必要も余地もない。なお，行為が行われたときには債務超過ではあったが，その後，財産状態が好転した場合も，取り消すことはできない。したがって，債務

超過状態は，取消判決が出る時（事実上は，詐害行為取消訴訟の事実審の口頭弁論終結時）にも存在する必要がある。

　ところで，弁済の場合，積極財産も減少するが，消極財産である債務も弁済された分だけ減少するので，結局のところ，プラス・マイナス・ゼロで，責任財産の状態は，その前後を通じて変わらない。また，財産の相当価格での売却の場合も同様である。したがって，これらの行為は，「債権者を害する」ものではない。しかし，(ii)で述べるように，改正法は，破産法にならって特則をおき，一定の要件の下で，詐害行為取消権の対象となることを規定した（改正第424条の2〜改正第424条の4）。

　2. **主観的要件——債務者が債権者を害することを知ってした行為**　　取消しの対象となる行為は，債務者が債権者を害することを知ってしたことが必要である。これは「詐害の意思」とよばれる。

　ところで，改正前においては，「詐害の意思」があるというためには，債務者は自分の無資力を認識していれば足りるのか，あるいは，債権者に対する積極的な害意まで必要かという問題があり，この点については，行為類型によって異なると説かれていた。

　たとえば，詐害行為の典型である贈与は，詐害性はきわめて高いため，主観的要件としては，単に，債務者が，自分の無資力を認識していれば足りる。これに対して，1.③で述べたように，弁済は，そもそも，債務者の責任財産を危うくする行為ではない。そこで，弁済は，客観的要件1③を満たしておらず，そもそも，取消しの対象とはならないとも考えられる。学説中にも，債権者間の平等分配は専ら破産手続をはじめとする倒産手続で行うべきであり，弁済は，一切，詐害行為にはならないという考えもあった。しかし，判例・多数説は，弁済は，原則としては，詐害行為に該当しないが，「債務者が，一債権者と通謀して，他の債権者を害する意思をもって」行った場合には該当すると解していた（最判昭和33年9月26日民集12巻13号3022頁，債権額に見合った価格の物が代物弁済に供された事案について最判昭和48年11月30日民集27巻10号1491頁）。つまり，くりかえしになるが，主観的要件である詐害の意思は，客観的要件である行為の詐害性との関連で判断されていたわけである。そこで，改正法は，行為の類型ごとに

主観的要件を具体的に定めた。

（ii）　詐害行為の類型ごとの要件

1.　**責任財産減少行為**　　贈与のように責任財産を減少させる行為は，「債務者を害する行為」であり，一般的な要件の下で，詐害行為取消権の対象となる（改正第424条第1項）。

2.　**相当価格での財産売却行為**　　（i）1.③で述べたように，相当価格での財産の売却は，それによって責任財産に変動は生じない。しかし，判例・多数説は，特に，不動産を売却して金銭に代えることは，原則として，取消しの対象になるとしていた（大判明治39年2月5日民録12輯133頁）。金銭は消費しやすく，また，容易に隠匿できるので，不動産に比べて，強制執行を成功させる可能性が低いからである。しかし，売却で得られた金銭を「有用の資」に充てるための売却は取消しの対象とならないとする。ここで，「有用の資」とは，たとえば，履行期が到来した債務の弁済（大判大正13年4月25日民集3巻157頁）や生活費（大判大正6年6月7日民録23輯932頁）である。

しかし，これに対しては，相当価格での売却によっては責任財産の減少は生じないこと，相当価格での財産の売却が原則として取消しの対象となると解すると，不動産の売却代金を資金とする債務者の再建の試みが妨げられること，また，売却代金の使途という売買の相手方の関知しない事情によって取消権の成否が左右されるのでは取引の安全を害することなどを理由に，相当価格での財産の売却は取消しの対象にはならないとする学説もあった。

改正第424条の2は，破産法第161条第2項にならって，相当価格での財産処分行為については，以下の3つの要件をすべて満たすときに限り，詐害行為取消請求ができると規定した。同条は，相当価格での財産処分行為を不動産に限定していないことに注意してほしい。また，同条により，たとえば，商売が上手くいかなくなった債務者が，詐害行為取消請求に煩わされることなく，運転資金調達のために所有財産を売却することが可能になった。

第一に，「その行為が，不動産の金銭への換価その他の当該処分による

財産の種類の変更により，債務者において隠匿，無償の供与その他の債権者を害することとなる処分（以下この条において「隠匿等の処分」という。）をするおそれを現に生じさせるものであること」（同条第1号）。一般論として，不動産を売却して金銭に代えると，不動産のまま保有している場合よりも，隠匿しやすくなったり，また，他人に贈与しやすくなるおそれがある。しかし，ここでは，そのようなおそれは，一般論としてではなく，現実に，生じていなければならない。

　第二に，債務者が，財産処分行為をした当時，対価として取得した金銭等について，第1号で規定する「隠匿等の処分」をする意思を有していなければならない。

　そして，第三に，財産処分行為の相手方である受益者も，処分を受けた時に，債務者が「隠匿等の処分」をする意思を有していたことを知っていなければならない。

　3.　**特定の債権者に対する弁済・担保の供与（偏頗行為）**　　(i) 2. で述べたように，判例・多数説は，弁済は，特定の債権者と通謀して，他の債権者を害する意思をもって行った場合だけ，詐害行為に該当するとしてきた。これに対して，担保供与については，既存債務のためのものは，担保権者に優先弁済権を与え，他の債権者の共同担保をそれだけ減少させるので，取消しの対象となる（最判昭和32年11月1日民集11巻12号1832頁）のに対して，新規借入債務のためのものは，原則として，取消しの対象となるが，例外的に「有用の資」に充てるための借入れは，取消しの対象とならないとする（最判昭和42年11月9日民集21巻9号2323頁：生活費・教育費に充てた事案，最判昭和44年12月19日民集23巻12号2518頁：営業を継続して更生するために取引先に担保を差し入れた事案）。

　弁済や担保供与は，偏頗行為とよばれる。偏頗行為とは，一部の債権者をして，他の債権者よりも優先的にその債権の満足を得させる行為をいう。偏頗行為については，責任財産の状態に変動はないこと，債権者間の平等分配は専ら破産手続をはじめとする倒産手続で行うべきであることを理由に，そもそも，取消しの対象にはならないとする考えも主張されていた。

　改正第424条の3第1項は，偏頗行為──「債務の消滅に関する行為」

（弁済・代物弁済・債務者のした相殺・更改）及び「既存債務についての担保供与」——については，以下の二つの要件を満たすときに限り，詐害行為取消請求ができると規定した。

第一に，その行為が支払不能の時に行われたものであること（同条第1号）。ここで，支払不能とは，「債務者が，支払能力を欠くために，その債務のうち弁済期にあるものにつき，一般的かつ継続的に弁済することができない状態をいう」と定義されており，もともとは破産法上の概念（破第2条11項）である。支払不能とは，債務が弁済できない状態が続くことである。そこで，たとえば，財産はあっても，そう簡単に現金化できる状況にはなく，また，他にお金が入ってくる当てもない場合には，支払不能ということは起こり得る。

第二に，その行為が，債務者と受益者とが通謀して，他の債権者を害する意図をもって行われたものであること（同条第2号）。

改正第424条の3第1項は，破産法第162条第1項に対応する規定であるが，第二の要件は，判例法を反映したもので，破産法より厳しい。また，前述したように，判例は，新規債務のための担保供与も，原則として，詐害行為に該当するとしていたが，改正法の下では，第424条の3第1項の要件を満たさないので，詐害行為には該当しない。

なお，偏頗行為が，「債務者の義務に属せず，又はその時期が債務者の義務に属しないものである場合」——たとえば，期限前弁済や義務がないのに担保を提供する行為——については，債務者が支払不能に未だ陥っていなくても，支払不能になる前30日以内に行われたものであれば，詐害行為取消請求の対象となる（同条2項）。

4. **過大な代物弁済**　たとえば，Aが，Bに対して負担する3,000万円の債務について，弁済期到来後に，所有する3,000万円相当の甲不動産で代物弁済したとする。このように債務額に相当する価値を有する物での代物弁済は，弁済と同様に，「債務の消滅に関する行為」として，改正第424条の3第1項により詐害行為該当性が判断される。

❖ 代物弁済の非義務性 ════════════════════
弁済期到来後に行った債務額に相当する価値を有する物での代物弁済は，改

正第424条の3第2項が定める「債務者の義務に属しない行為」に該当するか？

詳細は破産法で学んでほしいが，破産法では，改正民法と同様に，「債務の消滅に関する行為」は，偏頗行為否認の対象となる（破第162条）。そして，同条第2項第2号は，「破産者の義務に属せず，又はその方法若しくは時期が破産者の義務に属しない行為」について，受益者の悪意を推定している。すなわち，破産法の解釈としては，「破産者の義務に属しない行為」と「その方法が破産者の義務に属しない行為」は別のものとなり，対価的に均衡のとれた代物弁済は，「破産者の義務に属しない行為」ではなく，「その方法が破産者の義務に属しない行為」となる。この破産法の解釈を参考にすると，改正民法においても，代物弁済は，弁済期到来後に行われていれば，第424条の3第1項の適用を受ける。

それでは，過大な代物弁済の場合はどうだろうか。たとえば，AのBに対する債務が3000万円であるのに対して，代物弁済に供された不動産の価値が5000万円である場合である。この場合は，①代物弁済によって消滅する債務の額に相当する部分については，前述したように改正第424条の3第1項で規律されるのに対して，②それを超える部分については，改正第424条の4によって規律される。改正第424条の4によれば，②の部分については，改正第424条が適用される。代物弁済のうち②の部分は責任財産の減少をもたらす行為であるので，第424条の4は，注意的規定である。

すると，過大な代物弁済がなされ，①②ともに詐害行為に該当する場合には，代物弁済全部の取消しが可能であるが，②だけが詐害行為に該当する場合には，給付された代物が不可分のものである場合には，取消債権者は，価額の償還を求めることになる（改正第424条の6第1項後段）（後述(4) II.（ii）参照）。

III. 受益者・転得者側の要件

(i) 受 益 者　受益者が「その行為の時において債権者を害することを知らなかったとき」は，詐害行為取消権は成立しない（改正第424条1項）。すなわち，詐害行為取消権が成立するためには，受益者は悪意でな

ければならない。なお，相当対価での処分行為（改正第424条の2），偏頗行為（改正第424条の3）については，受益者の主観的要件は加重されている（II.（ii）2.，3.参照）。

善意であったことの立証責任は，受益者が負う。

（ii）転　得　者　　転得者に対して詐害行為取消ができるためには，以下の二つの要件を満たさなければならない。

1.　改正前は，多数説は，受益者が善意であっても，転得者が悪意であれば，転得者に対して詐害行為取消請求できると解していた。しかし，このように解した場合には，詐害行為取消権を行使された転得者は，善意の受益者に対して，追奪担保責任（改正前第561条）を問えるのか否か，また，問えるとすると，取引の安全を害するとの指摘があった。

そこで，改正法においては，転得者に対して詐害行為取消権が成立するためには，受益者に対して詐害行為取消ができることが前提となる旨が規定された（改正第424条の5柱書）。受益者の善意の立証責任は，転得者が負う。

2.　転得者自身も悪意でなければならない（改正第424条の5）。受益者から転得した転得者については，「転得の当時，債務者がした行為が債権者を害することを知っていたとき」であり（同条1号），他の転得者から転得した者については，その転得者およびその前に取得した転得者が「それぞれ転得の当時，債務者がした行為が債権者を害することを知っていたとき」（同条2号）である。つまり，受益者から取消請求の相手方となる転得者まで，全員が悪意であることが必要である。

改正前は，受益者についてと同様に，転得者についても善意の立証責任は転得者にあると解されていた。しかし，通常，転得者は債務者の経済状態を知り得る立場にはないので，取消債権者の方で転得者の悪意を立証すべきものとされた。改正第424条の5各号と改正第424条1項の書きぶりを比較してほしい。

(3) 法的性質

I. 大審院連合部明治 44 年 3 月 24 日判決

詐害行為取消権は，誰に対して，何を請求する権利なのか。この問題については，民法上，規定が欠けていたが，大連判明治 44 年 3 月 24 日民録 17 輯 117 頁がリーディング・ケースとして拘束力を有していた。同判決のとった考え方は「相対的取消」理論とよばれており，通説も同様であった。

大連判明治 44 年 3 月 24 日の事案は，以下の通りである（図 43）。

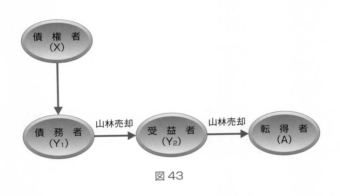

図 43

X は，$Y_1 \cdot Y_2$ に対して，詐害行為取消権を行使して，$Y_1 \cdot Y_2$ 間の売買契約の取消しと移転登記の抹消を求めて提訴した。

大審院は，以下の 4 点について判示した。

① 詐害行為取消権の目的は，詐害行為を取消し，かつ，これを根拠として，逸出した財産の取戻しを請求することにある。したがって，財産取戻しの前提として，詐害行為の取消しのみを請求してもよい。

② 詐害行為取消訴訟の被告は，受益者または転得者であって，債務者は被告適格を有しない。

③ 転得者がいる場合には，転得者，受益者のいずれに対して行使してもよい。

④ 取消しの効果は，債権者と被告の間で相対的に生じる。したがって，取り消された法律行為は，訴訟の相手方に対しては無効であるが，訴訟に関与しない者に対しては有効である。つまり，一般の法律行為における取

消しの効果は絶対的であるのに対して，詐害行為取消における取消しは相対的取消であり，両者は性質を異にする。

II. 形成権説と請求権説

詐害行為取消権の法的性質については，大連判明治44年3月24日以前から，争いがあった。

まず，取消しの効果を，一般の法律行為における取消しと同様に，絶対的取消と解し，取消権の行使によって詐害行為は当初より無効となるので，詐害行為取消訴訟は，詐害行為の当事者である債務者，受益者を被告として訴えるべきであるとの考え方があった。この考え方は，詐害行為取消訴訟の目的は取消しの効果を形成することにあるととらえるので形成権説とよばれる。形成権説によれば，債務者の下から逸失した財産を取り戻すためには，債権者は，詐害行為取消訴訟を提起して詐害行為を取り消した上で，取消しによって生じた債務者の返還請求権を代位行使しなければならない。そこで，形成権説に対しては，二重の手間がかかり面倒だという批判がある。

形成権説の対極にある考え方が請求権説であった。請求権説は，詐害行為取消訴訟の目的を債務者の下から逸出した財産の取戻しにあると考えるので，逸出財産を現に有する受益者または転得者を相手に訴えるべきだと解する。請求権説に対しては，「取消し」という文言からあまりにも離れるという批判がある。

この両説は，ともに通説化することはなく，両説の中間を行く判例の考え方が通説化した。その意味で，判例・通説は，折衷説ともよばれる。しかし，折衷説も，III. で述べるような問題を抱えており，その意味で，学説の支持も，決して，積極的なものではなかった。

III. 責任説

折衷説に対して有力な批判を加えたのが，ドイツ法の影響を強く受けた責任説とよばれる考え方である。同説は，次のように，折衷説を批判した。すなわち，相対的取消という考え方では，取り戻された財産が債務者の一般財産として強制執行の対象となることを説明できない。というのは，取消しの効果は債務者には及ばないので，取り戻された財産は，債務者との

関係では，依然として，受益者ないし転得者の物だからである，と。

そこで，責任説は，取消しの目的は，債務者の下から逸出した財産を，債務者の下に取り戻すことにあるのではなく，受益者や転得者の下においたままで，債務者に対する債務名義に基づいて強制執行できる財産を作り出すことにあると主張する。すなわち，まず，受益者または転得者を相手とする取消判決によって，逸出財産の「責任」だけが債務者の下に戻るという実体法上の効果を導く。そして，次に，手続法上の観点から，逸出財産の所有者である受益者または転得者に対して，その者への執行を認容する判決（「責任判決」という）を求め，当該財産に執行していくことになる。すなわち，取消権が行使されても，逸出財産は，受益者または転得者の下にとどまり，債務者の下に戻ることはないが，債務者に対する強制執行の対象にはなるということである。

しかし，日本の民事訴訟法には，ドイツ法のような責任判決を求める訴訟（「責任訴訟」とよばれる）は存在しない。そこで，責任説は，解釈論としては無理があるとされたが，判例・通説の致命的ともいえる理論的欠陥を明らかにした同説の意義は大きい。

IV. 改正法

改正法により，大連判明治 44 年 3 月 24 日（以下「大判明治 44 年」という）の何が変わり，何が変わらなかったのだろうか。

(i)　請求の内容　　大判明治 44 年の立場は維持された。すなわち，詐害行為取消権は，詐害行為を取消し，かつ，これを根拠として，債務者の下から逸出した財産の取戻し請求するものである（改正第 424 条の 6）。同条は，逸出した財産自体の取戻しを原則とし，それが困難であるときに，価額償還を認める。なお，債務免除のように取消しだけで責任財産回復の目的が達せられる場合は，取消しだけが請求される。

(ii)　詐害行為取消訴訟の被告　　大判明治 44 年と同様，被告は，受益者または転得者であり，債務者は被告適格を有しない（改正第 424 条の 7 第 1 項）。

責任説（III. 参照）が説くように，取消しの効力が債務者に及ばないとなると，詐害行為取消権の行使により債務者の下に戻った財産が債務者の

一般財産として強制執行の対象となることを説明できないなどの不都合がでてくる。そこで，債務者に対しても取消の効力を及ぼすべく，改正の過程においては，債務者も被告にすることが考えられた。しかし，債務者が，自ら行った行為の取消訴訟に意欲をもって臨むとはとても考えられない。そこで，改正民法は，債務者を被告とすることなく，債務者に判決の効力を及ぼすことにした（改正第425条）。しかし，それでは，債務者は自らが関与しない訴訟の効力を及ぼされることになるので，債権者は，詐害行為取消訴訟を提起したときは，遅滞なく，債務者に対し，**訴訟告知**（民訴第53条）をしなければならないことにした（改正第424条の7第2項）。

　転得者がいる場合には，債権者は，転得者，受益者いずれに対しても，取消権を行使できる。ただし，(2) Ⅲ. (ii) で述べたように，改正法では，受益者に行使できない場合には，転得者に対しては行使できなくなった（改正第424条の5）。

　(iii)　**相対的取消しと絶対的取消し**　　大判明治44年は，詐害行為取消しの効果は，債権者と被告（受益者・転得者）の間で相対的に生じるとしていた。改正法においては，債務者にも判決の効力が及ぶので，取消しの効果は，債権者，被告そして債務者の間で生じることになる。また，取消しを認容する判決の効力が，取消債権者だけではなく，総債権者に及ぶ（改正第425条）。しかし，それ以外の者には判決の効力は及ばないので，改正法の下においても，相対的取消しは維持されていると考えられる。


## (4)　効　　果

### Ⅰ. 取消しの効果と総債権者の利益

　詐害行為取消権が行使されると，取消債権者は，受益者・転得者に対して，債務者の下から逸失した財産の返還を求めることができる。しかし，返還された財産は債務者の一般財産に回復されるだけで，取消債権者には何ら優先権が与えられることはない。ただし，詐害行為取消権行使に要した費用は共益費用となり先取特権が認められるので（第306条第1号），これについては優先的に回収することができる。これが原則である。

　(i)　**不動産の返還**　　不動産のような登記・登録ができる物の場合には，

取消債権者は，自分に登記せよと請求することはできない。

　たとえば，最判昭和 53 年 10 月 5 日民集 32 巻 7 号 1332 頁の事案は以下の通りである（図 44）。

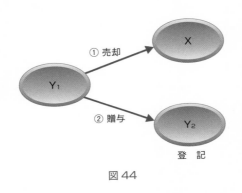

① 売却

② 贈与

登記

図 44

　X は，Y₁ との間で，登記は後日移転する約定で土地の売買契約を締結したが，Y₁ は，Y₂ に対して，この土地を贈与し，移転登記も済ませてしまった。そこで，X は，Y₁ から Y₂ への贈与を詐害行為として取り消すとともに，Y₁ から Y₂ への移転登記の抹消および Y₁ から X への移転登記を求めて提訴に及んだ。

　最高裁は，前掲最大判昭和 36 年 7 月 19 日（（2）I. 参照）を援用して，取消しを認め，Y₁ から Y₂ への移転登記の抹消は認めたが，以下の理由から，Y₁ から X への移転登記は否定した。すなわち，責任財産の保全を目的とする詐害行為取消権にあっては，取消債権者は，他の債権者とともに，平等の立場で，債務者の下に取り戻された財産から自己の債権の満足を受けるべきである。したがって，それを超えて，取消債権者である X に目的物自体をとらせることはできない。X への移転登記を認めると第 177 条を骨抜きにしてしまうことになる。X が，この不動産を自分のものにしたいのなら，同条の問題として，Y₂ は背信的悪意者だから自分に登記を移せというべきである，と。

　ところで，最判昭和 53 年 10 月 5 日は二重譲渡の事案である。そこで，X は，詐害行為取消訴訟によっては，自己への移転登記が認められないとし

ても，別訴で，$Y_1$ に対し，自己への登記請求をすることは可能かが問題
となる。これを認めると，詐害行為取消訴訟において $Y_1$ から X への移転
登記を認めなかった趣旨に反することになる。したがって，結論としては
否定すべきであろうが，理論構成は，なかなかに困難である。

　(ii)　動産・金銭の返還　　受益者・転得者に対して動産・金銭の返還を
請求する場合には，債権者代位権と類似の問題があり，判例は，取消債権
者への引渡しを請求できるとしている（大判大正 10 年 6 月 18 日民録 27 輯 1168
頁，最判昭和 39 年 1 月 23 日民集 18 巻 1 号 76 頁）(5.2.1 (4) 参照)。この点は，
改正 424 条の 9 第 1 項前段において明文化された。

　取消債権者への引渡が認められると，金銭の場合には，取消債権者は，
受け取った金銭の債務者への返還請求権と自己の債務者に対する債権を相
殺することにより，事実上の優先弁済を受けることが可能になる。

　しかし，債権者代位権の場合には，金銭を返還する者は，本来，自分の
債権者（債務者）に返還すべき立場にある者なので，同人にとっては，返
還先が，自分の債権者（債務者）から，代位債権者に代わっただけである。
これに対して，詐害行為取消権の場合には，金銭を返還する者は，本来，
当該金銭を自らの物とする権利を有していた者であるので，同人と取消債
権者の間に利害の対立がある。特に，弁済が取り消された場合には，受益
者はいち早く債権回収を図った債権者であるにもかかわらず，債権回収に
遅れた取消債権者が優先弁済を受けられることになるので，遅い者勝ちに
なる。そこで，この事実上の優先弁済をどのように考えるかが，改正にお
ける重要な論点の一つとなったが，改正法は，相殺の可否については規定
をおかずに，解釈に委ねた。

　なお，改正第 424 条の 9 第 1 項後段は，受益者や転得者が取消債権者に
対して金銭の支払いや動産の引渡しをしたときは，債務者に対してその支
払又は引渡しをすることを要しないと規定する。改正法においては，取消
しの効果は債務者にも及ぶので，債務者は，受益者や転得者に対して返還
請求権を有することになるが，取消債権者に返還した受益者や転得者は，
債務者への返還義務を免れるというわけである。では，受益者や転得者が，
取消債権者に返還する前に，債務者に返還した場合は，どうなるのだろう

か。債務者に返還すれば，債務者の責任財産は回復されるし，受益者や転得者に二重払いを強いる合理性はないから，受益者や転得者への請求権は消滅することになる。

ところで，取消債権者が相殺により事実上の優先弁済が得られる場合には，受益者は，取消債権者からの返還請求に対して，案分比例の割合で自らに分配されるべき金額を控除できるとの見解もある。しかし，最判昭和46年11月19日民集25巻8号1321頁は，配分手続がないことを理由にして，これを認めていない。改正法においても，この判例は維持されている。

### II. 取消しの範囲

(i) **可分な財産の処分** 判例は，金銭のように取消しによって回復される目的物が可分な場合には，取消債権者は，その債権額の範囲内でのみ取消しを行うことができるとする（たとえば，大判大正9年12月24日民録26輯2024頁）。たとえば，債務者が3,000万円贈与しても，債権額が1,000万円の債権者は，1,000万円の限度でしか取り消せない。しかし，債権者代位権（5.2.1（3）参照）の場合と同様，責任財産の保全という観点からは，全部の取消しを認めるべきであるという見解が強い。

改正法は，判例を維持し，債務者がした行為の目的が可分であるときは，債権者は自己の債権額の限度において取消しを請求できると規定している（改正第424条の8第1項）。受益者や転得者が財産を返還することが困難であるため，価額の償還を請求する場合も同じである（改正424条の8第2項）。

(ii) **不可分な財産の処分** これに対して，不動産のように取消しによって回復される目的物が不可分な場合には，全部の取消しができると解されている（最判昭和30年10月11日民集9巻11号1626頁）。これを（2）I. で挙げた最大判昭和36年7月19日に機械的にあてはめると，AからYへの代物弁済が取り消され，不動産の所有権登記はAの下に戻ることになる。ところで，この事案では，当初，不動産上に抵当権が設定されていたので，代物弁済によって減少した責任財産は，当該不動産の価値のうち抵当権が把握していない部分である。しかし，この抵当権は代物弁済を機に抹消されており，取消しによって，この抵当権が復活することはない。したがっ

て，もし，不動産登記のAへの復活を認めると，この不動産の価値全部が責任財産となるので，債権者に予想以上の利益を与えることになってしまう。そこで，最高裁は，代物弁済によって減少した責任財産の価額，すなわち，不動産の価格から抵当権の被担保債権額を控除した残額に限って取消しを認め，その分について価格賠償を命じた。

❖ 全部取消と一部取消

　これに対して，最判昭和54年1月25日民集33巻1号12頁は，不動産が受益者に譲渡された後も抵当権の登記が抹消されずに残っている場合には，不動産自体の回復を認めた。このような場合を学説は，一般に，「全部取消」とよび，最大判昭和36年7月19日のような場合を「一部取消」とよんでいる（他に最判昭和63年7月19日判時1299号70頁，最判平成4年2月27日民集46巻2号112頁）。しかし，どちらも，詐害行為によって減少した責任財産の価額は，当該不動産の価額から抵当権の被担保債権額を控除した価額であり，同価額が取消しによって責任財産に回復されている。すなわち，この場合の「全部取消」「一部取消」は，3,000万円の現金の贈与について3,000万円分全部取り消すか，あるいは，1,000万円分だけ取り消すかという意味で用いられる「全部取消」「一部取消」とは異なる。むしろ，この場合の「一部取消」は，「全部取消」ではあるが現物返還ができない場合と解すべきではないだろうか。

---

Ⅲ．取消権行使の後始末

　詐害行為取消権を行使され，財産を失った受益者・転得者は，どうなるのだろうか。

(i) 債務の消滅に関する行為を除く財産の処分行為が取り消された場合

1．**受益者の場合**　　改正前は，詐害行為取消しの効果は，債務者に及ばなかった。そのため，受益者は，その前者である債務者に対して追奪担保責任（改正前第561条）を追求することはできなかった。受益者から債務者の下に回復された財産に対して強制執行がなされ，債務者の債権者が満足を受けた場合には，債務者は，その分だけ，受益者の犠牲において利益を受けたことになるので，受益者は，債務者に対して，不当利得返還請求権を取得することになる。しかし，このような債務者は資力に乏しいため，現実には，受益者の不当利得返還請求権が実現することはない。結局のところ，詐害行為取消権にあっては，たまたま被告とされた受益者の犠

牲において，取消債権者をはじめとする他の一般債権者の債権の満足が図られることになる。受益者は悪意であったとはいっても，これでは，あまりに受益者の利益を害するとして，改正第425条の2が新設された。同条によれば，財産の処分行為が取り消されたときは，「受益者は，債務者に対し，その財産を取得するためにした反対給付の返還を請求することができる」。また，反対給付の返還が困難なときは「価額の償還」を請求できる。

2. **転得者の場合**　処分された財産に転得者が登場しており，転得者を相手に取消しが行われた場合には，どうなるだろうか。取消判決の効力は受益者には及ばないので，本来なら，転得者は，その前主である受益者に対して，反対給付の返還を請求することはできない。しかし，それでは，転得者にあまりに酷なので，改正第425条の4第1号は，次のような手当をした。すなわち，受益者が取消しの相手方となったとすれば，受益者が債務者に対して取得するであろう反対給付の返還請求権または価額の償還請求権を，転得者が行使できる。ただし，行使できるのは，「その転得者がその前者から財産を取得するためにした反対給付又はその前者から財産を取得することによって消滅した債権の値額を限度とする」と。たとえば，受益者が債務者から5,000万円で購入した1億円相当の甲不動産を転得者に3,000万円で売却したとする。この場合，転得者が債務者に対して行使できるのは，自身が受益者に対して支払った3,000万円を限度とする。あるいは，受益者が，転得者に対して，自身の3,000万円の債務について甲不動産で代物弁済した場合も，3,000万円を限度とする。

(ii)　**債務の消滅に関する行為が取り消された場合**

1. **受益者の場合**　たとえば，債務者が受益者にした弁済が改正第424条の3により取り消されたとしよう。改正第425条の3は，受益者が取消債権者あるいは債務者に受領した金銭を返還した場合には，受益者の債権は復活すると規定する。改正前は，債務者には取消しの効果が及ばなかったために，受益者の債権の復活を説明することはできなかった。

2. **転得者の場合**　たとえば，債務者が受益者に対する3,000万円の債務を，3,000万円相当の甲不動産で代物弁済したとしよう。その後，甲

不動産は転得者の手に渡っていたところ，転得者を相手方として，この代物弁済が改正第424条の3により取り消され，転得者は債務者に甲不動産を返還した。このとき，取消しの効果は受益者には及ばないので，転得者は受益者の追奪担保責任を問うことはできない。そこで，転得者を保護するために，改正第425条の4第2号は，仮に，その行為が受益者に対する詐害行為取消請求によって取り消されたとすれば改正第425条の3によって回復されるべき受益者の債務者に対する債権を，転得者は行使することができると規定した。この場合も，転得者が債務者に対して行使できる債権額には，(i) 2. と同様な制限が付けられている。具体例は，各自，考えられたい。

(5) 行使期間

　改正前第426条は，詐害行為取消権の行使期間は，「債権者が取消しの原因を知った時から2年間」「行為の時から20年」と規定していた。このうち，2年は時効期間，20年は出訴期間とされていた。また，時効の起算点である「債権者が取消しの原因を知った時」とは，債務者が債権者を害することを知って法律行為をした事実を債権者が知った時と解されていた（大判大正4年12月10日民録21輯2039頁）。

　しかし，他人の財産管理権に対する介入の権利が時効の完成猶予や更新で延長されるのは適当ではないとして，改正法では，2年は出訴期間とされた。また，20年の方も長すぎるということで，10年に短縮された（改正426条）。したがって，改正法では，2年，10年ともに，出訴期間に統一された。

## 5.3　第三者による債権侵害

　第1章で述べたように，物権は，物に対する直接の権利であるのに対して，債権は，特定の人（債務者）に対する権利である。しかし，今日においては，第三者による債権侵害があった場合，債権者に対して，一定の救済が与えられることに異論はない。したがって，その意味では，債権も，

物権と同様に，すべての人に対する権利であるといえる。そして，この救済としては，損害賠償と妨害排除請求が議論の対象となっている。

## 5.3.1　不法行為による損害賠償

### (1)　判例による承認

かつては，債権は債務者に対する権利であることを理由にして，債権侵害は不法行為（第709条）を構成しないと考えられていた。しかし，大正4年に，大審院は，民事部および刑事部の2つの判決（大判大正4年3月10日刑録21輯279頁，大判大正4年3月20日民録21輯395頁）で，第三者の債権侵害による不法行為の成立を認めた。

では，かつて，第三者の債権侵害による不法行為の成立が認められなかった理由は，どこにあるのだろうか。第1章1.2で述べたように，債権は，物権とは異なり，権利として存在するためには，すべての人に対する権利であることは必要不可欠ではない。したがって，かつては，債権に対しては，それほどの保護を与える必要はないと考えられたからであろう。それはなぜか。2つの理由が挙げられている。すなわち，一つは，債権は公示されないので，第三者からは，その存在がわからない。したがって，第三者による債権侵害による不法行為の成立を認めると，第三者に酷な結果となりやすいということである。もう一つは，債権は債務者に対する信頼を根拠として成立する権利である。したがって，債務者が信頼を裏切った結果，債務が履行されないとしても，その責任は，債務者に対して問うべきであり，第三者に対しては問うべきではないということである。(2) I. で述べるように，伝統的通説は，このことを念頭において，第三者の債権侵害による不法行為の成否を考えていた。

### (2)　学説と判例

#### I.　伝統的通説

伝統的通説は，債権侵害を次のような類型に分類して，類型ごとに不法行為が成立する要件を考えていた。すなわち，①債権の帰属を侵害する場合，②債権の給付内容を侵害する場合，③責任財産を侵害する場合であり，

さらに，②には，α債務者の責めに帰すべからざる事情による履行不能の結果，債権自体が消滅する場合とβ債権は消滅しない場合がある。

　それぞれの例としては，①は，泥棒が他人の預金を勝手に引き出したところ，泥棒への弁済が受領権者としての外観を有する者に対する弁済（改正第478条）となり，預金者が債権を失う場合，③は，債務者が，その財産を第三者に贈与したり，不当に安く売却した場合が挙げられる。また，②αは，芸能プロモーターと出演契約を締結した歌手を不法に監禁して，歌手を出演できなくしたような場合，②βは，所有者（A）から不動産の売却を依頼された者（B）が，買主の代理人（C）と共謀して，実際よりも安い購入価格をAに報告して，Cとともに差額を着服した場合が挙げられる。この場合，Bの行為がAとの関係で委任契約の債務不履行になるのはもちろんであるが，それに加担したCの行為は，AのBに対する委任契約上の債権を侵害している。

　さて，このうち，③については，詐害行為取消権（5.2.2参照）の要件を満たす場合には，原則として，不法行為に基づく損害賠償ではなく，詐害行為取消権の行使によって，債権者の保護を図るべきであると解されている。しかし，債務者の一般財産を不当に減少する第三者の行為を不法行為として同人の損害賠償責任を認めた例もある。たとえば，債権者が債務者の財産に対して強制執行をかけようとしたところ，債務者のめぼしい財産は，すでに，他の債権者に差し押さえられていたために強制執行は空振りに終わった。しかし，この差押えは，債務者と通謀して作成された虚偽の債権証書に基づくものであったという場合である。（1）に掲げた大判大正4年3月20日は，このように第三者が債務者と通謀した場合について，第三者の不法行為責任を認めた。

　これに対して，①②αは，当然に，不法行為が成立する。このうち，①の場合には，第三者には債権の存在に対する認識は，当然，存在しているので問題とならないが，②αの場合には，債権の存在についての認識が必要と解されている。これに対して，②βの場合には，債務者の不信な行為に第三者が加担することによって債権が侵害されている。債権は，本来，債務者に対する信頼を根拠とする権利であり，債務者の裏切りの責

任は，まず，債務者に問うべきであるという立場からすると，②βの場合，第三者の責任を問うためには，第三者が債務者を教唆したり債務者と共同したなどの事情がなければならないとする。

　ところで，②βの場合，第三者も債務者に対して債権を取得することによって，債権侵害が起こる場合がある。たとえば，第一譲受人の存在を知っている者が，不動産の売主に二重譲渡させ，第一譲受人に先立って登記を経由してしまう場合である。このような場合，従来は，自由競争の原理から，原則として，不法行為を構成しないと考えられてきた。判例も，二重譲受人の行為を債権侵害による不法行為とするためには悪意だけでは足りないとしている（最判昭和30年5月31日民集9巻6号774頁）。

　II. 新しい学説

　I. で述べた伝統的な通説に対しては，最近，批判が強い。すなわち，通説では，不法行為成立の範囲が狭すぎ，また，現実には，債権侵害の事案類型は多様——たとえば，引抜き事例や間接損害とよばれる労働者が事故で負傷したことにより労務の提供ができなくなったために労働者の勤務先が損害を被った事例——であるにもかかわらず，それらに対する配慮が足りないという。

　特に，今日，注目を集めているのは，②のうち，第三者も債務者に対して債権を取得することによって，債権侵害が起こる場合についてである。典型的には，不動産の二重譲渡型と引抜き型がある。特に，不動産の二重譲渡型については，従来，自由競争を理由に，たとえ，第二譲受人が第一譲受人の存在について悪意であっても，不法行為は成立しないとされてきた。しかし，現在，この自由競争の許容度については再検討がなされている。すなわち，自由競争とは，これから契約しようとする者の間で働く原理であり，すでに，契約が存在している場合には，第三者は，これを尊重する義務があるという。したがって，不動産の二重譲渡型の場合，第二譲受人に契約関係の認識可能性があれば不法行為の成立を認め，教唆や通謀を要求しないとの見解が有力に主張されている。なお，この問題は，第177条の悪意者排除論と密接な関連を有する。これに対して，引抜き型の場合には，憲法によって保障されている職業選択の自由（憲第22条）と関

わるので，二重譲渡型と同列に論じることはできない。

## 5.3.2　妨害排除請求権

（1）　妨害排除請求権が認められる債権

　5.3.1 で述べたように，第三者の債権侵害は不法行為を構成し，債権者は，侵害者に対して，損害賠償を請求できる。しかし，同じく第三者の債権侵害であっても，借家の不法占拠のように給付内容に対する物理的な侵害が継続している場合には，端的に債権に基づいて妨害の排除を請求する方が，不法行為として損害賠償を請求するよりも，より直接的な救済となる。そこで，債権に基づく妨害排除請求が認められるかという問題がでてくる。この問題に関するリーディング・ケースは，大判大正 10 年 10 月 15日民録 27 輯 1788 頁である。事案は，専用漁業権の賃借人が，当該漁場で操業する無権原者に対し，漁業禁止の差止め請求をしたもので，大審院は「権利の性質」から当然認められると判示した。

　さて，この大審院判決は非常に広い射程をもっている。しかし，従来，債権に基づく妨害排除請求権が認められるかという問題は，不動産賃借権を中心として展開されており，判例に現れた事案の多くも不動産賃借権に関する。というのは，妨害を排除するという以上，目的物に対する一種の事実的な支配関係を継続してもっている債権でなければならず，それは，不動産賃借権にもっとも顕著に表れているからである。もちろん，債権に基づく妨害排除請求の問題は不動産賃借権以外には，全く問題とならないというわけではない。たとえば，歌手を出演させる芸能プロモーターの債権を侵害する目的で，歌手を不法に監禁したような場合（5.3.1（2）I. 参照）にも問題にはなる。しかし，この場合には，芸能プロモーターの債権ではなく，歌手の人格権に基づく妨害排除請求が可能であるし，また，そもそも，刑事法で対処すべき問題であるので，債権に基づく妨害排除請求を論ずる実益は小さい。また，引抜き事案（5.3.1（2）II. 参照）の場合にも，債務者の転職の自由を奪うことはできないので，妨害排除請求を認めるには困難がある。

## (2) 不動産賃借権に基づく妨害排除請求権

　判例は，**対抗力を有する不動産賃借権**については，二重譲受人に対してであれ，不法占拠者に対してであれ，妨害排除請求権を認めている（最判昭和28年12月18日民集7巻12号1515頁，最判昭和30年4月5日民集9巻4号431頁）。他方，賃借人が占有訴権あるいは債権者代位権の転用（5.2.1 (6) I. (ii) 参照）によって妨害排除請求をすることも認めている。現在，不法占拠者との関係では，対抗力の有無にかかわらず，不動産賃借権に基づいて妨害排除請求を認める見解が通説化している。しかし，改正605条の4は，判例が認めていた対抗力のある賃借権に基づく妨害排除請求権を明文化した。

　なお，二重賃借人に対しては，対抗力を有する不動産賃借権のみが妨害排除請求権を有するという見解が通説化している。わが国においては，不動産賃借権は，債権として構成されてはいるが，次第に排他性が認められるようになってきた。ある権利に排他性が認められるということは，ある人が当該権利を取得すれば，他の人は同一内容の権利を取得することはできないということを意味する。したがって，排他性，すなわち，対抗力を有しない二重賃借人の間では，互いに，その賃借権を否定できないので，妨害排除請求は認められないことになる。そこで，二重賃借人に対しては，対抗力を具備した不動産賃借権だけが妨害排除請求できるのは，まず，二重賃借人の間では，対抗力の有無によって賃借権の帰属を決める必要があるからである。改正第605条は，対抗力を具備した不動産賃借権は二重賃借人に対応できることを明文をもって認めた。二重賃借人に対する妨害排除請求には不動産賃借権の帰属の決定と，決定された不動産賃借権に基づく妨害排除請求権の認容という2つの問題を含んでいる。したがって二重賃借人に対する妨害排除請求権が認められるためには，妨害排除請求権が認められる不動産賃借権は対抗力を具備したものには限られないとしても，対抗力を具備した賃借権でなければならない。

# 第6章

# 多数当事者の債権債務関係

## 6.1 概　　観

　一つの債権関係について多数の債権者あるいは債務者がある場合について，民法は，第三編第一章第三節「多数当事者の債権及び債務」の見出しの下に，今回の改正で新設した連帯債権の規定を含めて，総則（427条），不可分債権及び不可分債務（改正第428条〜改正第431条），連帯債権（改正432条〜改正435条の2）。連帯債務（改正第436条〜改正第445条），保証債務（改正第446条〜第465条の10）の5つの款をおいている。

　第一款の総則は，多数の債権者がある場合には，各債権者は内容的に分割された債権を取得し，逆に，多数の債務者がある場合には，各債務者は内容的に分割された債務を取得することを規定している。このような債権を**分割債権・分割債務**という。ところで，第一款は，このように分割債権・分割債務について規定しているにもかかわらず，「総則」という標題なのは，起草者は，一つの債権関係について多数の債権者または多数の債務者がある場合は，分割債権・分割債務となるのが原則と考えたからであろう。これは，物の共同所有において，共有物分割による個人所有への解体を促進する方向での制度設計をしたのと同様に，民法の基礎にある個人主義の表れということができよう。

　つぎに，第二款が規定する**不可分債権・不可分債務**というのは，給付の内容が分割できないものである場合の型である。たとえば，300万円の金銭の給付を目的とする債権は，内容を分割できるから，第427条の分割債

権または分割債務となる。これに対して，たとえば，一軒の家屋を3人が共同で購入して，3人が債権者となってその引渡しを請求する場合には，一軒の家屋の引渡しという給付は分割できない。もっとも，純理論的に考えると，分割ができないというのは疑問かもしれない。というのは，3人に，3分の1の持分あるいは3分の1の占有を移転することは必ずしも不可能ではないからである。しかし，実際の取引慣行，あるいは，契約した当事者の意思からすれば，一軒の家屋の引渡しとは，一軒を割合的に区分して引渡すことではなく，一軒を丸ごと引渡すことを意味するので，不可分なものというべきである。そこで，こうした一個の不可分給付について数人の債権者あるいは債務者があるときに，どういう法律効果が認められるかが，不可分債権・不可分債務の問題である。

　ところで，一口に，債権・債務の主体が複数であるという場合にも，①その複数の間には何も団体的拘束がない場合，②複数の者が共同の目的のために組合的な拘束を受けている場合，さらには，③入会団体のような強固な団体を結成している場合がある。このうち，民法の多数当事者の債権債務関係は①を想定している。したがって，債権・債務の主体が複数いる場合であっても，②③のように，多数当事者の間に共同の目的のための団体的な結合が存在する場合には，民法の多数当事者の債権債務関係の規定は直接には適用されない。

❖ 組合財産と相続財産 ══════════════════════════

　たとえば，A・B・Cの3人が資金を出し合って，民法上の組合（第667条以下）を作って，自動車の修理・販売業を始めたとする。このとき，この組合がDに対して取得する30万円の自動車の修理代金債権の帰属を例に考えてみよう。組合は法人格がないので，民法の条文上は，この債権は組合員A・B・C全員の「共有に属する」（第668条）。なお，債権の場合には，共有という観念は文字どおりにはあてはまらないので，準共有（第264条参照）というべきであろう。

　それはともかく，組合財産は，組合が企業を経営するための財政的基礎となるものであって，その限りにおいては一体性をもっている。そこで，その帰属状況は，条文上は，「共有」といわれるが，第249条以下で規定している「共有」とは異なり，学説上，一般に，「合有」とよばれている。したがって，30万円の修理代金債権は，分割債権（第427条）となってA・B・C3人の個別財

産になると考えることはできない。

　それでは，この 30 万円の修理代金債権に対しては，多数当事者の債権関係である不可分債権あるいは連帯債権に関する規定が適用されるかというと，それも否である。不可分債権，連帯債権については，6.2，6.4 で詳しく説明するが，まず，組合債権の請求や弁済受領は組合の業務執行であって，その組合の業務執行に関する規定にしたがって行われなければならないので，改正第432 条の適用はない。また，組合債権については，各組合員は自分の持分を処分しても，ほとんど効力がないので（第676 条），改正第429 条，改正第433条も適用がない。

　現在，組合債権の組合員に対する帰属状況については完全に詰めきられているわけではないが，とにかく，民法の多数当事者の債権債務関係とは根本的に性格が異なるものと解されている。組合のように数人の者が共同の目的のために継続的に拘束されている場合には，その共有財産——学説は「合有財産」とよんでいる——も，この目的のために継続的に拘束された状態で構成員に帰属している。

　なお，相続財産に含まれている債権・債務の帰属についても，民法が定める多数当事者の債権債務関係が適用されるか否かという問題がある。この点に関して，従来は，預貯金債権は相続開始の時点で各共同相続人に相続分の割合で分割帰属するので，遺産分割の対象にはならないとされていた。しかし，最大決平成 28 年 12 月 19 日民集 70 巻 8 号 2121 頁は，判例変更して，普通預金債権について，当然に分割債権にはならず，遺産分割の対象となる旨判示した。同決定を受けて，2018 年（平成 30 年）の相続法改正により第909 条の 2 が新設された。その詳細は相続法に譲ることにする。

# 6.2　不可分債権・不可分債務と連帯債権・連帯債務
## —— いかなる場合に成立するか ——

　第 427 条は，数人の債権者又は債務者がある場合に「別段の意思表示がないときは」分割債権・分割債務になると規定している。給付が可分のときは分割債権・分割債務になるといえば，簡明でよいのに，なぜ，別段の意思表示があるときは，分割債権・分割債務にはならないと規定したのだろうか。それは，分割債権の場合には，債務者は複数の債権者に弁済しなければならないので，弁済する債務者にとっては不便であるし，分割債務

の場合には，債務者に無資力の者と資力がある者が混ざっている場合には，債権者は資力がある者に対して全額請求できないので債権の効力が弱くなりすぎるという不都合があるからである。

そこで，改正前においては，給付が，性質上不可分な場合だけではなく，当事者の意思表示によって不可分な場合にも，不可分債権・不可分債務になると解されていた（改正前第428条）。すると，たとえば，金銭債権のように性質上は給付が可分な債権について債務者が複数いる場合，分割債務・不可分債務・連帯債務のいずれに該当するのかという問題が生じる。これは，結局のところ，いかなる場合に，不可分債務・連帯債務が成立するのかという問題である。今回の債権法改正においては，不可分債務・不可分債権と連帯債務・連帯債権の概念相互の整理が図られた結果，いかなる場合に，これら4つの債権・債務が成立するかの見通しがよくなった。

まず，不可分債務と連帯債務についてである。改正前，不可分債務は，不可分債権についての改正前第428条の規定を受けて，債務が性質上不可分である場合と意思表示によって不可分である場合に成立するとされていた。これに対して，連帯債務については，改正前第432条は，「数人が連帯債務を負担するときは」と定めるだけで，いかなる場合に連帯債務が成立するかは解釈に委ねられていた。

これに対して，改正法の下では，不可分債務は，「債務の目的がその性質上不可分である場合」に限定され，意思表示による不可分という類型が否定され（改正第430条）るとともに，連帯債務は，「債務の目的がその性質上可分」であって，かつ，「法令の規定又は当事者の意思表示によって」成立するとされた（改正第436条）。

### ❖ 性質上の不可分債務

たとえば，複数の者が共同して家を借りている場合の賃料の支払いについて考えてみよう。この場合の賃料は，賃借人である複数の者が，家屋全体について利用できるという不可分的な給付の対価である。そこで，改正前は，多数の債務者があり，目的たる給付が金銭であるという場合であっても，その金銭給付が多数の債務者が不可分的に受ける利益の対価である場合には，当該金銭債務は，性質上の不可分債務となるとされた（大判大正11年11月24日民集1巻670頁）。

改正後においては，賃料債務は，性質上可分な金銭債務であるので，連帯債務であるとの見解が多数説を占めている。改正法においては，連帯債務と不可分債務の違いは，混同に関する第440条の適用の有無だけである。6.3.3（1）で説明するように，同条は，債務内容と求償の内容が同種である場合の迂遠な求償処理を避けるための規定である。そうであれば，債務内容と求償の内容が同種の場合には，不可分債務ではなく，連帯債務と解すべきである。これに対しては，賃貸借契約上賃貸人が負う債務は，賃料債務に尽きるものではなく，目的物返還債務，収去義務，原状回復義務など，性質上不可分なものもあるので，賃料債務だけを連帯債務とするのは複雑になりすぎるとして，不可分債務とする見解も存在する。ただ，この問題は，賃借人が複数いる賃貸借契約において賃借人の一人と賃貸人の間に混同が生じた場合の賃貸借契約の帰趨をどのように考えるかという問題に遡るのではないだろうか。

---

　**不可分債権**について，改正前第428条は，「債権の目的がその性質上又は当事者の意思表示によって不可分」な場合に成立すると規定しており，改正前には連帯債権の規定はなかった。しかし，学説，判例においては，**連帯債権**の概念が用いられていた（たとえば，承諾転貸における賃貸人の転借人に対する賃料債権と賃借人の転借人に対する賃料債権（東京地判平成14年12月27日判時1822号68頁））ことから，今回の改正において連帯債権の規定が新設された。

　その結果，不可分債権・連帯債権は，不可分債務・連帯債務と同様な概念の整理がなされた。すなわち，不可分債権から「当事者の意思表示」による不可分類型が削除され（改正第428条），改正第432条は，連帯債権について，連帯債務と同様に，「債権の目的がその性質上可分である場合」であって，「法令の規定又は当事者の意思表示」によって，成立すると規定している。

## 6.3 連帯債務

### 6.3.1 定　義

　**連帯債務**とは，複数の債務者が同一内容の可分給付について，各々，独立して全部の給付をなすべき債務であり，そのうちの一人または数人が全部の給付をすると，総債務者のために債務が消滅する債務と定義される（改正第436条）。したがって，連帯債務では，債権者は，複数の債務者に対して請求できる。そして，請求は，一人に対してなしてもいいし，全員に対して同時あるいは順次になしてもいいし，全部の履行を請求しても，一部の履行を請求してもいい。

　連帯債務の規定は，改正によって大きく変わった。まず，6.2で述べたように，いかなる場合に連帯債務が成立するかが条文上明確にされた。改正前においては，その点についての規定はなかったが，連帯債務は当事者の意思表示によって成立するとされていた。たとえば，A・B・Cが共同して事業を始めるというので，Dから3億円借りた場合である。通常，このような場合には，債権者との間で全員が全額について全額の弁済の義務を負う合意がなされる。これが連帯債務である，と。このように改正前は，連帯債務が成立するためには，債務者間に「主観的共同関係」が必要とされた。

　しかし，他方で，法律によって連帯債務が成立すると規定される場合がある。たとえば，共同不法行為の賠償責任に関する第719条や夫婦の間の連帯責任を定めている第761条などである。しかし，前述した連帯債務の定義によれば，これら法律の規定によって成立する連帯債務にあっては，債務者間に主観的共同関係がないので，民法の連帯債務の諸規定をそのまま適用することはできなかった。そこで，これらは，連帯債務ではなく，**不真正連帯債務**とされた（6.3.4参照）。

　これに対して，改正第436条は，連帯債務は，「債務の目的が性質上可分である場合において，法律の規定又は当事者の意思表示によって数人が

連帯して債務を負担するとき」に成立すると規定している。したがって，改正前は不真正連帯債務とされていた債務も，連帯債務に取り込まれることになった。

## 6.3.2　性　　質

まず，すでに説明した通り，連帯債務にあっては，①債権者は，連帯債務者の一人または全員に対して，全額または一部の弁済を求めることができ，一人でも弁済すれば債務は総債務者のために消滅する。また，債務者は複数いることから，②債務者の一人について生じた事由が他の債務者にどのように影響するかが問題となる。さらに，③弁済等によって債務を消滅させた債務者は，他の債務者に対して，求償できる（改正前第442条，改正第442条）。

②については，改正前後を通じて，債務者の一人について生じた事由は，他の債務者に影響しないというのが原則である（改正前第440条，改正第441条）。しかし，改正前は，第434条から第439条に，かなり多くの例外（絶対的効力事由）が定められていた。これは，連帯債務は，債務者間に主観的共同関係が存在する場合に成立するものであることから，一人について生じた事由は，当然に他に及んでよいと考えられたからである。しかし，改正法における連帯債務は，主観的共同関係の有無にかかわらず広く成立することにしたために，絶対的効力事由は削減された。絶対的効力事由は，弁済に加えて，改正前は，履行の請求，更改，混同，相殺，免除，時効だったが，改正法では，更改，相殺，混同に限られることになった。

【改正前における絶対的効力事由】
a　履行の請求（改正前第434条）×
b　α　更改（改正前第435条／改正第438条）
　　　混同（改正前第438条／改正第440条）
　　β　相殺（改正前第436条第1項／改正第439条第1項）
　　γ　免除（改正前第437条）×・時効（改正前第439条）×
×がついているのは，改正後は相対的効力事由。

前述したように，改正法における連帯債務にあっては，改正前とは異なり，連帯債務者同士，顔も名前も知らないという場合がある。そこで，改正法の規定する絶対的効力事由は，そのような者の間であっても絶対的効力事由としてよいものだけに限定されている。しかし，連帯債務者間の関係次第では，改正法に規定する以外の事由であっても絶対的効力事由としてよい場合がある。そこで，改正第441条但書は，相対的効力事由であっても他の連帯債務者に効力が及ぶかについては，債権者と当該他の連帯債務者との合意に委ねている。

　さて，改正前，学説は，連帯債務を統一的に説明しようと四苦八苦していた。しかし，結局のところ，有力説は，連帯債務を統一的に説明しようとするのは無意味であり，連帯債務に関する規定は，問題となっている法律関係に応じて，その適用が定められるべきだと主張するに至った。要に，連帯債務の規定は，常に，セットで適用されるものとは限らないということである。今般の改正は，結果として，この主張を実現するものになったのではないだろうか。

### 6.3.3　効　　果

（1）　債務者の一人について生じた事由の他の債務者に対する影響

　6.3.2で説明したように，連帯債務者の一人について生じた事由は他の債務者に影響を及ぼさないのが原則（改正第441条）である。しかし，民法は，更改（改正第438条），相殺（改正第439条1項）および混同（第440条）については，その例外として絶対的効力事由としている。

　なお，履行の請求は，改正前は絶対的効力事由（改正前第434条）とされていたが，改正により，相対的効力事由とされた。改正後の連帯債務においては，債務者は他の債務者の存在を認識しているとは限らないことから，このような改正が行われた。したがって，債務者の一人にした請求により，他の債務者についても時効の完成が猶予されたり，時効が更新されることはない。ただし，債権者と他の債務者との合意によって，請求を絶対的効力事由にすることは可能である（改正第441条但書，6.3.2参照）。

　以下では，改正によって，変更がもたらされた点について説明すること

にする。

I. 相 殺

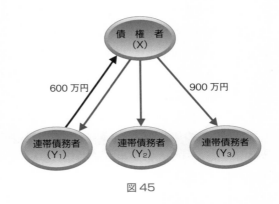

図 45

　債権者 X に対して，$Y_1$・$Y_2$・$Y_3$ が，連帯して 900 万円の借金をしており，それぞれの負担部分が 300 万円であり，$Y_1$ が，X に対して 600 万円の債権を取得したとする（図 45）。このとき，$Y_1$ が，X に対する債権を自働債権として，X に対して負担する債務を相殺した場合，改正第 439 条第 1 項（改正前第 436 条第 1 項）は，$Y_1$ の債務だけではなく，$Y_2$・$Y_3$ の債務も 300 万円に減ると規定する。しかし，相殺が弁済と同じ債権消滅の効果をもたらす以上，規定を待つまでもなく，このことは当然である。

　では，X が，$Y_2$ に対して請求した場合には，$Y_2$ は，債務全額の 900 万円を弁済しなければならないのか，それとも，$Y_1$ が X に対して取得している債権を利用して，900 万円の請求を多少でも拒むことができるのだろうか。

　何も規定がなければ，$Y_2$ は，X に 900 万円支払って，$Y_1$・$Y_3$ に対して，300 万円ずつ求償する。そして，$Y_1$ は，X に対して，別途，600 万円請求することになる。しかし，改正前第 436 条第 2 項は，このような場合には，「その連帯債務者の負担部分についてのみ他の連帯債務者が相殺を援用することができる」，図 45 に即すると，$Y_2$ は，$Y_1$ の X に対する債権をもって，$Y_1$ の負担部分，すなわち，300 万円だけは相殺を援用することができると規定していた。したがって，$Y_2$ は，$Y_1$ の負担部分 300 万円について

は支払いを拒んで，600万円だけ支払えばよいということになる。Y₂は，Y₃に300万円求償するが，Y₁は，Y₂から求償されることはなく，債権者Xとの間で，Y₁の有する600万円の債権とXが未だ取得しない300万円が相殺によって清算されることになる。

すなわち，改正前第436条第2項は，X⇨Y₂⇨Y₁⇨Xという求償の循環を避けることができるとともに，Y₁をXの無資力から保護して全体としての公平を図る規定ということになる。

ところで，改正前第436条第2項の「相殺を援用することができる」という意味について，かつての通説は，他の債務者にも相殺の権限を与えた趣旨と解していた。したがって，Y₂が相殺を援用すると，Y₁のXに対する債権は300万円消滅し，Xは，Y₁に対して，300万円支払えば足りると解していた。これに対して，近時の多数説は，この規定は，他の債務者に対して実際に相殺する権限を与えるのではなく，支払拒絶権を与えるにとどまると解する。したがって，Y₂が相殺を援用しても，Y₁のXに対する反対債権は依然として600万円で存在し，Xは，Y₁に対しては，Y₂によって支払いを拒絶された300万円の債権を有する。このXとY₁との間の関係は，両者の意思に任せて清算をさせればよいということになる。改正第439条第2項は，「その連帯債務者の負担部分の限度において，他の連帯債務者は，債権者に対して債務の履行を拒むことができる」と規定し，この近時の多数説を明文化した。

Ⅱ. 免　　除

改正前第437条は，連帯債務者の一人に対してした免除は，その債務者の負担部分について他の債務者のためにも効力を生ずると規定していた。

図45の例で，XがY₁の債務を免除したとする。この場合，改正前第437条によれば，Y₁の負担部分300万円の限度で債務は消滅し，Y₂Y₃は，連帯して，Xに600万円支払えばよく，Xに支払ったY₂Y₃は，Y₁には求償しないということになる。

このように，改正前第437条によると，債権者が債務者の一人に対して免除をすると，その負担部分については債務の消滅自体を覚悟しなければならないことになる。しかし，これは，免除をする債権者の意思に反する

と批判されていた。通常，一人の債務者に免除の意思表示をする債権者の意思は，単に，免除した債務者に対しては請求しないというだけであり，債務者間の内部関係には関知しない趣旨であることが多いとされる。すなわち，今の例に即していえば，Xは，$Y_1$に対しては請求はしないが，$Y_2$・$Y_3$に対しては900万円全額請求する趣旨であり，弁済した$Y_2Y_3$の$Y_1$に対する求償は妨げられないというわけである（改正第445条）。そこで，改正法は，この批判に応えて，免除を相対的効力事由に改めた。なお，今の場合，$Y_2$あるいは$Y_3$の求償に応じた$Y_1$は，Xに求償できるかという問題がある。

Ⅲ. 時効の完成

**時効の完成**は，改正前は，負担部分については絶対的効力事由であった（改正前第439条）が，改正により，相対的効力事由に改められた。したがって，図45で，$Y_1$について時効が完成しても，その効力は，$Y_2Y_3$には及ばないので，Xは，$Y_2Y_3$に対して債務全額900万円の請求ができ，弁済した$Y_2Y_3$は，免除の場合と同様に，$Y_1$に対して求償権を行使できる（改正後第445条）。


## (2)　債務者相互の関係

Ⅰ. 求 償 権

弁済をした連帯債務者は，他の連帯債務者に対して，その負担部分に応じて求償することができる（改正第442条第1項）。

ところで，図45の例で，$Y_2$が，Xに，900万円弁済し，$Y_1$・$Y_3$に求償しようとしたところ，$Y_1$が無資力だったとする。この場合には，$Y_1$の負担部分300万円は，$Y_2$・$Y_3$で，それぞれ，150万円ずつ負担することになるので，$Y_2$は，$Y_3$に450万円求償できることになる（改正前第444条，改正後第444条第1項）。

❖ 一部弁済の場合 ════════════════════

ところで，連帯債務者の一人が，債務全額ではなく，一部弁済した場合の求償関係はどうなるだろうか。たとえば，前の例で，$Y_2$が，Xに対して，債務全額の900万円ではなく，600万円だけ弁済したら，どうなるだろうか。

考え方は2つある。一つは，$Y_2$ は，600万円を3で割って，$Y_1$・$Y_3$ から，それぞれ200万円ずつ求償できるというものである。もう一つは，600万円のうち300万円は負担部分として $Y_2$ が自分で負担しなければならない額だから，それを控除した300万円を $Y_1$・$Y_3$ の2人に分けて，150万円ずつ求償できるにすぎないというものである。

　この問題は，負担部分を，割合——この場合は3分の1——と考えるか，あるいは，金額——300万円——と考えるかによって答えが違ってくる。この点，改正第442条第1項は，割合と考えることを明文化した。確かに，$Y_1$・$Y_3$ が，$Y_2$ からの150万円ずつの求償に応じてくれ，残り300万円の弁済をしてくれることが確実ならば，どちらの考え方をとっても変わりはないであろう。しかし，現実世界では，常に，そのようにことが運ぶわけではない。$Y_2$ が600万円弁済した後，残りの300万円を $Y_1$ か $Y_3$ が X に対して弁済する保障はないし，また，$Y_2$ からの150万円ずつの求償に応じてくれるという保障もない。したがって，連帯債務者の一人が弁済したら，そのつど，連帯債務者間で清算させる方が公平だからである。

---

## II.　通知義務

### ❖ 事前の通知

　たとえば，図45で挙げた例に即していうと，$Y_1$ が X に対して反対債権をもっているにもかかわらず，$Y_2$ が，それを知らずに，X の請求に応じて，900万円全額を払ってしまったとする。すると，$Y_2$ が $Y_1$ に対して求償権を行使したときに，$Y_1$ としては，$Y_2$ が弁済する前に自分に一言言ってくれれば，自分は X に対して反対債権があるから，それで相殺できたのに，というかもしれない。特に，X の資力に問題があり，$Y_2$・$Y_3$ の資力に問題がない場合には，$Y_1$ の立場は，非常に不利になる。というのは，相殺しないと，$Y_1$ は，X から600万円回収できない反面，$Y_2$ からの300万円の求償には応じなければならなくなる。これに対して，相殺すれば，結局のところ，X に対する600万円の債権を回収できたのと同じ結果になるからである。

　そこで，民法は，このような事態を防止するために，連帯債務者の一人が弁済しようとするときには，必ず，他の債務者にも通知しなければならないという義務を負わせた。もし，通知をしなかった場合には，$Y_1$ は，自己の負担部分については，債権者に対抗できた事由を $Y_2$ に対抗することができる（改正前後ともに第443条第1項第1文）。したがって，$Y_1$ は，自己の負担部分300万円について，X に対する反対債権で $Y_2$ の求償権を相殺できる。すると，X は，$Y_2$ の—— $Y_1$ から求償できない——300万円の損失によって，$Y_1$ に対して負

担していた債務を300万円だけ免れるという利得をもつ。そこで，その範囲で，$Y_1$のXに対する債権は，法律上，当然に，$Y_2$に移転し，$Y_2$は，$Y_1$にかわって，Xに対して，その弁済を請求することができる（改正前後ともに第443条第1項第2文）。

なお，改正第443条第1項は，このような事前通知義務を，他の連帯債務者があることを知っていた連帯債務者だけに課すことにした。また，通知の対象は，「債権者から履行の請求を受けたこと」から「共同の免責を得ること」へと改められた。この事前の通知義務は，債権者に対して抗弁権を有する連帯債務者に対して，それを行使する機会を失わせないことを目的とするものである。したがって，事前の通知義務は，債務者が共同の免責を得た場合，一般に適用すべきだからである。

❖❖ 事後の通知

今までの例で，$Y_2$が900万円弁済して債務が消滅したにもかかわらず，$Y_1$がそれを知らずに重ねて弁済したらどうなるのだろうか。一般の原則によれば，すでに債務が消滅したにもかかわらず重ねて弁済することは非債弁済であり，弁済した者は，不当利得として，債権者に対して，その返還を請求することができる（第705条）。つまり，$Y_2$の弁済は有効で，$Y_1$・$Y_3$に対して求償できるのに対して，$Y_1$の弁済は無効で，非債弁済として，Xに対して支払った900万円の返還を請求することになる。

しかし，改正前後を通じて第443条第2項によると，$Y_2$が弁済したにもかかわらず，他の債務者に通知をしなかったために，$Y_1$が，$Y_2$の弁済を知らずに弁済した場合には，$Y_1$は，自分の弁済を「有効であったものとみなすことができる」。なお，事後通知義務についても，事前通知義務と同様に，改正第443条第2項では，他の連帯債務者の存在を知っていたにもかかわらず通知しなかった連帯債務者に限定されている。

ところで，この有効とみなされる効果は，すべての者——債権者，他の連帯債務者——に対する関係でも生ずるのか（絶対的効果），あるいは，第一弁済者（$Y_2$）と第二弁済者（$Y_1$）との間でのみ生ずるのか（相対的効果）という問題がある。かつては，絶対的効果説が多数説であったが，現在は，相対的効果説が通説・判例である（大判昭和7年9月30日民集11巻2008頁）。

というのは，たとえば，$Y_2$・$Y_1$が，それぞれ900万円を弁済し，$Y_3$が$Y_2$の求償に応じて，すでに300万円を支払った場合を考えてみる。絶対的効果説によれば，たとえば，$Y_3$は，$Y_2$から，300万円返してもらい，$Y_1$に300万円返すことになるので，数字的には，300万円を$Y_1$に払うか，$Y_2$に払うかの問題

である。しかし，実際問題としては，果たして，$Y_2$ から，300 万円確実に戻ってくるかわからないにもかかわらず，$Y_1$ に対しては 300 万円支払わなければならない。さらに，この事後通知は，弁済の場合だけではなく，「その他有償の行為をもって免責を得た」ときにも適用がある。すると，たとえば，$Y_2$ が X と代物弁済契約を締結して 750 万円の不動産で 900 万円の債権を消滅させた後に，$Y_1$ が X に対して 900 万円弁済したとする。この場合，絶対的効果説に立つと，X は，$Y_2$ に不動産を返還して，$Y_1$ から受領した 900 万円を保有せよということになる。さらに，$Y_3$ の身になると，$Y_2$ からの求償では 250 万円ですむのに，$Y_1$ からの 300 万円の求償に応じなければならなくなる。そこで，第 443 条第 2 項の $Y_1$ が「自己の弁済その他免責のためにした行為を有効であったものとみなすことができる」というためには，このような大掛かりな効果を認める必要はないのではないか，$Y_1$ と $Y_2$ の間での関係だけですますことができれば，その方が公平ではないかということで，相対的効果説が主張されるようになった。

　しかし，この相対的効果説も，たとえば，X は，代物弁済として受領した不動産は保持し続けられるとしても，900 万円の返還の相手方は誰かということになるとはっきりしない。

---

### ❖❖❖ 事前の通知と事後の通知

　今の例に即して言うと，$Y_2$ が弁済しても事後に通知しないでいると，二重の弁済をした $Y_1$ から文句を言われるというのが，第 443 条第 2 項の規定である。他方，第 443 条第 1 項は，$Y_1$ が弁済するときは，あらかじめ通知せよと規定している。それでは，連帯債務者の一人は事後の通知を怠り（第 443 条第 2 項），他の者は事前の通知を怠った（第 443 条第 1 項）場合には，どのように処理すべきであろうか。今の例に即すと，$Y_2$ は事後の通知を怠り，$Y_1$ が事前の通知を怠った場合，第 443 条第 2 項が適用されるか否かである。

　通説は，一般原則に従い，第一の弁済（$Y_2$ による弁済）だけを有効とする。弁済をする前に $Y_1$ が通知をしていれば，$Y_2$ は，すでに弁済をしたことを通知するであろうから，通常，$Y_1$ による二重弁済という事態は生じなかったと考えられる。そこで，判例（最判昭和 57 年 12 月 17 日民集 36 巻 12 号 2399 頁）も，第 443 条第 2 項の規定は，「同条第 1 項の規定を前提とするものであって，同条 1 項の事前の通知につき過失のある連帯債務者までを保護する趣旨ではない」として，通説と同様の見解を示している。

---

### 6.3.4　不真正連帯債務

　たとえば，運送会社に雇われている運転手が，仕事中に，人身事故を起こして，不法行為に基づく損害賠償責任を負ったとする（第709条）。この場合，使用者たる運送会社も使用者責任を負う（第715条）。このような関係は，他にも，共同不法行為者間（第719条），責任無能力者の監督義務者と代理監督者間（第714条）あるいは動物占有者と動物保管者間（第718条）に見られる。改正前においては，これら複数の債務は，不真正連帯債務あるいは全部義務と呼ばれる関係にあるとされた。

　不真正連帯債務では，数人の債務者は，各自，全額を弁済する義務を負うが，そのうちの一人が弁済すれば，他の債務者も義務を免れる。この点は，連帯債務と同様である。しかし，連帯債務とは異なり，絶対的効力事由がないのが原則である。したがって，たとえば，改正前第439条の適用はなく，運転手について消滅時効が成立しても，運送会社は，その影響を受けないとされた。

　しかし，6.3.2で述べたように，今回の改正は，請求・免除・時効を絶対的効力事由から削除するとともに，相対的効力事由とされた事由についても，債権者と債務者が合意すれば，絶対的効力事由とすることができるようにした（改正第441条但書）。このように，改正法においては，不真正連帯債務は改正第436条が規定する連帯債務に取り込まれたと解することができる。

#### ❖ 不真正連帯債務に関する判例と改正法における連帯債務 ══════════

　不真正連帯債務については，判例は，債務者は，自己の負担部分を超える額を弁済をしたときに，はじめて，その超過部分を求償できると判示している（最判昭和63年7月1日民集42巻6号451頁等）。これに対して，改正第442条第1項は，債務者は，自己の負担部分割合を超える弁済をしたときは，求償できると規定している。また，混同に関しては，判例は相対的効力事由としている（最判昭和48年1月30日判時695号64頁）のに対して，改正第440条は絶対的効力事由としている。そのために，今回の改正により，これらの点について，判例の変更がなされたか否かが議論になっており，見解は分かれている。この見解の相違は，以下の事情に由来するのではないだろうか。

　すなわち，今回の改正は，連帯債務と一口にいっても，債務者間の関係に応

じた多様な規律があるとの前提に立って行われた。そこで，民法は，債務者間の関係に応じた規律を書ききっているとして，民法の規定と異なった効果を含む連帯債務の存在を認めないのか，逆に，民法は書ききっていないとして，民法の規定と異なった効果を含む連帯債務の存在を認めるのか。前者の立場に立った場合には，改正法の下においても，不真正連帯債務概念の存在を認めることになるのか否かが問題となる。これらの点については，今後の判例および議論の推移を待ちたい。

---

## 6.4 連帯債権

### 6.4.1 定　義

　複数の債権者が，それぞれ，債務者に対して全部又は一部の履行を請求でき，一人の債権者が弁済を受ければ，総債権者について債権が消滅するという債権を連帯債権という。連帯債権は，連帯債務と同様に，債権の目的が性質上可分である場合に，法令の規定又は当事者の意思表示によって成立する（改正第432条）。

### 6.4.2 効　果

　明文の規定はないが，弁済および弁済と同等の効果が生じる代物弁済・供託は絶対的効力事由である。また，請求（改正第432条），相殺（改正第434条），混同（改正第435条）は，絶対的効力事由である。なお，同じく絶対的効力事由であっても，請求，弁済，相殺，混同は，債権者の一人について生じた事由が債権全体に及ぶのに対して，更改，免除は，更改，免除をした債権者の「分与されるべき利益に係る部分」についてのみ，他の債権者に効力が及ぶ（改正第433条）。「分与されるべき利益に係る部分」とは，連帯債務の負担部分と対になる概念であり，弁済等で得た利益は，この割合に応じて内部で分配される。

　免除については以下の通りである。たとえば，債権者 $X_1$, $X_2$, $X_3$ の1,000万円の債権について，その間の分与割合が2：1：1だったとする。

この場合，$X_1$ が債務者 Y に免除をした場合には，$X_1$ に分与されるべき500 万円の限度で免除の効力は $X_2$, $X_3$ に及ぶ。したがって，$X_2$, $X_3$ は，Y に対して，500 万円しか請求できなくなる。相対的効力として，免除の後も，$X_2$, $X_3$ は，Y に対して，1,000 万円請求できるとすると，たとえば，Y が $X_2$ に 1,000 万円弁済したとすると，$X_2$ は，$X_1$, $X_3$ に，それぞれ，500万円，250 万円を分配することになる。すると，Y は，$X_1$ に対して，免除で消滅した債権の 500 万円分を請求することになる。すなわち，この 500万円について，$Y \Rightarrow X_2 \Rightarrow X_1 \Rightarrow Y$ と分配の循環が起こってしまい，Y は，$X_1$ の資力の危険を負担することになってしまうからである。

　また，混同については以下の通りである。今の例で，$X_1$ が死亡し，Yが $X_1$ を単独で相続したとしよう。この場合，$X_1$ について混同が生じるので，1,000 万円の債権は弁済されたものとみなされる。その結果，$X_2$, $X_3$ は，$X_1$ を相続した Y に対して，自分たちの持ち分に相当する額である250 万円の支払いを請求することができる。これに対して，混同を相対的効力事由にすると，今の例では，Y から 1,000 万円の弁済を受けた $X_2$ は，Y, $X_3$ に対して，利益分与として，それぞれ，500 万円，250 万円を支払い，分配の循環が起こってしまうからである。

　それ以外の事由は，相対的効力が原則であるが，連帯債務と同様に，「他の連帯債権者の一人及び債務者が別段の意思を表示したときは」その意思にしたがった効力が生じる（改正第 435 条の 2）。

## 6.5　不可分債務・不可分債権

### 6.5.1　不可分債権

　6.2 で述べたように，不可分債権は，複数人が共同で不動産を購入した場合の不動産引渡債権のように，性質上不可分の目的物を給付する債権を複数人が有する場合をいう。不可分債権にあっては，「各債権者は，全ての債権者のために全部の履行を請求することができ，債務者は，全ての債権者のために各債権者に対して履行をすることができる」（改正第 428 条の

準用による改正第 432 条)。たとえば，$X_1$，$X_2$，$X_3$ が共同で Y から甲建物を購入したとする。この場合，$X_1$ は，単独で，Y に対して，甲建物の引渡しを請求できる。

　不可分債権の効果は，債権者の一人と債務者の間に，免除・更改および混同があった場合以外は，連帯債権と同じである（改正第 428 条）。

　免除・更改があった場合，連帯債権とは異なり，他の債権者は，債務者に対して全体の履行を請求できる。これは，不可分債権の目的物は性質上不可分であるために，連帯債権とは異なり，その一部だけの給付ができないからである。しかし，弁済を受けた債権者は，免除・更改により権利を失った債権者に分与すべき利益は債務者に償還しなければならない。たとえば，前述の例で，$X_1$ が Y に対して免除を行ったとしても，$X_2$，$X_3$ は，Y に対して，甲建物の引渡しを請求することができる。しかし，弁済を受けた $X_2$ は，$X_1$ が権利を失わなければ $X_1$ に分与されるべき利益は，Y に償還しなければならない（改正第 429 条）。なお，この場合，$X_2$ は，甲建物の共有持分を償還してもよいし，共有持分相当額の価額償還をしてもよい。

　また，混同は，連帯債権とは異なり，相対的効力事由とされる。たとえば，今の例で，甲建物の所有者である Y が死亡し，$X_1$ が Y を単独で相続したとする。この場合，連帯債権の場合とは異なり，債権は消滅しないので，$X_2$ あるいは $X_3$ は，$X_1$ に対して，建物の引渡しを請求できる。そこで，引渡しを受けた $X_2$ は，$X_1$，$X_3$ に対して，その持分に相当する利益の分与を行わなければならない。不可分債権にあっては，連帯債権の場合とは異なり，債権の内容と分与されるべき利益の内容が同種であるとは限らないので，不可分債権者の一人である債務者から履行を受けるとともに，同人に対して利益の分配をすることは，無意味で迂遠な処置とはいえないからである。

## 6.5.2　不可分債務

　**不可分債務**とは，たとえば，一軒の建物の引渡債務のように，性質上不可分の目的物を給付する債務を複数の人が負う場合をいう。このとき，債権者は，その不可分債務者の一人に対し，または同時に若しくは順次にす

べての不可分債務者に対して，全部または一部の履行を請求することができる（改正第430条により準用される第436条）。

　不可分債務については，連帯債務（6.3参照）の規定が準用されるが，混同を絶対的効力事由とする連帯債務の規定（改正第440条）は準用されない（改正第430条）。これは，不可分債務の場合には，連帯債務とは異なり，履行すべき内容と求償の内容が異なっているので，不可分債務を他の不可分債務者の一人でもある債権者に対して履行したうえで，同人に対して求償することは，迂遠で無意味な処理とは言えないからである。

## 6.6　保証債務

### 6.6.1　成　　立

　**保証**とは，債務者（保証の文脈では「**主たる債務者**」とよばれる）が債権者に対する弁済ができなかった場合に，第三者（保証人）が代わって弁済するという合意をしておくことである。債権者からすると，主たる債務者の責任財産に加えて，保証人の責任財産も，主たる債務者に対する債権の引き当てにできることになる。このように，保証にあっては，主たる債務者に対する債権の引当となる財産は増えるが，保証債権は保証人に対する他の債権と債権者平等の原則の関係に立つので，保証の有効性は，結局のところ，保証人の資力に係っていることになる。

　保証契約の当事者は，保証人と債権者である。保証人は主たる債務者に頼まれてなるのが通常であるが，法律的には，主たる債務者に頼まれるということは，保証契約の成立要件ではない。誰に頼まれなくても，債権者との間で，その者に対するある特定の債務者について，保証人になる契約を締結すれば，それで，保証契約は成立する。さらに，頼まれないだけでなく，主たる債務者の意思に反しても——主たる債務者が「あの人には保証人になってほしくない」と思っている場合——保証契約は成立する。保証人になるにあたって，主たる債務者の委託があるかないか，あるいは，主たる債務者の意思に反しているかいないかは，保証契約自体にも，保証

人の責任にも影響しない。ただし，保証人が弁済して主たる債務者に求償権を取得する場合には，6.6.4（2）I. で説明するように，求償の額に違いを生じる。

　ところで，従来，保証契約は，契約法の一般原則に従って，諾成契約とされ，書面等の要式は要求されていなかった。しかし，親戚関係や友人関係から義理で保証人となる場合も多いことから，ドイツやフランスでは，保証契約の締結を慎重にさせるために，書面等を要求して要式契約としているところが多い。わが国においても，商工ローン問題を契機として 2004年（平成 16 年）に行われた民法改正で，保証契約は要式契約とされるにいたった（第 446 条第 2 項）。

## 6.6.2　性　　質

### （1）　付　従　性

　保証債務は，主たる債務とは別個の債務ではあるが，その実質は主たる債務の担保であることから，主たる債務に従属している。すなわち，保証債務は，主たる債務が成立しなければ成立せず，主たる債務が消滅すれば消滅し（付従性），また，主たる債務が移転すれば，それに伴って移転する（随伴性）という性質を有する。

　たとえば，被保佐人が保佐人の同意を得ないでした借金，もう少し，法律的な言い方をすると消費貸借契約は，取り消すことができる（第 13 条第 1 項第 2 号）。このような取り消し得る債務について保証人になることは，もちろん可能である。取り消されない限り，被保佐人は借金を返済しなければならないし，保証人は保証債務を負う。

　それでは，被保佐人が保佐人の同意を得ないで締結した消費貸借契約が取り消されたらどうなるだろうか。消費貸借契約が取り消されると主たる債務が消滅するから，付従性によって，保証債務も消滅する。これが原則である。これに対して，第 449 条は例外を規定している。すなわち，保証人が保証契約を締結した時に，主たる債務者が制限行為能力者であることを知っていたときには，保証人となった者は責任を負わなければならない，と。ただし，この場合の保証人となった者の責任は，同条が「行為能力の

制限によって取り消すことができる債務を保証した者は，……同一の目的を有する独立の債務を負担したものと推定する」と規定していることからわかるように，保証債務の効果としてではない。一般に，主たる債務とは独立に，一定の事情から生じた損害を塡補することを目的とした契約を損害担保契約という。第449条は，保証人が保証契約締結時において主たる債務者が制限行為能力者であることを知っていたときは，この損害担保契約を締結したものと推定した規定と理解されている。

### (2) 補 充 性

　繰り返しになるが，保証人は，主たる債務者が弁済しないときに責任を負うものである（第446条第1項）。

　そこで，債権者がいきなり保証人のところに請求してきたときには，保証人は，まず，主たる債務者に請求しなさいということができる（第452条）。保証人のこの権利を催告の抗弁権という。ただし，主たる債務者に，まず，請求するといっても，訴訟を提起したり，強制執行をしたりする必要はなく，単に，催告すればよいだけである。したがって，債権者にとっては，一挙手一投足の手間にすぎないので，催告の抗弁権は，保証人にとっては，頼もしい味方というわけにはない。

　しかし，保証人は，催告の抗弁権に加えて，**検索の抗弁権**をもっている。これは，主たる債務者への請求がなされた場合であっても，主たる債務者に十分な資力があって，強制執行すれば，そちらから容易に回収できることを保証人が証明すれば，債権者は，まず，主たる債務者に強制執行したうえでなければ，保証人に対して請求することはできないというものである（第453条）。この検索の抗弁権は，保証人にとっては，相当有力な防衛手段となる。

　なお，保証人が催告あるいは検索の抗弁権を行使したにもかかわらず，債権者が主たる債務者への催告あるいは強制執行を怠った場合には，保証人は，債権者がただちに催告あるいは強制執行を行わなかったことにより主たる債務者から弁済を受けられなかった分については，保証債務を免れる（第455条）。

ところで，保証人には，もう一つ，連帯保証人とよばれる種類がある。今，述べた2つの抗弁権をもっているのは，普通の保証人であって，連帯保証人には，これらの抗弁権はない（第454条）。したがって，連帯保証人の場合には，主たる債務者に資産があって，しかも，それに対する強制執行が容易であっても，債権者は，ただちに，連帯保証人に請求することができる。そこで，実務で行われている保証のほとんどは連帯保証である。なお，連帯保証については，6.6.5（1）で，改めて，説明することにする。

## 6.6.3　内　　容

6.6.2（1）で述べたように，保証債務は付従性を有するので，保証債務の内容も主たる債務と同じである。とはいっても，いくつかの問題がある。

まず，主たる債務が不代替的な債務である場合である。

たとえば，ある特定の家屋の売主の保証人となった者は，いったい何を保証するのだろうか。主たる債務者たる売主の債務は，売買の目的物たる家屋の所有権・占有・登記などを買主に移転するという不代替的なものである。このように主たる債務が不代替的な債務である場合，保証人が主たる債務と同じ内容の債務を負担することは不可能である。それでは，その場合，保証人が負担する保証債務の内容は何だろうか。売主が契約どおりに家屋の所有権や占有を移転しないときは，売主は買主に対して，金銭債務である損害賠償債務を負担することになる。そうすると，保証人も同じ内容の債務を負担することができる。保証というのは，要するに，主たる債務者が履行すると同様の利益を債権者に与えようとするものである。したがって，そのために，保証人は，主たる債務者自身による履行でなくてもよい債務については負担することができる。

ところで，第447条第1項は，保証債務は，主たる債務に関する利息・違約金・損害賠償などを含むと規定している。しかし，より問題となるのは，主たる債務発生の原因となった契約が解除された場合に，主たる債務者が負う損害賠償義務や原状回復義務も保証の対象となるかである。

たとえば，Xが，Aから，その住宅内の畳建具を購入して代金を支払ったが，Aが期日までに引き渡さないので，売買契約を催告して解除し，A

の保証人Ｙに対して，既払代金の返還を請求したとする。この場合，Ｙの保証債務には，売主Ａが負担する解除による原状回復義務も含まれているだろうか。

　この問題について，大審院は，否定していた。すなわち，解除には遡及効があるので，解除された場合の原状回復義務や損害賠償義務は，契約上の債務とは別個独立のものだから，保証人の責任は，そこまでは及ばないと解していた。しかし，何のためにこのような保証契約を締結するかというと，まさに，債務不履行の際の損害賠償債務や解除に伴う原状回復義務を担保するためであるので，大審院の結論は，当事者の合理的な意思に反するといわざるを得ない。そこで，最大判昭和40年6月30日民集19巻4号1143頁は，判例変更して，売主の保証人の責任は，原則として，売買契約の解除による原状回復義務に及ぶと判示した。

　このように，保証債務の内容は主たる債務と同じであると一応はいえるとしても，最終的には，その内容は，保証契約の趣旨，すなわち，当事者の意思にしたがって解釈されることになる。しかし，保証債務は，付従性から，主たる債務より重くなることはない（改正第448条第1項）。たとえば，主たる債務が1,000万円であるときに，保証債務を2,000万円と定めても，1,000万円を超える部分は無効とされる。では，保証契約が締結された後に，主たる債務が1,000万円から1,200万円になったら，どうなるだろうか。この場合，保証債務は1,000万円のままである（改正第448条第2項）。要に，保証債務の内容は，保証人に有利な方向，すなわち，主たる債務の縮減にのみ連動するのである。

　ただし，保証債務自体についての違約金や損害賠償額について約定することは認められているので（第447条第2項），場合によっては，主たる債務よりも保証債務が重くなることはある。

### 6.6.4 効　　果

**(1)　主たる債務者または保証人に生じた事由**

I. 主たる債務者に生じた事由

(i)　債務の縮減と責任財産の縮減　　保証債務は，主たる債務を担保するものであり，これに付従するものであるから，主たる債務に生じた事由は，その内容を拡張させるもの以外は，すべて，保証債務に効力を及ぼすことになる。たとえば，主たる債務の約定利率が下がれば，保証債務にも，その影響は及ぶ。また，保証人は，同時履行の抗弁権など，主たる債務者が主張できる抗弁をもって，債権者に対抗できる（改正第457条第2項）。

　ただし，ここで気をつけなければならないのは，主たる債務自体は縮減されないが，責任財産が限定されたために，主たる債務者が責任財産から十分弁済しなくてもよくなった場合には，保証債務が縮減することはないということである。たとえば，主たる債務者が死亡し，その相続人が限定承認すると，主たる債務の責任財産は遺産として残された財産に限られることになる（第922条）。その結果，相続人は債務全額を弁済する必要がなくなったとしても，保証債務は，依然として，債務全額について成立する。同様の事態は，主たる債務者が破産した場合にも生じる（破第104条）。

(ii)　相　　殺　　保証人は，主たる債務者が債権者に対して有する反対債権を相殺に供することができる（図46）。

　たとえば，主たる債務者（$Y_1$）が債権者（X）に対して500万円の反対債権をもっている。このとき，保証人（$Y_2$）は，Xに対して，$Y_1$の債権による相殺をもって対抗することができる（改正前第457条第2項）。保証人は，常に，主たる債務者の従として，これにくっついているものだから，主たる債務者の有する債権をもってする相殺も援用できると解すべきだからである。ただし，逆に，主たる債務者が保証人の有する債権をもって相殺することはできない。

　なお，保証人が援用するという意味は，連帯債務に関する改正第439条第2項と同様に（6.3.3（1）I.参照），主たる債務者に代わって反対債権を処分するのではなく，自己の債務の弁済を拒絶するという相対的な意味で

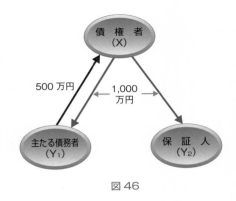

図46

ある（改正第457条第3項）。改正第457条第3項は，改正前第457条第2項に関する通説を明文化したものである。図46の例では，$Y_2$は，$Y_1$の有する反対債権500万円については弁済を拒絶して，500万円だけ弁済すればよい。しかし，それによって，$Y_1$の反対債権が消滅するわけではなく，$Y_1$は，依然として，Xに対して，500万円の反対債権を有している。したがって，Xの債権残額500万円と$Y_1$の反対債権500万円が残っており，それを相殺に使うか否かは，X，$Y_1$の勝手である。

　同様に，主たる債務者が取消権・解除権を有している場合も，相殺の場合と同様に，保証人は，勝手にこれらを行使するわけにはいかないが，主たる債務者が，これらの行使によって，その債務を免れるべき限度において，債権者に対して，保証債務の履行を拒絶できる（改正第457条第3項）。この場合も，取消権・解除権を行使するか否かは，主たる債務者の勝手である。

　(iii)　**時効の完成猶予および更新**　　主たる債務の時効の完成猶予および更新の効力は保証人にも及ぶ（改正第457条第1項）。

　そこで，債権者が，主たる債務者に対して請求すれば（改正第147条，改正第150条），保証人に対しても，時効の完成猶予および更新の効力は及ぶ。この点，連帯債務では，改正法は，請求を相対的効力事由とした（改正第441条）ために，債権者が連帯債務者の一人に対して請求しても，他の債務者に時効の完成猶予および更新の効力は及ばない。

このように，連帯債務は，それぞれの債務者について別々に時効が完成するのに対して，保証債務は，主たる債務が存続する限りは，それに付従して，存続する。したがって，連帯債務者が大勢いる場合には，債権者は，そのすべてに対して時効の完成猶予および更新の措置を講じておかないと，措置を講じなかった者について時効が完成してしまい，同人に対して，請求できなくなってしまう。これに対して，保証債務の場合には，主たる債務者に対して時効の完成猶予および更新の措置をとっておけば，常に，保証人に対しても請求できる。

(iv)　債権譲渡

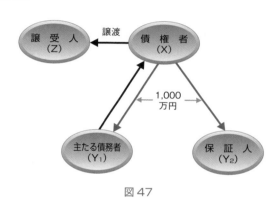

図47

　債権者（X），主たる債務者（Y₁），保証人（Y₂）として，Xが，Y₁に対する 1,000 万円の債権を Z に譲渡したとする。保証債務は主たる債務に従属して，これを担保するものであるから，6.6.2（1）で述べたように，Y₂ に対する保証債権も，Y₁ に対する債権の譲渡に伴って，Z に移転する（保証債務の随伴性）（図47）。

　ところで，このとき，Y₁ に対して債権譲渡を通知すれば（改正第 467 条第 1 項），Y₂ に対しては通知をしなくても，Z は，保証債務についても自分が債権者になったことを Y₂ に対して主張することができる。逆に，保証債権についてだけ対抗力を生じることはありえないので，Y₂ に対して通知をしても，それによって Y₁ に対する債権譲渡の対抗力は生じない。結局，保証人に対する通知は何の役にも立たないということである。

II. 保証人に生じた事由

保証人に生じた事由は，債権者を満足させるもの（弁済，供託，相殺など）以外は，主たる債務者に影響しない。たとえば，保証人が債務を承認しても，主たる債務について時効の更新は生じない。その結果，主たる債務の時効が先に完成すれば，保証人は，これを援用できる。

## (2) 保証人と主たる債務者との関係

### I. 求償権

保証人の弁済は，法律的には，第三者弁済ではなく，保証債務という自己の債務の弁済である。しかし，その実質は，第三者である主たる債務者の債務の弁済であるので，弁済した保証人は，主たる債務者に対して求償できる。ところで，6.6.1で述べたように，保証債務の成立には，保証人が主たる債務者から頼まれていることは必要でないのみならず，主たる債務者の意思に反するときでも，保証債務は成立する。しかし，以下に述べるように，求償できる額が異なる。

頼まれて保証人になることは，人からある事務の委託を受けてそれを引き受けることである。したがって，主たる債務者との関係では，債権者と保証契約を締結することは委任された事務処理の第一歩であり，主たる債務者に代わって弁済することは委任事務処理の続きである。そうだとすると，主たる債務者に頼まれて保証人になった者の求償権は，受任者の委任事務処理に要した費用の償還請求権という性質を有する。これに対して，頼まれもしないのに他人の事務を処理するのは事務管理である（第697条以下）。したがって，頼まれもしないのに保証人になった者の求償権は，事務管理者の費用償還請求権という性質を有する。

このように，保証人は，保証人となることを頼まれた場合には委任の，頼まれていない場合には事務管理の，それぞれ費用償還請求権に関する規定（第650条，第702条）に従って，主たる債務者に求償することができる。しかし，民法は，法律関係を明確にすべく，保証人の主たる債務者に対する求償権について特別の規定をおいている（改正第459条，改正第462条）。委託を受けた保証人の求償権に関する改正第459条と受任者の費用償還請

求権に関する改正第650条，委託を受けない保証人の求償権に関する改正第462条と事務管理者の費用償還請求権に関する第702条を読み比べてほしい。

❖ 委託を受けた保証人が弁済期前に弁済をした場合の求償権 ━━━━━━━

　主たる債務者に頼まれて保証人となった保証人であっても，弁済期前に弁済することまでは頼まれてはいない。そこで，改正法は，委託を受けた保証人が弁済期前に弁済した場合には，委託を受けない保証人と同じ範囲で求償できると規定した（改正第459条の2第1項，改正第462条第1項）。すなわち，保証人は，主たる債務者が債務消滅行為の時点で利益を受けた限度で求償権を有する。

　したがって，債務消滅行為時点以前において，主たる債務者が債権者に対して反対債権を有していたときは，保証人が弁済しなければ，主たる債務者は反対債権で相殺できるので，保証人が弁済したことは，債務消滅行為時点においては，主たる債務者の利益になっていない。そこで，改正第459条の2第1項第2文は，相殺によって，主たる債務者が義務を免れることができた部分については，保証人の求償は認めないとの前提に立ち，保証人は，債権者に対して，相殺によって消滅すべきであった債務の履行を主たる債務者に代わって請求することができると規定した。

　この求償権は，主たる債務の弁済期以後でなければ行使できない（改正第459条の2第3項）。しかし，弁済期前に弁済したとはいえ，委託を受けた保証人なので，委託を受けない保証人とは異なり，求償権の範囲には，弁済期以後の法定利息や弁済期以後に債務の消滅行為をしたとしても避けることができなかった費用その他の損害の賠償は含まれる（改正第459条の2第2項）。

❖❖ 主たる債務者の意思に反する保証人の求償権 ━━━━━━━

　本人の意思に反して事務管理を行った者（第702条第3項）と同様に，主たる債務者の意思に反して保証をした者は，「主たる債務者が現に利益を受けている限度においてのみ」求償できる（第462条第2項）。つまり，保証人が求償できる額は，保証人が弁済してから主たる債務者に求償する時点までの事情を考慮に入れて決めるということである。この事情の適切な例としては，主たる債務者が債権者に対して反対債権を取得することを挙げることができる。保証人が弁済しないでいれば，主たる債務者は反対債権で相殺できるので，保証人が弁済したことは，現在から見れば，主たる債務者の利益になっていないからである。そして，第462条第2項第2文は，このことを念頭においた規定である。すなわち，主たる債務者が求償の日以前に債権者に対して反対債権を有していた場合には，今，述べたように，相殺によって義務を免れる部分について

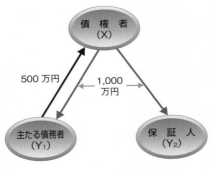

図 46 (再掲)

は，保証人の求償権は認められない。しかし，この場合，保証人は，債権者に対して，当該相殺によって消滅すべきであった債務の履行を主たる債務者に代わって請求することができる。

### ❖❖❖ 委託を受けた保証人の事前求償権

委任の場合には，受任者は，委任者に対して，費用の前払いを請求できる（第649条）。事務処理に要する費用は，通常，あらかじめ計算することは容易であるので，受任者は，事務を引き受けるときに，「費用をおいていけ！」と言うことができる。しかし，保証の場合には，前もっては，保証人が果たして弁済しなければならないようになるかはわからない。また，実際上も，保証人が将来弁済するかもしれない金額を，主たる債務者があらかじめ保証人に渡しておけるなら，保証人になってくれるように頼む必要はないともいえる。そこで，民法は，保証の場合には，求償権の事前行使を一定の場合に制限している（改正第460条）。

ところで，主たる債務者が保証人による事前の求償に応じた場合，保証人が主たる債務者から受け取った金銭を使い果たしてしまうという危険がある。そこで，債権者が弁済を受けない間は，事前の求償に応じた主たる債務者は，保証人に担保を提供させたり（物的担保でも人的担保でもよい），または，自己に免責を受けさせるように請求する（弁済するよう請求したり，あるいは，主債務を引き受けさせるなど）ことができる（第461条第1項）。なお，主たる債務者は，保証人の事前の求償に応じないで，保証人に支払うべき金額を供託し，または，それに相当する担保を提供し，あるいは，保証人に免責を得させて，事前求償の義務を免れることもできる（第461条第2項）。

II. 通知義務

　連帯債務者に対しては，連帯債務者中に債権者に対して反対債権をもっている者がいるのを知らないで他の者が弁済してしまっては，反対債権をもっている者の相殺の機会が奪われるので，同人の相殺の機会を保護するために，あるいは，一人が弁済した後に他の者が二重に弁済することを防止するために，事前あるいは事後の通知義務が課されている（第443条，6.3.3（2）II. 参照）。このような事情は，主たる債務者と保証人との間にも生じる。

　改正前第463条第1項は，保証人一般について，改正前第443条の規律を準用するとともに，改正前第463条第2項は，主債務者について，委託を受けた保証人が善意で弁済等した場合に改正前第443条の規律を準用している。事前の通知義務を定める改正前第443条第1項は，事前の通知を怠った者からの求償を前提とした規定である。しかし，そもそも主たる債務者から保証人に対する求償の場面は存在しないので，主たる債務者に準用されるのは事後通知の規律だけである。そこで改正法は，この点を，条文上，明確にした。

(i)　保証人の通知義務

1.　**事前の通知義務**　委託を受けた保証人が，主たる債務者に事前通知をしないで，債務消滅行為（以後「弁済」で代表させる）を行った場合には，主たる債務者は，債権者に対抗することができる事由を保証人に対抗することができる（改正第463条第1項）。

　図46を用いて，委託を受けた保証人が事前通知を怠って弁済した場合の処理を説明したい。主たる債務者（$Y_1$）が，債権者（X）に対する反対債権で相殺しようと思っていたところ，保証人（$Y_2$）が，事前の通知なしに，Xに1,000万円弁済してしまった。$Y_2$からの求償に対して，$Y_1$は相殺できる地位にあったことを理由に，500万円だけ求償に応じればよい。$Y_2$は，Xに対して，相殺によって消滅するはずだった500万円の反対債権を行使できる（改正第463条第1項第2文）。

　なお，改正前は，委託を受けない保証人にも事前の通知義務が課されていた（改正前第463条第1項）。しかし，委託を受けない保証人は，弁済の

時点で主たる債務者が利益を受けた限度でしか求償できない（改正第462条第1項，第459条の2第1項）結果，主たる債務者は，保証人に対して，債権者に対抗できた事由をもって対抗することができる。すなわち，委託を受けない保証人は，通知をしてもしなくても，求償が制限されるのは同じであるので，委託を受けない保証人に対する事前通知義務は廃止された。

　2.　**事後の通知義務**　　保証人が通知義務を怠ったために，主たる債務者が善意で弁済したときは，主たる債務者は，自己の弁済を有効とみなすことができる（改正第463条第3項）。改正前と同様に，この場合の保証人は，委託の有無を問わない（改正前第463条第1項，改正前第443条第2項）。したがって，保証人は，主たる債務者に求償することができず，債権者に不当利得返還請求権を行使することになる。

　なお，主たる債務者の意思に反した保証人の場合には，事後通知の有無を問わず，主たる債務者は，自己の弁済を有効とみなすことができる（改正第463条第3項）。これは，主たる債務者の意思に反した保証人の求償権の範囲は，主たる債務者が現に利益を受けた限度においてである（改正第462条第2項）ことから，事後通知の有無にかかわらず，保証人が主たる債務者に対して求償するまでに主たる債務者が弁済していたときは，主たる債務者に対して求償できないからである。

　(ii)　**主たる債務者の事後の通知義務**　　主たる債務者は，委託を受けた保証人に対してだけ事後の通知義務を負う。そこで，主たる債務者が弁済して事後の通知を怠り，保証人が重ねて善意で弁済した場合には，保証人は，自分の方の弁済を有効とみなすことができる（改正第463条第2項）。

### (3)　債権者と保証人の関係

　改正法は，保証契約継続中，債権者に対して，保証人に対する情報提供義務を課した。すなわち，個人保証・法人保証双方を対象とする主たる債務者の履行状況に関する情報提供義務（改正第458条の2）と個人保証のみを対象とする主たる債務者が期限の利益を喪失した場合の情報提供義務（改正第458条の3）である。ここでは前者について説明し，後者については，6.6.5（4）で説明する。

改正第458条の2によれば，委託を受けた保証人は，債権者に対して，主たる債務の履行状況に関する情報の提供を請求することができる。請求を受けた債権者は，遅滞なく，主たる債務の元本および主たる債務に関する利息，違約金，損害賠償その他その債務に従たるものすべてのものについての不履行の有無，これらの残額，そのうち弁済期が到来しているものの額に関する情報を提供しなければならない。

　本来，これら主たる債務者の信用に関わる情報は，保証人に対してといえども，本人の同意を得ずに開示することは許されないはずである。したがって，改正第458条の2の意義は，債権者を守秘義務から解放することにある。債権者が情報提供に応じなかったり，あるいは，事実と異なる情報を提供した場合には，一般の債務不履行による損害賠償の問題（改正第415条）となる。

### 6.6.5　特殊な保証

#### （1）　連帯保証

##### I.　特　　色

　**連帯保証**は，保証人が債務者と連帯して債務を負担する旨合意した保証である。連帯保証と普通保証のもっとも異なる点は，6.6.2（2）で述べたように，連帯保証では，保証人に催告・検索の2つの抗弁権が認められていないことである（第454条）。すなわち，連帯保証人は，債権者に対して「待てしばし！」の権利がない。そこで，たとえば，主たる債務者の金庫の中には現金がうなるほどあっても，債権者は，主たる債務者に請求しないで，いきなり連帯保証人に請求できるので，債権者にとっては，連帯保証の方が便利である。そのため，民法では，普通保証が原則であって，連帯保証は特殊な保証として規定してあるが，実際の社会では，連帯保証の方が圧倒的に多い。なお，主たる債務が主たる債務者の商行為によって生じたとき，または，保証が商行為であるときは，常に，連帯保証となる（商第511条第2項）。この規定の適用を受ける場合を除いて，連帯保証が成立するためには，保証契約の中で連帯保証である旨が示されていなければならない。したがって，保証契約を締結すれば，当然，連帯保証となるわけで

はない。

　連帯保証は，催告・検索の2つの抗弁権がない以外に，保証人について生じた事由の効力について連帯債務の規定が準用されるという（第458条）点が，普通保証と違う。また，（2）で説明するように，連帯保証人には，分別の利益が認められない点も，普通保証との違いである。

II. 保証人について生じた事由の効力

　改正前第458条は，連帯債務者の一人について生じた事由が他の連帯債務者に影響を及ぼす場合に関する民法の規定（6.3.3（1）参照）は，すべて連帯保証に適用されると規定していた。しかし，個々の規定を検討すると，準用が空振りの規定もあった。というのは，連帯保証では，連帯債務と異なり，連帯保証人には負担部分はないので，負担部分を前提とする規定（改正前第436条第2項，改正前第437条，改正前第439条）は，連帯保証に準用されることはないからである。実際上，意味があるのは，改正前第434条によって，連帯保証人に対する履行の請求の効果が主たる債務者にも及ぶという点くらいであった。

　そこで，改正第458条は，連帯債務者の一人について生じた事由が他の連帯債務者に影響を及ぼす場合に関する条文のうち，連帯保証に準用される条文を明確にした。すなわち，改正第438条（更改の絶対効），改正第439条第1項（相殺の絶対効），改正第440条（混同の絶対効）および改正第441条（相対効の原則）である。このうち重要なのは，履行の請求である。すなわち，改正前は，履行の請求は絶対的効力事由だったので，連帯保証人に対する履行の請求は，主たる債務者にも効力が及んだ（改正前第434条，改正前第458条）。しかし，改正法においては，履行の請求は相対的効力事由となった（改正第441条）ので，連帯保証人に対する履行の請求は，主たる債務者には効力が及ばなくなった。ただし，改正第441条但書は，連帯債務者の一人と債権者が合意をすれば，相対効を絶対効に改めることを認める。そこで，連帯保証の場合にも，債権者と主たる債務者との間で同様の合意をすれば，連帯保証人に対する履行の請求は，主たる債務者にも効力を及ぼすことができる。

## (2) 共同保証

### I. 分別の利益

まず，普通保証について考えよう。

第456条は，保証人が複数いる場合には，常に，第427条が適用されると規定する。第427条は，複数の債務者がいる場合には，債務は分割されるという規定である（6.2参照）。たとえば，主たる債務が3,000万円で，保証人が3人いる場合には，各保証人は，それぞれ，3分の1ずつ，すなわち，1,000万円の保証債務を負担するということである。これを共同保証人の分別の利益という。

ところで，第456条は「それらの保証人が各別の行為により債務を負担したとき」であっても，第427条が適用されると規定する。この意味は，以下の通りである。まず，3,000万円の主たる債務について，保証人が2人（$Y_1 \cdot Y_2$）いたとする。このとき，$Y_1 \cdot Y_2$は，それぞれ，1,500万円の保証債務を負担する。しかし，その後，保証人がもう一人（$Y_3$）増えたとする。このとき，$Y_1 \cdot Y_2 \cdot Y_3$は，それぞれ，1,000万円の保証債務を負担することになる。つまり，$Y_1 \cdot Y_2$は，当初，1,500万円の保証債務を負担していたが，保証人が増えたことにより，保証債務の額は1,000万円に減るということである。

しかし，$Y_1 \cdot Y_2$の保証では頼りないから保証人をもう一人増やしたのに，増やすたびに，各保証人の保証額が少なくなるというのはおかしい。そのような事態を回避するためには，同じく保証人ではあっても，$Y_3$を連帯保証人にすればよい。そうすれば，$Y_1 \cdot Y_2$は，従来通り，1,500万円の保証債務を，$Y_3$は3,000万円の保証債務を負担することになる。なお，連帯保証人には分別の利益がないということは条文からは明らかではないが，判例（大判大正6年4月28日民録23輯812頁）・通説とも，そのように解している。

繰り返しになるが，普通保証の場合，共同保証人には分別の利益がある。これが原則である。しかし，共同保証人間で，各自全額を弁済する旨特約した場合には，各保証人は主たる債務全額について保証債務を負担することになる。このような保証を保証連帯とよぶ。保証連帯については，第465条が認めている。

## II. 求 償 権

　共同保証人の一人が弁済すれば，主たる債務者に求償権を有するのは当然である。しかし，たまたま弁済した保証人だけが主たる債務者の無資力の危険を負うのは公平ではないので，共同保証人間でも求償権が認められている。共同保証人間の求償権は，分別の利益のある保証人間であるか否かによって異なる。

　連帯保証人も含めて分別の利益のない保証人間で求償が行われる場合には，連帯債務者の求償に関する改正第442条〜改正444条が準用される（第465条第1項）。

### ❖ 一部弁済の場合

　なお，連帯債務者の一人が一部弁済した場合には，弁済した額全部について負担部分の割合に応じて，他の連帯債務者に求償できるとされている（改正第442条第1項）（6.3.3（2）I.❖ 参照）。これに対して，共同保証人の場合には，弁済した額のうち負担部分を超える額についてだけ求償できると解されている。なぜなら，第465条は，改正第442条とは異なり，「その全額又は自己の負担部分を超える額を弁済したとき」と定めているからである。保証人の場合は，連帯債務者とは異なり，最終的には主たる債務者に求償できるので，他の保証人に対しては負担部分だけは自分の責任と覚悟せよということである。

　これに対して，分別の利益のある保証人間では，自己の負担部分を超えて弁済すると，主たる債務者の委託のない保証の規定にしたがった求償がなされる（第465条第2項）。この場合，分別の利益のある保証人は，自己の負担部分を超えて弁済する義務は負っていないにもかかわらず弁済したのは，他の共同保証人に対する関係では，あたかも，委託を受けない保証人が弁済した場合と同視してよいということである。

### (3) 根 保 証

#### I. 種 類

　**根保証**とは，一定の範囲に属する不特定の債務を担保するための保証であり，**継続的保証**ともいう。根保証には，手形割引契約，当座貸越契約や銀行取引等の継続的取引から生じる債務を保証するために行われる信用保

証と，賃借人の賃料債務や損害賠償債務あるいは被用者の使用者に対する損害賠償債務を保証するために行われる保証がある。後者の被用者の損害賠償債務を保証するために行われる保証は，特に，身元保証とよばれる。

根保証の場合，保証債務を負う期間が長く，また，保証人が当初予想できなかった事態が生じたりして保証人の責任が過大になる危険がある。そこで，根保証については，判例や立法により，特別の措置が講じられている。根保証の中でも個人保証については，今般の改正において多くの条文が用意された。そこで，この点については，(4) II. において，項を改めて説明することにする。

II. 信用保証

信用保証に関しては，極度額（限度額）や期間の定めがない場合に，保証人は，文字通り，予期しなかったほどの長期にわたり，また，過大な額まで保証しなければならないのかという点が問題となる。

判例は，期間の定めの有無にかかわらず，主たる債務者の資産状態の著しい悪化や度重なる不履行によって保証人と主たる債務者間の信頼関係が失われた場合には，保証人に事情変更による解約権を認めている（最判昭和39年12月18日民集18巻10号2179頁など）。また，期間の定めのない信用保証については，契約後，相当の期間が経過した場合に，保証人に解約権を認めている（大判昭和7年12月17日民集11巻2334頁）。保証人が解約権を行使した場合には，保証人は，そのときまでに生じた債務についての保証責任は免れないが，将来，生じるものについては，責任を免れることができる。また，極度額の定めがない信用保証についても，保証債務は無制限に生じるわけではなく，「取引通念上相当な範囲」に制限される（大判大正15年12月2日民集5巻769頁）。

さらに，信用保証は，一般には，主たる債務者と保証人との間の人的信頼関係を基礎として行われることから，原則として，相続の対象にはならない（最判昭和37年11月9日民集16巻11号2270頁）。ここで，相続の対象とならないのは，保証人の地位であって，具体的に発生した保証債務ではない。したがって，被相続人が死ぬ前に保証債務を既に負っている場合には，相続人は，相続債務として，その保証債務は承継しなければならない。こ

れに対して，相続が開始した以降に，主たる債務者が債権者に対して負担した債務については，相続人が保証債務を負うことはない。

### III. 身元保証

**身元保証**とは，被用者が使用者に対して負う損害賠償債務を保証するための保証である。身元保証には，被用者の使用者に対する損害賠償債務だけを保証するものと，それとともに，被用者自身は使用者に対して損害賠償債務を負わない場合でも，当該被用者を原因として使用者に生じた損害を賠償するというものの2つが含まれる。学問上は，前者を身元保証，後者を身元引受といって区別することもあるが，必ずしも，厳密に区別して使用されているわけではない。

ところで，身元保証にあっては，たとえば，銀行に就職した者の身元保証人となったところ，本人が巨額にわたる銀行の金を横領した場合のように，身元保証人が予想外の巨額の賠償責任を負わなければならない結果となるような事例が生じた。そこで，身元保証人の責任に合理的な制限を加えるべく，1933年（昭和8年）に「身元保証に関する法律」（以下「身元保証法」という）が制定された。同法の特色は，以下の4点にまとめることができる。

第1に，身元保証契約にあっては，5年を超える存続期間を約定することはできない（第2条）。また，期間の定めがない場合には，身元保証の種類に応じて，その期間を3年あるいは5年とした（第1条）。

第2に，被用者に業務上不適任又は不誠実な事情があったり，あるいは，同人の任務又は任地が変更し，保証人に危険が及ぶ場合には，遅滞なく，身元保証人に通知する義務を使用者に課した（第3条）。

第3に，被用者に第2で述べたような事実がある場合に，身元保証人には解約権が与えられる（第4条）。

第4に，身元保証人の負う責任やその金額の決定について，裁判所に広範な裁量権を与えた（第5条）。

さらに，身元保証は，II. で述べた信用保証以上に，本人と保証人との間の人的信頼関係に基づいている。したがって，身元保証の相続性は否定されている（大判昭和18年9月10日民集22巻948頁）。

## (4) 個人保証における保証人の保護

### I. 個人保証一般

改正第458条の3第1項は，個人保証において，主たる債務者が期限の利益を喪失した場合には，債権者は，期限の利益の喪失を知った時から2か月以内に，その旨を保証人に対して通知しなければならないと定めている。債権者は，個人保証であるならば，主たる債務者からの委託を受けた保証人であるか否か，また，保証の形態を問わず，保証人に対して，この通知義務を負う。

債権者は，期限の利益の喪失を知った時から2か月以内に通知していれば，保証人に対して，通知以前に発生した遅延損害金に係る保証債務の履行を請求できるが，2か月以内に通知しなかった場合には，実際に通知した時以降の遅延損害金を請求できるだけである（改正第458条の3第2項）。なお，債権者がこの通知をしなかったことによる効果は，債権者が，保証人に対して，遅延損害金の請求ができなくなるだけであり，期限の利益の喪失自体が否定されるわけではない。

### II. 根保証

(i) 改正前の状況　　民法が根保証について特別の措置を講じたのは，中小事業者向けの運転資金の融資を目的とするいわゆる商工ローン問題を契機とする。いわゆる「商工ローン」においては，高利で過剰な融資が行われ，その債務について根保証契約を締結した保証人に対する強引な取立てをめぐるトラブルが多発するようになった。この問題を契機として，2004年（平成16年）の民法改正によって，改正前第465条の2以下に，「貸金等根保証契約」に関する4か条が追加された。ここで，「貸金等根保証契約」とは，「主たる債務に金銭の貸渡し又は手形の割引を受けることによって負担する債務」（「貸金等債務」という）が含まれる根保証契約のうち，保証人が法人ではないものをいう（改正前第465条の2第1項）。

「貸金等根保証契約」にあっては，①極度額の定めをおくことが効力要件となった（改正前第465条の2第2項）。また，②元本確定期日を定める場合には契約締結日から5年を経過する日までの日とされ，元本確定期日を定めていない場合には，確定期日は契約締結日から3年を経過する日とさ

れた（改正前第465条の3第1項，第2項）。さらに，③主たる債務者あるいは保証人の資産状況の悪化等，改正前第465条の4で定めた事由が生じた場合には，主たる債務の元本は確定することとした（改正前第465条の4）。

　さらに，6.6.1で述べたように，2004年（平成16年）の改正では，すべての保証契約が要式契約とされた（第446条第2項）が，「貸金等根保証契約」については，それに加えて，極度額，元本確定期日に関しても，書面に記載しなければ無効とされた（改正前第465条の2第3項，第465条の3第4項）。

　(ii)　改正後の状況　　今般の改正では，改正前の「貸金等根保証契約」の規律である①および③の一部の適用を「個人根保証契約」に拡張した。ここで，「個人根保証契約」とは，一定の範囲に属する不特定の債務を主たる債務とする保証契約であって，保証人が法人でないものをいうと定義されている（改正第465条の2第1項）。

　「個人根保証契約」にあっては，極度額を定めることが効力要件とされる（同条第2項）（(i)①）とともに，その定めを書面に記載しないと，「個人根保証契約」は無効とした（同条第3項）。また，(i)③の一部である保証人の財産状況の悪化（保証人の財産への強制執行・担保権実行，保証人についての破産手続開始），主債務者の死亡・保証人の死亡は，元本確定事由とされている（改正465条の4第1項）。

　それでは，なぜ，「個人根保証契約」には，改正前の「貸金等根保証契約」に関する規律の一部しか適用がないのだろうか。それについては，「個人根保証契約」である建物賃貸借の賃借人の債務についての根保証を例にとって説明することにしよう。

　まず，(i)②の元本確定期日についてである。建物賃貸借は，借地借家法によって賃貸借契約の継続性が保障されている。そのため，たとえば，2年間なら2年間と期間を定めた賃貸借契約であっても，期間が満了すれば，即，終了するものではない。そこで，元本確定期日の適用により，一定の年数が経過すると無保証となってしまうのは適切ではないと考えられたからである。

また，主たる債務者の財産状況の悪化が元本確定事由（(i) ③）から除外されているのは，次のような理由による。すなわち，「貸金等根保証契約」では，主たる債務者の財産状況が悪化した場合には，債権者は主たる債務者への貸付を止めることができる。しかし，賃貸借契約の場合には，主たる債務者である賃借人の財産状況が悪化して，賃料が支払われなくなったからといって，ただちに，賃貸人による賃貸借契約の解除が認められるわけではない。このように，賃貸借契約においては，債権者である賃貸人は，主たる債務である賃料債務の発生をコントロールすることはできない。そのため，主たる債務者の財産状況の悪化を元本確定事由にすると，主たる債務者の財産状況が悪化すると，賃貸人は，無保証で賃貸し続けなければならないという不都合が生じるからである。

　改正法にあっては，改正前の「貸金等根保証契約」は「個人貸金等根保証契約」と名称を改めたが，改正前と同様な規律に服する（改正第465条の3，改正第465条の4第2項）。各自，条文を読んでおいてほしい。

III.　事業に係る債務についての保証

　保証人の判をついたばかりに，倒産の憂き目にあったとか夜逃げする羽目になったという話。このような話を聞いたことがないだろうか？　このような話にでてくるのは，そのほとんどが主たる債務者の事業に係る債務の保証人になった人である。事業に係る債務は高額になりがちなために，主たる債務者の事業が破たんすると，保証人となった個人も，ともに，破たんに追い込まれてしまいかねない。そのために，改正においては，事業に係る債務についての個人保証について，保証人保護のために，二つの方策——保証意思宣明公正証書の作成義務（改正第465条の6以下）と主債務者の情報提供義務（改正第465条の10）——が新たに規定された。

　(i)　保証意思宣明公正証書の作成義務　　保証意思宣明公正証書の作成義務が課されるのは，個人が保証人となる「事業のために負担した貸金等債務を主たる債務とする保証契約」と「主たる債務の範囲に事業のために負担する貸金等債務が含まれる根保証契約」である（改正第465条の6第1項，同条第3項）。

　6.6.1で述べたように，保証人は，主たる債務者から頼まれなくてもな

ることはできるが，主たる債務者から，「あなたには絶対に迷惑をかけない！」とか「形式だけだから！」と言われて，保証人になる場合は珍しくない。しかし，主たる債務者が返済できないとなれば，債権者は，保証人にかかってくる。要に，保証人は，自分では借金をしていなくても，借金していると同じ状況にある。保証は本当に「こわい！」ものである。保証意思宣明公正証書とは，比喩的に言えば，保証人になろうする者が，保証契約締結に先立ち，「保証は，とてもこわいものです。しかし，私は，こわいことを，ちゃんと自覚して，保証人になります！」ということを宣明するものである。保証意思宣明公正証書の作成を義務付けた理由は，個人が，保証のこわさを自覚せずに，うかうかと保証人になることがないようにするためである。

保証意思宣明公正証書は，その作成が義務付けられている保証契約，根保証契約の締結に先立つとともに，契約締結の前1か月以内に作成されなければならない。この作成を怠った場合には，保証契約，根保証契約は，効力を生じない（改正第465条の6第1項）。保証意思宣明公正証書の作成手順については，改正第465条の6第2項および改正第465条の7に規定されているので，各自，条文を読んでほしい。

❖ 執行認諾文言

保証意思宣明公正証書自体に執行認諾文言（民執第22条第5号）を付すことはできない。執行認諾文言とは，債務者が——ここでは保証人——が訴訟等の裁判手続を経ることなく直ちに強制執行に服します！ と言うことを意味する。しかし，保証人が，まず，保証意思宣明公正証書を作成し，その直後に，執行認諾文言付の保証契約公正証書を作成することは，妨げられない。保証人になる者を公証人のところに連れて行った債権者としては，保証意思宣明公正証書の作成に加えて，執行認諾文言付保証契約公正証書を作成することは，合理的な行動ともいえよう。だが，これでは，保証意思宣明公正証書の作成の義務付けが，かえって，保証人の保護を減殺しかねないというブラック・ユーモアの様相を呈することになりかねない。

そこで，「民法の一部を改正する法律の施行に伴う公証事務の取扱いについて（通達）」（法務省民総第190号）は，そのような場合については，公証人は，「当該保証契約公正証書を作成するに当たって，保証予定者が執行認諾文言を付す意味を真に理解しているかどうかの確認を慎重に行わなければならない。

公証人は，保証予定者に対し，執行認諾文言付きの保証契約公正証書を作成することの意味を，将来保証予定者に生じ得る不利益を含め，より丁寧に説明し，保証予定者がその意味を真に理解していることが疑われるときには，日を改めて再度意思確認を行う等の配慮をするものとする。」と定める。

　なお，保証意思宣明公正証書の作成義務には例外が設けられている。すなわち，保証人になろうとする個人が，法人である主債務者の取締役や理事等，改正第465条の9の規定に該当する者である場合には，保証意思宣明公正証書の作成は義務付けられていない。改正第465条の9については，第3号において，主たる債務者（法人であるものを除く）が行う事業に現に従事している主たる債務者の配偶者が加えられている。配偶者は，情に流されて保証人になる者の典型であることから，配偶者への保護に欠けるとして，この点への批判が強い。

---

### ❖❖ 事業に係る債務についての保証と民法典

　事業に係る債務についての保証の制度設計に際しては，様々なファクターを考慮に入れる必要がある。たとえば，経営者保証にあっては，企業と経営者の資産がきちんと分離されている法人にあっては，経営者保証を取ること自体が許されないという判断もあろう。また，スタート・アップ企業については，経営者のモラル・ハザード防止の観点から経営者保証は必要だという判断もあれば，起業を推進するためには経営者保証は取るべきではないとの判断もありえよう。第三者保証については，そもそも，禁止すべきであるとの判断もある。そして，制度設計に際しては，法律家だけではなく，金融の専門家，中小企業政策の専門家等，様々な分野の専門家による実証的研究も踏まえた多角的な検討が必要である。また，最近の企業を取り巻く環境の変化はめまぐるしく，その変化に応じて，求められる制度は，どんどん変化することも予想される。その意味で，事業に係る債務についての保証に係る規律が民法典に入れられたことについて，筆者は疑問を禁じ得ない。

---

　(ii)　**主たる債務者の情報提供義務**　　主たる債務者は，事業のために負担する債務——貸金等債務に限定されるものではないことに注意！——を主たる債務とする保証および主たる債務の範囲に事業のために負担する債務が含まれる根保証の委託をするときは，委託を受ける者に対し，自分の財産および収支の状況，主たる債務以外に負担している債務の有無，その額および履行状況，並びに，主たる債務の担保として他に提供し，または提供しようとするものがあるときは，その旨およびその内容に関する情報

を提供しなければならない（改正第 465 条の 10 第 1 項）。これにより，保証の委託を受けた者は，保証人になった場合，どれくらいのリスクを負うかの判断が可能となる。ここで注意してほしいのは，情報提供義務を負うのは，保証契約の当事者である債権者ではないことである。

　主たる債務者が情報提供を怠ったり，事実と異なる情報を提供したために，委託を受けた者が誤認をして，保証契約の締結に至った場合は，どうなるだろうか。債権者が，主たる債務者が情報提供を怠ったことや事実と異なる情報を提供したことを，知り，あるいは，知ることができたときは，保証人は，保証契約を取り消すことができる（改正第 465 条の 10 第 2 項）。第三者の詐欺による取消し（改正第 96 条第 2 項）とは異なり，債権者は，主たる債務者の情報提供の懈怠等により，委託を受けた者が誤認をして，保証契約の締結に至ったことまでの認識は要求されていない。

# 事項索引

# 判例索引

## 著者紹介

### 角 紀代恵（かど きよえ）

1955年　富山県生まれ
1978年　東京大学法学部卒業
現　在　立教大学名誉教授・弁護士（島田法律事務所）

**主要著書・論文**

『手続法から見た民法』（小林秀之との共著，弘文堂，1993年）
「賃料債権の事前処分と賃貸不動産の取得者」法曹時報59巻7号（2007年）
『受取勘定債権担保金融の生成と発展』（有斐閣，2008年）
『コンパクト民法Ⅰ──民法総則・物権総論［第2版］』（新世社，2018年）
『新注釈民法(7)──物権(4)』（分担執筆，有斐閣，2019年）
『はじめての担保物権法［第2版］』（有斐閣，2021年）

ライブラリ 法学基本講義= 5

## 基本講義 債権総論 第2版

| | | |
|---|---|---|
| 2008 年 2 月 25 日 ⓒ | 初 版 発 行 |
| 2021 年 6 月 10 日 ⓒ | 第 2 版 発 行 |

| 著　者 | 角　紀代恵 | 発行者 | 森 平 敏 孝 |
|---|---|---|---|
| | | 印刷者 | 馬 場 信 幸 |
| | | 製本者 | 小 西 惠 介 |

【発行】　　　株式会社　新世社
〒151-0051　東京都渋谷区千駄ヶ谷1丁目3番25号
☎(03)5474-8818(代)　　サイエンスビル

【発売】　　　株式会社　サイエンス社
〒151-0051　東京都渋谷区千駄ヶ谷1丁目3番25号
営業☎(03)5474-8500(代)　　振替 00170-7-2387
FAX☎(03)5474-8900

印刷　三美印刷　　　　　　　製本　ブックアート
《検印省略》

ISBN 978-4-88384-330-5

PRINTED IN JAPAN

サイエンス社・新世社のホームページのご案内
https://www.saiensu.co.jp
ご意見・ご要望は
shin@saiensu.co.jp まで。